Udo Wilken · Werner Thole (Hrsg.)

Kulturen Sozialer Arbeit

Udo Wilken
Werner Thole (Hrsg.)

Kulturen
Sozialer Arbeit

Profession und Disziplin
im gesellschaftlichen Wandel

VS VERLAG

Bibliografische Information der Deutschen Nationalbibliothek
Die Deutsche Nationalbibliothek verzeichnet diese Publikation in der
Deutschen Nationalbibliografie; detaillierte bibliografische Daten sind im Internet über
<http://dnb.d-nb.de> abrufbar.

1. Auflage 2010

Alle Rechte vorbehalten
© VS Verlag für Sozialwissenschaften | Springer Fachmedien Wiesbaden GmbH 2010

Lektorat: Stefanie Laux

VS Verlag für Sozialwissenschaften ist eine Marke von Springer Fachmedien.
Springer Fachmedien ist Teil der Fachverlagsgruppe Springer Science+Business Media.
www.vs-verlag.de

Umschlaggestaltung: KünkelLopka Medienentwicklung, Heidelberg
Gedruckt auf säurefreiem und chlorfrei gebleichtem Papier
Printed in Germany

ISBN 978-3-531-17695-6

Inhalt

Zwischen Hilfe, Erziehung und Kultur: Sozialpädagogische Arbeits- und Handlungsfelder im Wandel

Professionalisierung und hochschulpolitische Herausforderungen: Die Reform der Reform

Verzeichnis der AutorInnen

Kulturen Sozialer Arbeit

Vorwort

Die sozialen und sozio-kulturellen Praxen befinden sich in modernen Gesellschaften in einem stetigen Wandel und in einem kontinuierlichen Entwicklungsprozess. Die Bewältigungsformen der sozialen Fragen und Probleme und die dabei herangezogenen ethischen Werte sind in diesen Prozess ebenso einbezogen wie die entworfenen moralischen Visionen und Gesellschaftsbilder bezüglich eines erstrebenswerten guten und gerechten Lebens.

Die Dynamik der gesellschaftlichen Entwicklung dokumentiert sich auch in der Etablierung einer politisch initiierten neuen Kultur der wohlfahrtsstaatlichen Systeme. Die Angebote der Leistungserbringung wie auch die Anspruchsberechtigungen, die über monetäre Transferleistungen weit hinausreichen, veränderten sich. Bedingt durch die Veränderungen der ökonomischen Rahmungen der Gesellschaft und der fiskalpolitischen Umbrüche in den Staatshaushalten, aber auch durch Veränderungen der sozialkulturellen Bedingungen und der demographischen Entwicklungen der modernen Gesellschaften bedarf das bisherige sozialstaatliche System, so die vorherrschende politische Meinung, einer Korrektur, weil sich die bundesrepublikanische Gesellschaft ein ausgebautes soziales Sicherungssystem nicht mehr leisten kann, das den Exkludierten ein »rosengebettetes Wohlfühlleben« zu führen erlaubt. Betrachtet man die Veränderungen in den zurückliegenden zehn Jahren, dann erleben wir einen radikalen Systemwechsel struktureller und werteorientierter Art.

In der Bundesrepublik Deutschland haben sich die über den Zugriff auf materielle Ressourcen produzierten Ungleichheiten in den zurückliegenden Jahrzehnten auf einem relativ hohen Niveau stabilisiert. Die einkommensreichsten 10 % der Bevölkerung verfügen über knapp ein Viertel des insgesamt verfügbaren monatlichen Einkommens und über 42 % des gesamten Privatvermögens. Hingegen können die unteren 20 % der Einkommenspyramide gerade einmal gut 8 % des Gesamteinkommens und lediglich über knapp 1 % der privaten Vermögensbestände verfügen. Im Kontrast jedoch zu anderen Ländern, wo sich die staatlichen Ausgleichsleistungen in den letzten Jahren über die Familienunterstützungsprogramme und die Gesundheitsprogramme deutlich erhöhten, werden durch gravierende Umverteilungen in den sozialstaatlichen Leistungspaketen in der Bundesrepublik Deutschland durch die staatlichen Transferleistungen soziale Unterschiede sogar noch verschärft. Die Spanne zwischen »arm« und »reich« wird zunehmend größer.

Die unterschiedlichsten gesellschaftlichen Gruppierungen sind deshalb zu verantwortbaren Haltungen hinsichtlich einer zukunftsfähigen, gerechten und solidarischen Gestaltung von Staat und Gesellschaft herausgefordert. Die angedeuteten Entwicklungsprozesse insbesondere der letzten vier Dekaden haben auch die Soziale Arbeit gefordert und herausgefordert und sie in ihrer alltäglichen Praxis wie auch in ihrer wissenschaftlichen Forschung und Lehre gravierend beeinflusst. Neue sozialproduktive Perspektiven, aber auch der Verlust bisheriger fachspezifischer Selbstverständlichkeiten, haben zu einem anhaltenden Wandel der professionellen und disziplinären Kulturen beigetragen und eine Entwicklung der Sozialen Arbeit vorangetrieben, die sie in Theorie und Praxis permanent vor neue Ansprüche stellt, denen sie verantwortlich und engagiert, aber auch reflektiert und mit der notwendigen wissenschaftlichen Distanz zu entsprechen hat. Die Beiträge dieses Bandes beleuchten die Entwicklungen und Prozesse der Sozialen Arbeit aus unterschiedlichen wissenschaftlichen und professionspolitischen Perspektiven. Sie thematisieren aktuelle Fragen angesichts des gesellschaftlichen Wandels wie auch die sich daraus ergebenen konzeptionellen und theoretischen Entwicklungslinien für die Soziale Arbeit als Wissenschaft.

Die AutorInnen dieses Bandes verdeutlichen die fachlichen Anforderungen, die eine multikulturell und von sozialen Disparitäten geprägte sozialpädagogische Praxis sich zu stellen hat. Die dem sozialen Wandel angemessene Breite der Beitrage führt indes nicht zu multidisziplinär isolierten Zugängen, sondern zu einer Kultivierung des Prinzips der Interdisziplinarität mit dem expliziten Fokus auf Soziale Arbeit, verbunden mit dem Ziel einer Annäherung an die transdisziplinären Ansprüche, die von der Sozialen Arbeit in Wissenschaft und Praxis ausgehen. Die Herausgeber und AutorInnen widmen dieses Buch Friedhelm Vahsen zu seinem 65. Geburtstag in fachlich-kollegialer und freundschaftlicher Verbundenheit. Sie würdigen damit sein wissenschaftliches und professionsbezogenes Engagement, das weit über das hinaus reicht, was von einem Hochschullehrer üblicherweise erwartet werden kann. Nachdrücklich erinnert sein Engagement an die schlichte Tatsache, dass eine moderne Bildungspolitik ohne eine soziale Ungleichheiten aussteuernde Sozialpolitik und darüber initiierte sozialpädagogische Angebote verantwortlich, zukunftsorientiert und nachhaltig nicht realisierbar ist.

Ad multos annos

Hildesheim und Kassel 2010

Udo Wilken | Werner Thole

Gesellschaft im Wandel: Perspektiven für die Konstitution des Sozialen

Christoph Butterwegge

Wirtschaftskrise, Armut und Rechtsextremismus

Spätestens seit der Vereinigung von BRD und DDR spielt der Rechtsextremismus als Handlungsfeld für die Jugend- und Sozialarbeit hierzulande eine wichtige Rolle. (vgl. Vahsen u. a. 1994) Vor allem durch die Globalisierung bzw. die neoliberale Modernisierung und die Vermarktlichung fast aller Lebensbereiche hat sich der Rechtsextremismus tief greifend verändert. Auch von der globalen Finanzmarkt- und Wirtschaftskrise bleibt er keineswegs unberührt. Seine strategischen Handlungsmöglichkeiten und gesellschaftlichen Rahmenbedingungen unterliegen vielmehr erheblichen Wandlungen, wenn Arbeitslosigkeit und Armut noch stärker zu Massenerscheinungen werden.

Fragt man nach der Zukunft von Rechtsextremismus bzw. Neofaschismus, so ist zwischen exogenen und endogenen Einflussfaktoren zu unterscheiden. Um die Entstehungsbedingungen und Entwicklungsmöglichkeiten des Rechtsextremismus beurteilen zu können, muss die Analyse seiner Rahmenbedingungen auf drei Untersuchungsebenen ansetzen: der ökonomischen, der sozialen und der politischen. Hier wird für ein Erklärungsmodell plädiert, das von der Konkurrenz als entscheidender Triebkraft des kapitalistischen Wirtschaftssystems ausgeht, dadurch (mit)bedingte Veränderungen bzw. Verschlechterungen des sozialen Klimas jedoch genauso berücksichtigt wie die Traditionsbestände der politischen Kultur in Deutschland. (vgl. Butterwegge 2002, S. 100 ff.)

Der organisierte Rechtsextremismus ist freilich nicht bloß von ökonomischen, politischen und sozialen Determinanten abhängig, die er kaum zu beeinflussen vermag, sein Erfolg bzw. Misserfolg hängt vielmehr auch davon ab, ob er über geeignete Funktionäre verfügt, ob diese öffentlichkeitswirksame Themen aufgreifen und ob ihre Strategie und Taktik der jeweiligen Situation entsprechen. Programmatik, Personal und Parteiorganisation des Rechtsextremismus entscheiden letztlich darüber, ob er aus öko-

nomischen Krisen, gesellschaftlichen Umbruchsituationen oder sozialen
Verwerfungen resultierende Chancen nutzen und an Macht bzw. Einfluss
zulegen kann. Schließlich führen Massenarbeitslosigkeit und wachsende
Armut keineswegs automatisch zu (mehr) Rechtsextremismus, Rassismus
und Gewalt.

Um erklären zu können, weshalb der Rechtsextremismus trotz wachsen-
der Arbeitslosigkeit und Armut in der gegenwärtigen Situation, die häufig
mit der Weltwirtschaftskrise 1929/32 verglichen wird, keine dem Aufstieg
der NS-Bewegung vergleichbaren Erfolge verzeichnet, muss man seine Or-
ganisationsgeschichte nachzeichnen und seine innere Verfasstheit analysieren. Zwar schafft die Weltwirtschaftskrise günstige Ausgangsbedingungen
für den Rechtsextremismus, dieser profitiert davon bisher allerdings kaum,
weil er sich ausgerechnet jetzt in einer personellen, programmatischen und
parteiorganisatorischen Krise befindet. Während die exogenen Faktoren einen Wiederaufschwung des Rechtsextremismus zu begünstigen scheinen,
verhindern ihn die endogenen Faktoren derzeit offenbar eher.

1. Massenarbeitslosigkeit und -armut im Gefolge der Finanzmarktkrise

Seit die Bankenkrise mit dem Zusammenbruch der US-Investmentbank
Lehman Brothers am 15. September 2008 globale Dimensionen angenommen hat, deutet vieles darauf hin, dass sich die soziale Zerklüftung unserer
Gesellschaft erheblich verschärfen wird. Man muss kein Prophet sein, um
voraussagen zu können, dass mit der Arbeitslosigkeit die Armut im Gefolge
der globalen Finanz-, Wirtschafts- und Währungskrise stark zunehmen
wird. Arbeitslose haben besonders dann wenig Geld, wenn die sozialen Si-
cherungssysteme durch Reformmaßnahmen demontiert werden. Lohndum-
ping fällt in Krisenzeiten leichter, sodass künftig noch erheblich mehr Be-
schäftigungsverhältnisse im Niedriglohnsektor angesiedelt sein dürften. Die
in der wohlhabenden, wenn nicht reichen Bundesrepublik wachsende Armut wird jedoch nicht konsequent bekämpft, sondern von den meisten PolitikerInnen, PublizistInnen und WissenschaftlerInnen noch immer geleugnet,
verharmlost und verschleiert. (vgl. Butterwegge 2009)

Während die das Krisendebakel wesentlich mit verursachenden Hasar-
deure und Spekulanten mittels des beim Bund angesiedelten »Sonderfonds
Finanzmarktstabilisierung« (SoFFin) aufgefangen werden, müssen die Mittelschicht, Arbeitslose und Arme jene Suppe, die Banker und Börsianer der
gesamten Bevölkerung eingebrockt haben, vermutlich einmal mehr auslöf-
feln. Wenn die privaten Banken den für sie bürgenden Staat zur Kasse bit-

ten, wird für sozial Benachteiligte und Bedürftige kaum noch Geld übrig bleiben. Zusammen mit der im Grundgesetz verankerten »Schuldenbremse« führen Bürgschaften und Kredite in Milliardenhöhe zu überstrapazierten Haushalten, wodurch sich »Sparmaßnahmen« natürlich eher als sonst legitimieren lassen. Mit der von Peter Sloterdijk, Roland Koch und Guido Westerwelle entfachten Diskussion über die Grenzen des Steuer- wie des Sozialstaates, über die »Enteignung« der Leistungsträger durch den Fiskus und die Faulheit der TransferleistungsbezieherInnen wird bei einer steigenden Staatsverschuldung und kaum noch handlungsfähigen Kommunen die nächste Runde des Sozialabbaus vorbereitet.

Kürzungen im Sozialbereich bieten sich für die Bundesregierung deshalb an, weil die Macht der Verbände auf diesem Politikfeld gering ist und hier noch genug Haushaltsmittel zur Disposition stehen. Mit der US-Amerikanisierung des Sozialstaates geht womöglich nicht nur eine US-Amerikanisierung der Sozialstruktur (Polarisierung von Arm und Reich sowie Pauperisierung großer Teile der Bevölkerung und Prekarisierung der Lohnarbeit), sondern auch eine US-Amerikanisierung der (sozial-)politischen Kultur einher. Aufgrund der sich abzeichnenden harten Verteilungskämpfe um die knappen Finanzmittel des Staates dürfte das soziale Klima erheblich rauer werden. Bereits seit geraumer Zeit mehren sich die Anzeichen für eine »härtere Gangart« gegenüber den Armen.

Während so getan wird, als habe die Regierung das Problem der kollabierenden Finanz- und Arbeitsmärkte im Griff, breitet sich die soziale Unsicherheit aus, worauf der Staat mit einem Ausbau seines Repressionsapparates reagiert. Zwischen dem Schwinden der staatlichen Autorität im ökonomischen Bereich, die im Gefolge der Finanzmarktkrise nunmehr erst wieder mühselig rekonstruiert werden muss, und ihrer Stärkung im Hinblick auf die Durchsetzung einer bestimmten Sozial- und Moralordnung besteht nur scheinbar ein Widerspruch. Auch in der Bundesrepublik scheint sich die gesellschaftliche Akzeptanz von Armut und sozialer Ausgrenzung während der letzten beiden Jahrzehnte erhöht zu haben, während die Akzeptanz der Armen selbst aufgrund des sich ausbreitenden Wohlstandschauvinismus, Sozialdarwinismus und Standortnationalismus zurückgeht.

2. Folgen der Wirtschaftskrise für die Demokratie: Rechtsextremisten als Krisengewinnler?

Massenarbeitslosigkeit und -armut, die zu den unvermeidlichen Begleiterscheinungen einer tiefen Erschütterung der Weltwirtschaft gehören, schaffen politisch-ideologische Zugänge zum Rechtsextremismus bzw. -populis-

mus. Ohne historische Parallelen überstrapazieren und durch den Blick zurück die aktuelle Krisensituation dramatisieren zu wollen, denkt man un-
willkürlich an die Weltwirtschaftskrise gegen Ende der 1920er, Anfang der
1930er-Jahre. Damals leiteten Bankpleiten und Börsenzusammenbrüche international den Niedergang von Unternehmen und riesige Entlassungswel-
len ein, die Massenarbeitslosigkeit, Sozialabbau sowie Not und Elend großer Bevölkerungskreise nach sich zogen, bevor der NSDAP und ihrem
›Führer‹ Adolf Hitler am 30. Januar 1933 die Machtübernahme gelang. Der
schnelle Aufstieg des Nationalsozialismus wäre ohne diese spezifischen gesellschaftlichen und politischen Rahmenbedingungen kaum möglich gewesen.

Ähnlich groß ist heute die Gefahr für die Demokratie, wenn der Sozialstaat erneut durch eine Weltwirtschaftskrise und einen drastischen Beschäf-
tigungseinbruch unter Druck gerät. Nie gestaltet sich der geistig-politische
Nährboden für Rechtsextremisten günstiger, als wenn diese auf die ›Juden‹
von der amerikanischen Ostküste‹ verweisen und vom sozialen Abstieg be-
drohten Gesellschaftsschichten geeignete Sündenböcke präsentieren können. Wenn sich bei der ohnehin erodierenden Mittelschicht die Furcht aus-
breitet, in den von der Finanzkrise erzeugten Abwärtssog hineingezogen zu
werden, sind irrationale Reaktionen und politische Rechtstendenzen mehr
als wahrscheinlich. Davon könnte wiederum ein Signal an die Eliten ausgehen, das bestehende Gesellschaftssystem durch autoritäre Herrschaftsfor-
men zu konsolidieren. Sofern das parlamentarische Repräsentativsystem in
einer solchen Umbruchsituation scheinbar blockiert und durch seine Hilflo-
sigkeit gegenüber Krisenerscheinungen der Ökonomie diskreditiert ist und
die Politik der etablierten Parteien als durch mächtige Lobbygruppen kor-
rumpiert gilt, haben rechtsextreme bzw. -populistische Gruppierungen relativ gute Chancen, sowohl mehr Stimmen bei Wahlen als bisher als auch eine größere außerparlamentarische Mobilisierungsfähigkeit und eine höhere
Durchschlagskraft zu gewinnen.

Zuletzt hat sich der Rechtsextremismus modernisiert und ausdifferen-
ziert, wobei er sowohl auf die Veränderung der für ihn entscheidenden
Wirkungsbedingungen reagiert als auch zunehmend Anleihen beim Zeit-
geist macht, den man als neoliberal bezeichnen kann. Die extreme Rechte
zerfällt hierzulande in vier Grundströmungen, von denen zwei
antiglobalistisch bzw. -modernistisch und zwei eher wirtschaftsliberal orientiert sind:

1. Die deutschnational bzw. völkisch-traditionalistisch orientierten Gruppierungen mit der DVU an ihrer Spitze wenden sich bei Wahlen primär
   an die VerliererInnen der neoliberalen Modernisierung, reaktivieren in
   einer Mischung aus Nostalgie und sozialer Demagogie die Erinnerungen
   der Großvätergeneration an die glanzvolle Vergangenheit der Nation,

beschwören die ruhmreichen Siege der Nazi-Wehrmacht sowie den Heldenmut des deutschen Frontsoldaten in beiden Weltkriegen und propagieren Vaterlandsliebe, Heimatverbundenheit und Traditionspflege, womit sie ihrer überalterten Klientel angesichts der Herausforderung durch die Globalisierung ein Gefühl sozialer »Nestwärme«, Sicherheit und Geborgenheit in der (Volks-)Gemeinschaft zu vermitteln suchen.

2. Gefährlicher ist der nationalrevolutionäre bzw. -sozialistisch orientierte Flügel, repräsentiert von den Jungen Nationaldemokraten (JN), ihrer Mutterpartei, der NPD, und den meisten Neonazis der »freien« Kameradschaftsszene. Er verbindet das völkische Ideologieelement stärker mit einer Fundamentalkritik am bestehenden Wirtschafts- und Gesellschaftssystem, ohne dass der Kapitalismus als solcher verdammt wird, rückt die soziale Frage noch mehr in den Mittelpunkt, bekämpft die Demontage des Wohlfahrtsstaates durch die »Altparteien« im Bundestag und sucht die jugendliche Subkultur durch Übernahme szenetypischer Symbole, Musikstile und Kleidung im Sinne von Rechtsextremismus als Event (vgl. Glaser/Pfeiffer 2007) an sich zu binden. Man bemüht sich jedoch nicht bloß um eine kommunalpolitische Basis und »Faschisierung der ostdeutschen Provinz«, wie es Toralf Staud (2005, S. 11) nennt, sondern sucht durch zahlreiche Demonstrationen und Aufsehen erregende Kampagnen wie die »Aktion Schulhof«, bei der flächendeckend CDs mit rechtsextremen Liedtexten verteilt wurden, auch im Westen stärker als bisher Fuß zu fassen.

3. Von untergeordneter Bedeutung sind derzeit die REPublikaner als Vertreter jener Richtungsgruppierung im ultrarechten Spektrum, die »moderner« erscheint, weil sie mehrheitlich viel eher dem Mainstream entspricht, den Protektionismus und sozialen Paternalismus des Nationalsozialismus überwunden und sich gegenüber dem Wirtschaftsliberalismus geöffnet hat. Dass auch der Bund Freier Bürger (BFB), die Partei Rechtsstaatlicher Offensive (PRO) von Ronald Barnabas Schill und die Deutsche Partei (DP) wie viele andere rechtsextreme Splittergruppen vor ihnen gescheitert sind, bedeutet nicht, dass solche Organisationen für immer chancenlos wären. Perspektivisch droht Gefahr weniger von einer Wiederbelebung völkischer Mystik durch Neonazis, die sich auf dem Obersalzberg treffen, zum Kyffhäuser pilgern oder ins oberfränkische Wunsiedel wallfahrten, wo der »Hitler-Stellvertreter« Rudolf Heß begraben liegt, als von Kräften, die das Konzept der »Standortsicherung« vertreten und sich der (heimlichen) Unterstützung mächtiger Wirtschaftskreise erfreuen.

4. Die als »Bürgerbewegungen« firmierenden Gruppierungen wie Pro Köln, Pro NRW und Pro Deutschland sind rechtsextrem und populistisch gleichzeitig (vgl. Butterwegge/Hentges 2008; Häusler 2008). Sie geben sich zwar seriös und bürgerlich-demokratisch, hetzen jedoch ge-

gen ethnische und religiöse Minderheiten wie Muslime und veranstalten
»Anti-Islam-Kongresse«. Man nutzt den in der politischen und medialen
Öffentlichkeit geschürten Sozialneid gegenüber noch Ärmeren – in diesem Fall: den angeblich ›faulen‹ bzw. ›arbeitsscheuen‹ Erwerbslosen
und SozialhilfeempfängerInnen –, um von den eigentlichen Verursa-
chern der sich vertiefenden Kluft im Land abzulenken. Außerdem fungiert der Dualismus von ›Volk‹, ›Bevölkerung‹ bzw. ›mündigen Bürgern‹ und ›Elite‹, ›Staatsbürokratie‹ bzw. ›politischer Klasse‹ als Dreh-
und Angelpunkt der Agitation und Propaganda, ohne dass der Rechtspopulismus militante Züge aufweist und Gewalt zur Durchsetzung politischer Ziele anwendet oder androht.

Ungefähr seit der Jahrtausendwende verzeichnet die NPD einen organisato-
rischen und politischen Wiederaufstieg, durch den sie erneut zur Leitpartei
des deutschen Rechtsextremismus avanciert ist, nachdem sie fast schon in
der Bedeutungslosigkeit versunken zu sein schien. Durch das am 18. März
2003 verkündete, formalrechtlich begründete Scheitern des Verbotsverfah-
rens gegen die NPD vor dem Bundesverfassungsgericht (vgl. Flemming
2005) hat die vorübergehend schwankend und geschwächt wirkende Partei
eine demokratische Scheinlegitimität gewonnen, die ihre Funktionäre als
politischen Freibrief missbrauchen.

Nach dem Konzept einer »Drei-« bzw. »Vier-Säulen-Strategie«, für das
der Parteivorsitzende Udo Voigt (1999) steht, werden folgende Handlungs-
felder besetzt: Mit dem »Kampf um die Straße« sollen junge Menschen für
die NPD mobilisiert, mit dem »Kampf um die Köpfe« politisch-
ideologische Positionen durch innerparteiliche Schulungsarbeit gefestigt,
durch Errichtung eines Bildungszentrums verbreitet und durch Agitation im
Massenbewusstsein verankert sowie mit dem »Kampf um die Wäh-
ler/Parlamente« auch institutionelle Machtbastionen erobert werden. Ergänzt wurde das Mehrphasenmodell durch den »Kampf um den organisierten Willen«, womit die Bündelung vormals zerstreuter Kräfte des organisierten Rechtsextremismus unter Einbeziehung offen neonazistischer »Freier Kameradschaften« gemeint ist (vgl. Brandstetter 2006).

Gegen Ende des 20, zu Beginn des 21. Jahrhunderts rückte die völkische
Kapitalismuskritik wieder stärker in das Blickfeld der Rechtsextremisten,
was sich in einem Strategiewechsel von Gruppierungen wie der NPD und
einer thematischen Schwerpunktverschiebung von der »Ausländer-« zur
»sozialen Frage« niederschlug. Freilich hat die soziale Frage, mit der sich
die Not von Millionen Erwerbslosen, NiedriglöhnerInnen und armen Familien verbindet, im rechtsextremen Politikmodell keinen Eigenwert; sie ist
der nationalen Frage, verstanden als Auftrag zur Bildung einer »Volksge-
meinschaft«, vielmehr total untergeordnet. Ginge es nach der NPD, würden
die Deutschen nach diesem historischen Vorbild heute eine »Schutz- und

Schicksalsgemeinschaft« bilden, um in deren Schoß den Stürmen der ökonomischen Globalisierung standhalten zu können.

Auch die von Neonazis wie dem Hamburger Millionenerben Christian Worch angemeldeten Demonstrationen griffen das Problem der Massenarbeitslosigkeit und der Armut davon Betroffener nunmehr verstärkt auf. »Dies geschah einerseits durch Aufmärsche, die in mehreren Städten parallel am 1. Mai organisiert wurden, andererseits durch Aufmärsche gegen ›Globalisierung‹ sowie im Kontext der Proteste gegen Hartz IV« (Virchow 2006, S. 78 f.). Der soziale Klimawandel, für den Hartz IV als berühmt-berüchtigter Höhepunkt der rot-grünen Reformpolitik steht, die CDU/CSU und SPD in der Großen Koalition eher noch verschärft fortführten (vgl. Butterwegge 2006, S. 184 ff. und 301 ff.), hat die Wirkungsmöglichkeiten für Rechtsextremisten verbessert. Wut und Verzweiflung unter den davon Betroffenen erleichterten es beispielsweise örtlichen Gliederungen der NPD, sich im Vorfeld der Beschlussfassung über Hartz IV an Montagsdemonstrationen in Ostdeutschland zu beteiligen (vgl. Maegerle 2006, S. 16 ff.), und die wachsende Verunsicherung von Langzeitarbeitslosen erlaubte es ihnen, Funktionäre als »Sozialberater« einzusetzen.

Auf dem Höhepunkt der Protestbewegung gegen Hartz IV hatte die NPD bei der sächsischen Landtagswahl am 19. September 2004 mit 9,2 Prozent der Stimmen zwar fast genauso viele Stimmen wie die SPD und zwölf Mandate erhalten. (vgl. Steglich 2005) Sie machte im Parlament allerdings – anders als im Wahlkampf versprochen – keine Politik für sozial Benachteiligte, Langzeitarbeitslose und Modernisierungsverlierer. Vielmehr schildert der Journalist Toralf Staud (2005, S. 116), dass sich die Partei monatelang nicht mehr um »ihr« Erfolgsthema kümmerte und ihre Abgeordneten in den Fachausschüssen dazu schwiegen: »Keinen einzigen Antrag zum Thema brachte die NPD zustande, und für drei Kleine Anfragen brauchte sie ein halbes Jahr – sie bezeugten dann auch noch Inkompetenz, weil darin Fachbegriffe verwechselt wurden« (ebd., S. 117). Statt mit Hartz IV und seinen Folgen beschäftigte sich die sächsische NPD-Landtagsfraktion lieber mit dem 60. Jahrestag der Zerstörung Dresdens durch alliierte Kampfflugzeuge, die Jürgen W. Gansel, eines ihrer Mitglieder, als »Bomben-Holocaust« bezeichnete. Kerstin Köditz (2009) bescheinigt der NPD zwar Lernfähigkeit und Zähigkeit im Engagement auf der kommunalen Ebene, eine dauerhafte Wählerbindung vermochte aber selbst der mitgliederstarke, als ideologisch eher gemäßigt und pragmatisch geltende sächsische Landesverband nicht zu gewährleisten, wenngleich ihm mit 5,6 Prozent der Stimmen der Wiedereinzug in das dortige Parlament am 30. August 2009 gelang.

Am 15. Januar 2005 schlossen NPD und DVU einen »Deutschland-Pakt«, in dem sie genau festlegten, welche der beiden Parteien bis 2009 bei welcher Wahl antritt. Vermieden werden sollte durch den Verzicht der jeweils anderen auf eine separate Kandidatur, dass man sich gegenseitig die Stimmen wegnimmt. Gedacht war an eine »Volksfront von rechts«, die auch unorganisierte Neonazis und Kooperationswillige aus der gewaltbereiten Kameradschaftsszene mit einschloss. Historisch stand dabei offenbar die Harzburger Front, in der sich am 11. Oktober 1931 Nationalsozialisten, Deutschnationale und »Stahlhelm«-Mitglieder zum Sturm auf die Weimarer Republik rüsteten, Pate. Im Unterschied zu damals hielt das Bündnis nicht lange genug: Bei der Landtagswahl in Thüringen am 30. August 2009 kandidierte die NPD statt – wie vorgesehen – die DVU, und bei der Landtagswahl in Brandenburg am 27. September 2009 wie auch bei der Bundestagswahl am selben Tag kandidierten beide Parteien wieder gegeneinander.

Obwohl die extreme Rechte in mehreren Ländern Ost- wie Westeuropas derzeit bemerkenswerte Mobilisierungs- und Wahlerfolge verzeichnet (vgl. Vogel 2009), tritt der organisierte Rechtsextremismus hierzulande eher auf der Stelle. Neben gewissen Stagnationserscheinungen gibt es auch politische Rückschläge, wie die sächsische Landtagswahl am 30. August 2009 beispielhaft zeigte, als sich die NPD trotz ihrer guten personellen Verankerung vor Ort und ihrer kommunalpolitischen Aktivitäten selbst in ihrer regionalen Hochburg nur knapp behaupten konnte.

Wie ist die Tatsache zu erklären, dass der organisierte Rechtsextremismus trotz einer globalen Finanzmarkt- und Wirtschaftskrise, die viele Menschen verunsichert und das deutsche Regierungs- und Parteiensystem auf eine harte Bewährungsprobe stellt, bisher nicht erstarkt? Das organisatorische Potenzial, die personellen Ressourcen und der programmatische Ideenreichtum des Rechtsextremismus halten bei weitem nicht mit den gesellschaftlichen Rahmenbedingungen, die ihn auf absehbare Zeit eher beflügeln dürften, Schritt: der globalen Wirtschaftskrise, den sich daraus ergebenden sozialen Verwerfungen und den autoritäre Krisenlösungen begünstigenden Traditionslinien der politischen Kultur. Personelle, programmatische und parteiorganisatorische Schwächen des Rechtsextremismus hindern ihn daran, die für ihn günstige Konjunkturschwäche auszunutzen.

Dies gilt besonders für die NPD als parteipolitische Führungskraft des Rechtsextremismus in der Bundesrepublik: Da sie aufgrund der Untreue ihres früheren Schatzmeisters und Voigt-Vertrauten Erwin Kemna, einer Spendenaffäre und falschen Angaben im Rechenschaftsbericht sowie hoher Rückzahlungsforderungen der Bundestagsverwaltung an Wahlkampfkostenerstattung, die dadurch ausgelöst wurden, selbst in einer tiefen Finanzkrise steckt, gelang es ihr bisher so gut wie überhaupt nicht, Kapital aus der globalen Finanzkrise zu schlagen, und noch weniger, glaubwürdig öffentlich darzulegen, welche gesellschaftspolitischen Alternativen dazu sie vertritt. Rabiat ausgetragene Richtungskämpfe, persönliche Intrigen und offene Zerwürfnisse innerhalb des kleinen Führungskaders, die bis zu einer Kampfkandidatur zwischen Voigt und Udo Pastörs, dem Fraktionschef im

Landtag von Mecklenburg-Vorpommern, um den Parteivorsitz eskalierten, lähmen die NPD ausgerechnet zu einer für sie extrem günstigen Zeit sozial-ökonomischer Krisenhaftigkeit.

Literatur

Brandstetter, M. (2006): Die vier Säulen der NPD. In: Blätter für deutsche und internationale Politik, 2006, Heft 9, S. 1029-1031.

Butterwegge, Ch. (2002): Rechtsextremismus. Freiburg im Breisgau u. Basel u. Wien.

Butterwegge, Ch. (2006[3]): Krise und Zukunft des Sozialstaates. Wiesbaden.

Butterwegge, Ch. (2009): Armut in einem reichen Land. Wie das Problem verharmlost und verdrängt wird. Frankfurt a. M. u. New York.

Butterwegge, Ch./Lösch, B./Ptak, R. (2007): Kritik des Neoliberalismus. Wiesbaden.

Butterwegge, Ch./Hentges, G. (Hrsg.) (2008): Rechtspopulismus. Arbeitswelt und Armut. Befunde aus Deutschland, Österreich und der Schweiz. Opladen u. Farmington Hills.

Butterwegge, Ch./Lösch, B./Ptak, R. (Hrsg.) (2008): Neoliberalismus. Analysen und Alternativen. Wiesbaden.

Flemming, L. (2005): Das NPD-Verbotsverfahren. Vom »Aufstand der Anständigen« zum »Aufstand der Unfähigen«. Baden-Baden.

Glaser, St./Pfeiffer, Th. (Hrsg.) (2007): Erlebniswelt Rechtsextremismus. Menschenverachtung mit Unterhaltungswert. Hintergrund – Methoden – Praxis der Prävention. Schwalbach i. Taunus.

Häusler, A. (Hrsg.) (2008): Rechtspopulismus als »Bürgerbewegung«. Kampagnen gegen Islam und Moscheebau und kommunale Gegenstrategien. Wiesbaden.

Köditz, K. (2009): Und morgen? – Extreme Rechte in Sachsen. Berlin.

Maegerle, A. (2006): Rechte und Rechtsextreme im Protest gegen Hartz IV. Braunschweig. (Bildungsvereinigung »Arbeit und Leben« Niedersachsen Ost, Arbeitsstelle Rechtsextremismus und Gewalt).

Staud, T. (2005): Moderne Nazis. Die neuen Rechten und der Aufstieg der NPD. Köln.

Steglich, H. (2005): Die NPD in Sachsen. Organisatorische Voraussetzungen ihres Wahlerfolgs 2004. Göttingen.

Stöss, R. (2005): Rechtsextremismus im Wandel. Berlin (Friedrich-Ebert-Stiftung).

Vahsen, F. (u. a.) (1994): Jugendarbeit zwischen Gewalt und Rechtsextremismus. Darstellung und Analyse aktueller Handlungsansätze. Hildesheim.

Virchow, F. (2006): Dimensionen der »Demonstrationspolitik« der extremen Rechten in Deutschland. In: Klärner, A./Kohlstruck, M. (Hrsg.): Moderner Rechtsextremismus in Deutschland. Hamburg, S. 68-101.

Vogel, St. (2009): Europas Rechte macht mobil. In: Blätter für deutsche und internationale Politik, 2006, Heft 8, S. 19-22.

Voigt, U. (1999): Mit der NAPO auf dem Weg in das neue Jahrtausend. In: Apfel, H. (Hrsg.): »Alles Große steht im Sturm«. Tradition und Zukunft einer nationalen Partei. Stuttgart, S. 469-475.

Gudrun Mane

»König Kunde« oder Knecht

Konesequenzen der Ökonomisierung des Sozialen
am Beispiel der Berufshilfe

Theoretisch wurde die Ökonomisierung der Sozialen Arbeit sowohl von Seiten der Befürworter als auch der Kritiker nahezu erschöpfend behandelt. Dieser Beitrag bezieht nun die vorhandenen Konzepte und Überzeugungen auf die Erfahrungen und Eindrücke, die ich als Beschäftigte im Bereich der Berufshilfe sammeln konnte, die neben der Tätigkeit in der Forschung mein zweites professionelles Standbein darstellt.

»Würden Sie sich wieder für die Teilnahme an dieser Maßnahme entscheiden?« lautet eine der abschließenden Fragen in dem Bewertungsbogen, den die Arbeitsverwaltung zur Evaluation von Maßnahmen entwickelt hat. Hier wird der Teilnehmer der Maßnahme als Kunde angesprochen, der die Qualität des Produktes bewerten soll, das er »konsumiert« hat. Tatsächlich findet eben dieser Bewertungsbogen auch in solchen Maßnahmen Anwendung, an denen die meisten der »ARGE-Kunden« nicht freiwillig teilnehmen. Die Entscheidung, die sie getroffen haben, bestand lediglich darin abzuwägen, ob sie die ihnen »vorgeschlagene« Maßnahme besuchen, oder eine Kürzung ihrer Leistungen in Kauf nehmen, beziehungsweise, ob es ihnen gelingt, einen Hinderungsgrund glaubhaft zu machen.

Bestenfalls glaubt der/die zuweisende MitarbeiterIn der ARGE tatsächlich an die Erfolgsaussichten des Angebots oder erhofft sich zumindest Antworten auf die Frage, wie der Betroffene in den Arbeitsmarkt zu integrieren sei. Nicht selten dient die Zuweisung jedoch auch schlicht dazu, zu überprüfen, ob der Hilfebedürftige die Zeit, das Pflichtbewusstsein und/oder die Motivation hat zu erscheinen, oder dazu, ihm deutlich zu machen, dass man von ihm mehr Aktivität erwartet. In dieser Konstellation verstehen sich die MaßnahmeteilnehmerInnen verständlicherweise nicht als

»Kunden«, sondern als Opfer hoheitlicher Kontroll- und Zwangsmaßnahmen.

Bei den Teilnehmerinnen und Teilnehmern im Bereich der Berufshilfe handelt es sich in der Regel nicht um Selbstzahler. Es fehlt ihnen somit ein ganz entscheidendes Wesensmerkmal eines »Kunden«. In der Literatur wird in diesem Zusammenhang gelegentlich auf das so genannte sozialrechtliche Dreieck zwischen dem »Kunden«, dem Leistungsträger und dem Leistungsanbieter verwiesen. Dies mag Erklärungsgehalt haben in den Fällen, in denen Arbeitslose beispielsweise einen Bildungs- oder Vermittlungsgutschein erhalten, mit dem ausgestattet sie gegenüber den entsprechenden Dienstleistungsanbietern als Kunde auftreten können. Den zugewiesenen Teilnehmerinnen und Teilnehmern von Maßnahmen fehlt zusätzlich zu den finanziellen Möglichkeiten jedoch auch noch das Merkmal der Wahlfreiheit zwischen verschiedenen Leistungen, über die sie informiert wurden. Die Feststellung von Lutz, soziale Dienstleistungen würden »nicht mehr als eine spezifische Form der sozialen Kontrolle gesehen, die Menschen auf den rechten Weg führen sollen« (Lutz 2008, S. 5) ist schlicht realitätsfern. Zwar geht der Zuweisung in der Regel eine Eingliederungsvereinbarung voraus, deren Inhalt zwischen dem LeistungsempfängerInnen und dem persönlichen Ansprechpartner zu verhandeln ist und die neben den »Pflichten des Kunden sowie einer detaillierten Festschreibung erwartbarer Eigeninitiative« (ebd., S. 6) auch eine Darstellung der Angebote des Dienstleisters enthalten soll, doch ein realer Aushandlungsprozess scheint eher die Ausnahme denn die Regel zu sein. Die meisten »ARGE-Kunden« haben nicht den Eindruck, auf den Inhalt der Eingliederungsvereinbarung wirklich Einfluss nehmen zu können. Sofern es nicht um das Angebot einer Maßnahme geht, enthalten die Vereinbarungen mehrheitlich eine Festlegung der Zahl an Bewerbungen, die der »Kunde« nach einer bestimmte Zeit nachzuweisen hat . »Kontraktmanagement erscheint dann bisweilen als zynische Reaktion hilfloser Helfer auf die fehlenden Möglichkeiten und Chancen beruflicher Partizipation in der Postmoderne« (Vahsen/Mane 2010, S. 238).

Als aus Klienten »Kunden« wurden, wurde hiermit teils die Hoffnung verbunden auf ein Mehr an Mitwirkungs-, Mitsprache- und Wahlrecht für die Betroffenen (vgl. Schwarz 1997). Die Anrede von Hilfesuchenden als »Kunden« wird zudem als Zeichen des Respekts verstanden. Wo jedoch der Respekt fehlt und die Strukturen ein gleichberechtigtes Aushandeln von Verträgen verhindern, kann auch eine Änderung der Terminologie keine Abhilfe schaffen; vielmehr trägt die Begrifflichkeit zur Verschleierung von Machtverhältnissen bei. Einige Autoren erkennen in dem gegenwärtigen System »neofeudale«Tendenzen: Leistungen bekämen den Charakter von »Gratifikationen nach Gutsherrenart« (Butterwegge 2005, S. 33), gleichzeitig werde von den hiermit Bedachten tendenziell zunehmend bedingungsloser Gehorsam erwartet.

Tatsächlich gewinnt man im Gespräch mit ALG II-Empfängern schnell den Eindruck, dass der Schwerpunkt bei etlichen ARGE-MitarbeiterInnen eher auf dem Fordern denn auf dem Fördern liegt. Das bewusst offen konzipierte System des Vermittlungsbudgets findet auf der Ebene der Antragsbearbeitung kaum Anwendung. Die Information, dass es möglich wäre, Leistungen zur Stabilisierung der Persönlichkeit etwa auch für einen Friseurbesuch zu bewilligen, stößt bei den Betroffenen auf ungläubiges Staunen. Ihre Erfahrungen sind andere. Viele berichten darüber, wie schwierig es ist, die jeweiligen »persönlichen« AnsprechpartnerInnen zu kontaktieren, wie unflexibel das System reagiert. Manchen bemühen sich wochenlang um einen Termin und erhalten schließlich endlich eine Einladung, garniert mit dem standardisierten Hinweis auf mögliche Kürzungen bei Nichterscheinen. Andere haben Probleme, kurzfristig Termine zu Vorstellungsgesprächen wahrzunehmen, da die Kosten nur erstattet werden, wenn vorab ein Antrag gestellt wurde. Das Problem verschärft sich noch, wenn der Betroffene nicht in der Lage ist, die Kosten zunächst selber zu tragen. Kosten für Arbeitskleidung können zwar von der ARGE übernommen werden, doch zumindest in Hildesheim erst, wenn jemand eine Arbeit oder mindestens ein betriebliches Praktikum mit Chance auf Übernahme beginnen kann. Der Arbeitsmarkt fordert Flexibilität und schnelle Reaktion, doch den ALG II-EmpfängerInnen fehlen hierzu nicht selten die Ressourcen. Wo es nicht gelingt unbürokratisch Abhilfe zu schaffen, verschleißen die Hilfesuchenden einen guten Teil ihrer Energie in der Auseinandersetzung mit der Arbeitsverwaltung und reagieren nicht selten frustriert und trotzig mit einer Reduzierung oder gar Einstellung der eigenen Aktivitäten.

Während die Änderung der Terminologie im Zuge der Ökonomisierung den Schwächsten unter den Hilfebedürftigen wenig nützt, birgt die Output-Orientierung sogar die Gefahr, ihre Interessen zu gefährden. Wenngleich Bildungsträger begonnen haben, ihre Angebote als »Produkte« zu definieren, entsteht der eigentliche Output in der Sozialen Arbeit erst durch die Mitarbeit des AdressatInnen – auch dies wieder ein Grund, warum es wenig Sinn macht, diesen als »Kunden« zu titulieren. Der Output ist somit besser, je besser der/die TeilnehmerIn mitwirkt – und dies hängt nicht nur von der Motivation, sondern ebenso von den bereits vorhandenen Ressourcen ab. Gleichzeitig wird der Erfolg zumeist in rein ökonomischen Kategorien gefasst und als angemessener Output nur gesehen, wenn HilfeempfängerInnen infolge der Maßnahme zumindest teilweise von der Hilfeleistung unabhängig werden. Tatsächlich ist – ganz abgesehen von der Tatsache, dass Vollbeschäftigung ohnehin nicht zu erreichen ist – ein Teil der ALG II-EmpfängerInnen aber auch persönlich auf dem ersten Arbeitsmarkt praktisch chancenlos, dies gilt etwa für Analphabeten oder Menschen ohne Ausbildung aber mit gesundheitlichen Einschränkungen. Bauman stellt fest, dass die Rekruten der einstigen industriellen Reservearmee in der Postmoderne »ganz und gar überflüssig« (Bauman 1999, S. 107; vgl. Vahsen/Mane 2010, S. 73) werden. Rein ökonomisch gedacht, lohnt es sich daher tatsächlich nicht, in die Arbeit mit diesen Menschen zu investieren. In der Logik dieses Denken ist es eigentlich konsequent, wenn Lutz zu dem Schluss gelangt, dass in Zukunft »nur noch jene Menschen eine effektive und professionelle Hilfe erhalten werden, die die Gewähr dafür bieten, motiviert, fähig und bereit zu sein, sich für sich selber zu engagieren« (Lutz 2008, S. 9). Für die übrigen bliebe in diesem Modell der Zwei-Klassen-Sozialarbeit nur »Versorgung, Verwaltung und Kontrolle« (ebd., S. 9).

Diesem Denken mit moralischer Empörung begegnen zu wollen, wäre schlicht naiv, da hierfür die gesellschaftliche Basis fehlt. Bauman konstatiert eine wachsende Zustimmung der WählerInnen zum Abbau des Wohlfahrtsstaates. Mittellose und Notleidende würden »auf ihre eignen (nicht existenten oder unzulänglichen) Ressourcen« verwiesen (Bauman 1999, S. 114; vgl. Vahsen/Mane 2010, S. 73). Auch Lutz meint – ohne jede Reflexion über die tatsächlichen Gestaltungsmöglichkeiten – dass, wenngleich andere dies als Verlust von Solidarität anprangerten, es lediglich dem Bild des Menschen der Moderne entspräche, »wenn dem gestaltungsfähigen Subjekt mehr Autonomie, Eigenverantwortung und ökonomisches Handeln zugemutet bzw. abverlangt wird« (Lutz 2008, S. 4). Dabei besteht das Neue der Situation nicht im Kern in einer Verlagerung von der »fürsorglichen Belagerung« zur Aktivierung. Die Überwindung der reinen Fürsorge hat sich die Sozialarbeit seit Nohl auf die Fahnen geschrieben. Emanzipatorische Ansätze, Hilfe zur Selbsthilfe sind gängige Paradigmen der Profession. Neu ist hingegen, dass implizit oder explizit davon ausgegangen wird, dass die Unabhängigkeit von staatlichen Hilfen einzig akzeptables Ziel einer Aktivierung sei. In sozialdarwinistischer Manier wird in den Diskussionen zudem laut Butterwegge der Eindruck vermittelt, »Charakterschwäche und fehlende Leistungsbereitschaft« (2005, S. 34) seien die Ursachen von Arbeitslosigkeit und Armut.

Will die Soziale Arbeit nicht hinnehmen, dass Teile der aus der Arbeitsgesellschaft Ausgesonderten auch noch von Leistungen der Sozialen Arbeit ausgeschlossen werden, muss sie – zusätzlich zu einer ebenfalls notwendigen politischen Positionierung – Definitionen des Outputs jenseits des Ökonomischen finden. In der Praxis ist den SozialarbeiterInnen in der Arbeit mit Benachteiligten in der Berufshilfe schon lange bewusst, dass die real erzielten Erfolge mit den offiziellen Maßnahmezielen häufig nur wenig zu tun haben, doch wird dies zumeist nach außen nicht kommuniziert. Der gegenwärtige Rechtfertigungsdruck lässt jedoch nicht mehr zu, sich auf die Position zurückzuziehen, Erfolge der Sozialen Arbeit seien häufig schwer deutlich zu machen und schon gar nicht messbar.

Die Überprüfung des professionellen Wirkens der AkteurInnen der Sozialen Arbeit wird von den Verfechtern der Übernahme ökonomischer

Denkhaltungen in der Sozialen Arbeit ebenfalls als eine der positiven Entwicklungen beschrieben. Tatsächlich erhalten die Teilnehmerinnen und Teilnehmer der Berufshilfe heute in der Regel Angebote von zertifizierter Qualität. Die Tätigkeit der PädagogInnen wird intern wie extern evaluiert und ausführlich dokumentiert. »Was nicht dokumentiert ist, hat nicht statt gefunden!«, fasst ein Lehrgangsleiter die aktuelle Situation bei der Vorstellung eines der neuen Programme zur Erfassung der pädagogischen Tätigkeit zusammen. Die heftigen Klagen von Pädagogen, die Dokumentationspflicht nehme ihnen die Zeit für die »eigentliche Arbeit«, verweist zum Teil sicher auf eine gestiegene Arbeitsbelastung, zum Teil jedoch auch auf eine unprofessionelle Haltung. Für eine/n professionell agierenden SozialarbeiterIn sollte es selbstverständlich sein, seine/ihre Arbeitsschritte auch zu dokumentieren und zu begründen.

Nicht das »ob«, sondern das »wie« der Dokumentation ist jedoch tatsächlich diskussionswürdig. Die ehemals üblichen frei formulierten Berichte werden zunehmend abgelöst durch Nachweise auf von außen vorgegebenen Formularen, in denen sich Wesentliches häufig nur abbilden lässt, wenn man die eigentliche Logik der Vorlagen ignoriert. Selbst die internen Qualitätssicherungssysteme betreffen häufig kaum den Kern der pädagogischen Tätigkeit. Die Institute, die mit der Zertifizierung beauftragt werden, sind in der Regel nicht auf die Arbeit mit pädagogischen Institutionen spezialisiert. Viel Energie wird in der Entwicklung von Elementen eines einheitlichen Erscheinens in der Öffentlichkeit von den Ansagen auf Anrufbeantwortern über die Adressfelder von E-Mails bis hin zu Vorgaben für allgemeine Korrespondenz absorbiert. Es werden unzählige Formulare und standardisierte Verfahrensweisen entwickelt, doch die Beratungsarbeit und der Unterricht kommen meist nur am Rande zur Sprache. Dass diese Form der Qualitätssicherung von vielen Sozialarbeiterinnen und Sozialarbeitern nur als Quelle zusätzlicher Arbeitsbelastung empfunden wird, ist nachvollziehbar. Problematisch ist nur, dass sie dies in der Regel hinnehmen oder Umgehungsstrategien entwickeln, anstatt den Versuch zu unternehmen, eigene Kriterien für die Abbildung der Qualität pädagogischer Tätigkeit zu finden.

Dass dies so ist, hängt unter anderem auch mit den Konsequenzen der Ökonomisierung für die Arbeitsbedingungen der Sozialarbeiterinnen und Sozialarbeiter zusammen. Während die Verfechter der Übernahme betriebswirtschaftlicher Elemente in einer professionellen Personalplanung und -führung eine Chance zu mehr Motivation und steigender Arbeitsqualität sehen (vgl. Schwarz 1997), ist es stattdessen – nicht nur im Bereich der Berufshilfe – durch den Versuch, die »Produkte« billiger anzubieten als die Konkurrenz, zu einer dramatischen Verschlechterung der Arbeitsbedingungen der Mitarbeiterinnen und Mitarbeiter gekommen. Dass diese mehrere Gruppen gleichzeitig betreuen und unterrichten, ist keine Seltenheit mehr. Ebenso gibt es in der Berufshilfe Tätige, denen ohne Stundenaufstockung

oder eine Reduzierung der sonstigen Aufgaben weitere Verantwortungsbe-
reiche wie etwa die Standortleitung übertragen wurden. Von der Idee, dass
für den geleisteten Unterricht auch Vorbereitungszeit anzurechnen sei, hat
sich die Branche zumeist verabschiedet. Arbeitsverdichtung und Ausdeh-
nungen der Tätigkeitsfelder bei gleichzeitig gesunkenem Lohnniveau kennzeichnen die Arbeit auch in diesem Bereich (vgl. Buestrich/Wohlfahrt
2008). Parallel hierzu sind eine zunehmende Deregulierung und ein Anstei-
gen prekärer Arbeitsverhältnisse zu verzeichnen. Unterricht wird in stei-
gendem Maße von Honorarkräften geleistet.

Den größten Kostenfaktor im Bereich der Sozialen Arbeit stellt das Personal dar, gleichzeitig ist der Faktor Personal jedoch auch qualitätsent-
scheidend, so dass Einsparungen in diesem Bereich nahezu zwangsläufig
die Qualität der »Produkte« bedrohen. Im Ergebnis ist Qualität in der Berufshilfe mit Benachteiligten aktuell nicht wegen, sondern allenfalls trotz
der Ökonomisierungsprozesse zu finden. Viele engagierte SozialarbeiterInnen und DozentInnen in diesem Bereich haben ihre pädagogischen Ziele
noch nicht aufgegeben und verfolgen diese hartnäckig, teils selbstausbeute-
risch, doch leider allzu oft in aller Stille.

Literatur

Bauman, Z. (1999): Das Unbehagen in der Postmoderne. Hamburg.
Butterwegge, Ch. (2005): Globalisierung, Wohlfahrtsstaat und Soziale Arbeit.
    In: Thole, W./Cloos, P./Ortmann, F./Strutwolf, V. (Hrsg.): Soziale Arbeit im
    öffentlichen Raum. Wiesbaden.
Buestrich, M./Wohlfahrt, N. (2008): Die Ökonomisierung der Sozialen Arbeit.
    In: Aus Politik und Zeitgeschichte, 2008, Heft 12/13, S.17-24.
Lindenberg, M. (Hrsg.) (2000): Von der Sorge zur Härte. Kritische Beiträge zur
    Ökonomisierung Sozialer Arbeit. Bielefeld.
Lutz, R. (2008): Perspektiven der Sozialen Arbeit. In: Aus Politik und Zeitge-
    schichte, 2008, Heft 12/13. S. 3-10.
Schaarschuch, A. (2000): Kunden, Kontrakte, Karrieren. In: Lindenberg, H.
Schmidt-Grunert, M. (2000): Ökonomisches Denken und Handeln in der Sozia-
    len Arbeit: Hoffnung für wen? In: Lindenberg, M. (Hrsg.) (2000): Von der
    Sorge zur Härte. Kritische Beiträge zur Ökonomisierung Sozialer Arbeit.
    Bielefeld, S. 135-152.
Schwarz, G. (1997): Die Forderung nach mehr Markt. Folgen für die Professio-
    nalisierung Sozialer Arbeit. In: Deutscher Caritasverband (Hrsg.): Mehr
    Markt in der Sozialen Arbeit? Freiburg im Breisgau.
Vahsen, F./Mane, G. (2010): Gesellschaftliche Umbrüche und Soziale Arbeit.
    Wiesbaden.

Udo Wilken

Der Verlust der Selbstevidenz des Sozialen als ethische Herausforderung

Essay über Perspektiven für eine erneuerte Kultur der Solidarität

Seit Beginn des neuen Jahrtausends befindet sich unsere Gesellschaft in immer radikaleren Umbrüchen, die zu tief greifenden Transformationsprozessen führen. Die ökologischen und technologischen Konsequenzen wie auch die kulturellen und sozio-ökonomischen Folgen dieser Umbrüche fordern das einzelne Individuum aber auch das gesellschaftliche Kollektiv als Ganzes heraus. Eine Auswirkung dieser Transformationsprozesse besteht darin, dass dem Einzelnen immer mehr Verantwortung für jene Bereiche der Lebensgestaltung überlassen wird, in die bislang Staat und Gesellschaft intervenierten – sie dann aber auch mitgetragen und mitverantwortet haben. (vgl. Wilken 2000, S. 7 ff.)

Gesamtgesellschaftlich führen diese Vorgänge zu einer sozialen Entstandardisierung und Deregulierung und es kommt zu einer forcierten Freisetzung des Individuums in eine autonom zu verantwortende Lebensführungspraxis. Diese Individualisierung von Lebenslagen und Lebenschancen wird jedoch von immer weniger Zeitgenossen als Autonomiegewinn, sondern als Autonomiezwang erlebt, der existentielle Verunsicherung bewirkt. Der fortschreitende Rückzug des Staates und die Delegierung bisher an ihn auf der Grundlage demokratischer Willensbildung übertragener Aufgaben an den Markt, führt zu einer Ökonomisierung der gesellschaftlichen Verhältnisse nach der Maxime ›Mehr Markt – weniger Staat‹. Damit besteht die Gefahr, dass sich eine Eigenlogik des ökonomischen Kalküls etabliert, und nur das zählt, was sich rechnet. In der Dominanz ökonomischen Denkens aber ist die Randständigkeit des Sozialen angelegt und damit die Gefahr des Verlustes zentraler sozial-politischer Errungenschaften und sozial-ethischer Werte. Wird dem nicht entgegengetreten, kann es zu einem weiteren Vertrauensschwund in staatliche Institutionen und demo-

kratische Strukturen kommen und zu einem immer stärker um sich greifenden Politikverdruss.

Trotz aller vermuteten Sinnhaftigkeit der Privatisierung und Deregulierung ehemaliger staatlicher Gewährleistungsaufgaben, bedarf es auch in
Zukunft der staatlichen Regulierung des Bildungs-, Gesundheits- und Sozi-
alwesens sowie einer verlässlichen Rechtssetzung für die Realwirtschaft
und den Finanzsektor. Denn nur ein funktionsfähiger Rechts- und Sozialstaat vermag die Auswirkungen der globalen Transformationsprozesse zu
steuern und damit zugleich die Rahmenbedingungen für wirtschaftliche
Entwicklung zu schaffen. Entgegen einer neoliberalistischen Fundamentalkritik am Sozialstaat (vgl. Hayek 2000, S. 197) gilt es deshalb festzuhalten,
dass sich – auf der Grundlage rechtsstaatlicher Demokratie – wirtschaftliche Dynamik und soziale Sicherung wechselseitig bedingen.

1. Gerechtigkeit und Solidarität

Neuere Ergebnisse der Sozialstrukturforschung stützen diese Sichtweise. So
erwarten etwa die Milieus der leistungsorientierten ArbeitnehmerInnen als
Äquivalent für ihr berufliches Engagement immer stärker auch soziale Sicherheit. Zudem besteht bei ihnen mittlerweile ein ausgeprägter Sinn für
soziale Gerechtigkeit und eine hohe Wertschätzung von Solidarität (vgl.
Vester 1999, S. 7; Lessenich 2008, S. 45). Mit der Priorisierung einer in
wirtschaftlicher wie in sozialer Hinsicht produktiven Gesellschaft wird ein
sozialstaatliches Ethos eingefordert, für dessen wertkonsensuelle Verallge-
meinerungsfähigkeit eine durchaus höhere Bereitschaft in der Bevölkerung
besteht, als bislang vermutet und als öffentliche Meinung vermittelt wird.
Allerdings scheinen diese Intentionen gegenwärtig eher auf einem sozial-
pragmatischen Verhalten von Geben und Nehmen zu beruhen, das sich im
Bereich der sozialen Sicherung vornehmlich mit einer beitragsäquivalenten
Leistungsgerechtigkeit zufrieden gibt (vgl. Merkel 2007, S. 253). Dieses
Verhalten kann als Ausdruck einer auf Reziprozität gründenden Moral gelten, die so lange ein gewisses solidarisches Verhalten ermöglicht, wie dies
auch von anderen geteilt und praktiziert wird. Angesichts zunehmend
marktförmiger Gesellschaftsstrukturen und einer vermehrt ökonomistischen
Mentalität, die bei zunehmend mehr Bürgern festzustellen ist, werden allerdings traditionelle sozial-ethische Werte wie Altruismus, Fürsorglichkeit
und soziale Empathie zurückgedrängt, so dass sich eine Kluft zwischen Ei-
geninteressen und Soziabilität auftut. Wilhelm Heitmeyer (2007) weist in
seiner Langzeitstudie über »Deutsche Zustände« darauf hin, dass etwa 40
Prozent der Befragten meinen, »in unserer Gesellschaft würde zu viel
Rücksicht auf Versager genommen. Zu viel Nachsicht mit solchen Personen

gilt 43, 9 Prozent als unangebracht«. Etwa ein Viertel stimmt der Aussage zu, dass »moralisches Verhalten (...) ein Luxus (ist), den wir uns nicht mehr leisten können«. Dabei zeigt sich, dass Ressentiments etwa gegenüber langzeitarbeitslosen Personen bei Befragten mit sinkender Soziallage kontinuierlich zunehmen. »Überraschend ist dies, weil das Risiko der Langzeitarbeitslosigkeit mit niedriger Schulbildung und (geringer) beruflicher Qualifikation ansteigt und (...) vermutet werden könnte, dass diese Personen eher Verständnis für die Lage der Langzeitarbeitslosen haben (...). Das Gegenteil scheint der Fall zu sein: Man muss davon ausgehen, dass mit niedriger Soziallage das Bedürfnis wächst, sich von Personen am untersten Rand der Sozialhierarchie abzugrenzen (...). In diesem Sinne sind zum Beispiel 29 Prozent der Befragten aus der unteren, 23 Prozent aus der mittleren und 20 Prozent aus der oberen Soziallage überzeugt, dass die Langzeitarbeitslosen ihr Schicksal selbst verschuldet haben« (Heitmeyer 2007).

So ist denn unser gesellschaftliches Leben zunehmend davon geprägt, Probleme, die der Einzelne hat, vorschnell zu individualisieren, ohne sich differenzierende Gedanken über die existenziellen Ursachen zu machen, die zu einer prekären Lebenslage geführt haben könnten. Jeder sei seines Glückes Schmied und damit verantwortlich für sein eigenes Wohl und Wehe. Auf diese Weise wird die bestehende gesellschaftliche Tendenz zur Individualisierung von Problemlagen verstärkt, mit der Folge, sich von einer ansonsten durchaus noch bewussten sozialen Verantwortung mit einem scheinbar guten Gewissen dispensieren zu können.

Dort aber, wo sozialrechtliche Ansprüche auf öffentliche Gelder bestehen und ihre Gewährleistung nicht kontrovers erscheint, wird die Zur-Verfügung-Stellung dieser Mittel nicht selten als Freibrief für eine Entlastung von jeglicher unmittelbaren solidarischen Verantwortung empfunden. Wenn selbst in wirtschaftlichen Krisenzeiten das politische Bewusstsein für die Teilnahme an demokratischen Wahlen nachlässt, mit der Folge, dass sich bei der EU-Wahl 2009 56,7 % der Wahlberechtigten in Deutschland zur politischen Mitwirkung nicht verpflichtet sahen, überrascht es nicht mehr, dass 75 % der Deutschen sich nicht in Bürgerinitiativen engagieren und 62 % keinerlei ehrenamtliche Aufgaben wahrnehmen (vgl. Stiftung für Zukunftsfragen 2007, S. 2). Immer weniger Bürger sind in den vorhandenen sozialen und politischen Systemen aktiv vertreten, noch scheinen sie sich von ihnen recht vertreten zu fühlen. Dies hat negative Auswirkungen auf den traditionellen sozialkulturellen Grundkonsens.

Damit sich zumindest pragmatisch-solidarische Verhaltensweisen wieder stärker verallgemeinern können und der Einzelne nicht nur für sich, sondern auch für das Gemeinwesen bereitwilliger Verantwortung übernimmt, müsste die Gerechtigkeitsbasis ethischer Reziprozität, die einem solidarischen Verhalten zugrunde liegt, wieder deutlicher ins Bewusstsein treten. Denn schon aus anthropologisch-evolutionärer Sicht gilt, dass Menschen dann eher zu solidarischem Verhalten bereit sind und kooperieren, wenn Reziprozität besteht und sie sich nicht ausgenutzt fühlen. Sie verhalten sich sogar »altruistisch, wenn sie keinen direkten Vorteil erwarten können. Der Mensch ist kooperativ, er muss es allerdings erst lernen. Kooperatives (soziales) Verhalten führt längerfristig zu höherem Gewinn für alle Beteiligten. (…) Damit wird Gerechtigkeit im politischen Raum zu einer Vertrauensbeziehung. Wenn Vertrauen herrscht, kann der Staat ohne Belastung der Solidarität Transfers vergeben, die nicht von den Steuer- und Beitragszahlern gleich als ungerecht klassifiziert werden« (Prenz/Priddat 2007, S. 72).

2. Plädoyer für soziale Bildung

Nun wird in unserer bundesrepublikanischen Gesellschaft der soziale Zusammenhalt nicht grundsätzlich aufgekündigt, aber es machen sich doch zunehmend Tendenzen der Individualisierung und Entsolidarisierung bemerkbar, die vielfältige Ursachen haben (vgl. Dahrendorf 1998, S. 13 ff.). So werden dem Staat zur Lösung seiner Aufgaben immer unwilliger die notwendigen Mittel seitens der Bürger zur Verfügung gestellt. Dadurch wird die Finanzierung des Sozialstaates und der durch ihn bislang garantierte verlässliche soziale Wohlstand schrittweise zur Disposition gestellt. Auch werden die Klagen über die Steuer- und Sozialabgabenhöhe nach Opportunitätsgesichtspunkten von den verschiedensten gesellschaftlichen Gruppierungen instrumentalisiert. Seitens der dominierenden politischen Parteien wird, zumal vor Wahlen, immer wieder die Möglichkeit von Steuerentlastungen in Aussicht gestellt. Aber es wird nicht eindeutig erklärt, dass mit Steuerentlastungen und Kürzungen der Sozialabgaben ein weiterer Umbau des Sozialstaates herbeigeführt würde, der »für nicht wenige Bürgerinnen und Bürger mit erheblichen Wohlfahrtsverlusten« verbunden ist (Lessenich 2008, S. 98), zumal er sich nicht nur auf das Soziale im engeren Sinne erstrecken, sondern auch den Kultur- und Bildungssektor mit einschließen würde (vgl. Wilken 2009). Als jüngster Beleg für diese Entwicklungen mag die sozial-kulturalistische Debatte über die Polemik von Peter Sloterdijk am Sozialstaat dienen, der die Empfehlung zu Grunde liegt, an Stelle des durch Zwangsabgaben finanzierten Sozialstaates die freiwillige Mildtätigkeit der Wohlhabenden treten zu lassen (vgl. Menke 2009). Immer häufiger wird versucht, die Kritik am Sozialstaat mit Verweis auf die »Freiheit« des Einzelnen zu legitimieren, als ob durch soziale Ungleichheit die Freiheit gleichsam automatisch wachsen würde.

Im Übrigen bemühen sich die traditionellen Parteilen, im Gleichschritt mit zahlreichen Wirtschaftslobbyisten, den programmatisch betriebenen

Sozialabbau als ›Umbau‹ und ›Reform‹ mittels sozialpolitischer Semanti-
ken zu kommunizieren. Hierbei hilft ihnen einmal die bewährte Skandali-
sierungsrhetorik, die soziale Sicherung als ›soziale Hängematte‹ diskreditiert, und sodann die aktivierungseuphorisch vorgetragene Programmatik
von ›Fördern und Fordern‹. Zudem wird versucht, durch eine »negative ret-
rospektive Mythenbildung« (Lessenich 2008, S. 75) das wirtschaftspolitisch
erfolgreiche Sozialstaatsmodell der Bundesrepublik – mit seinem öffentlichen Schutz des Individuums gegen soziale Risiken – als paternalistische
Fürsorge zu denunzieren, wodurch die Bürger vorgeblich zu »unmündigen
Empfängern von staatlichen Alimentationen« gemacht würden (Göring-
Eckardt/Dückert zit. n. Lessenich 2008, S. 95).

Solchermaßen betriebene Appelle an den individuellen wie auch den
Gruppenegoismus, die hilfeberechtigte und hilfebedürftige Mitbürger gene-
ralisierend einer passiven Haltung und eines leistungskonsumptiven Miss-
brauchs verdächtigen, fallen umso eher auf einen fruchtbaren Boden, je weniger der einzelne Bürger, aber auch die Gesellschaft als Ganzes, sich bewusst ist, dass gerade im Sozialbereich gemeinwohlorientierte Nutzenwerte
nicht durch kurzfristige private oder gruppenspezifische Egoismen zu steuern sind, sondern durch nachhaltige kollektive Sinnwerte, und dass mit dem
Verlust der Wertorientierung am Gemeinwohl Soziabilität schwindet. Soziabilität aber als eine Kultur des sozialen Miteinander-Lebens im Rahmen
einer als gerecht empfundene Gestaltung des Sozialen, kann auf erwiesene
basale evolutionäre Gerechtigkeitspräferenzen bauen, nach denen Gesellschaften, in denen man Vereinbarungen hält und dadurch gegenseitiges
Vertrauen festigt, besser funktionieren als solche, in denen jeder nur seinen
kurzfristigen Vorteil verfolgt. (vgl. Fehr 2004)

Um einer weiteren Aushöhlung verlässlicher sozialer Werte und damit
einer dissozialen Spaltung der Gesellschaft zu begegnen, braucht es an Stelle von Indoktrination und dubiosen Rechtfertigungsbemühungen für eine im
Kern unsolidarische Sozialagenda, kritisch aufklärende und differenzierende soziale Bildungsbemühungen (vgl. Wilken 2005, S. 292 ff.). Ihr Ziel
müsste es sein, dazu beizutragen, die wechselseitige existenzielle Angewie-
senheit der Menschen zu verdeutlichen (vgl. Falck 1997). Hierdurch könnte
sich eine positive Bindung an die Gemeinschaft ergeben, in der sie behei-
matet sind (vgl. Di Fabio 2005, S. 185) und damit ein Gemeinschaftsethos,
dessen Solidaritätspotenzial zudem erweiterungsfähig und universalisierbar
ist. Deshalb ist für einen bevölkerungsweiten Diskurs, auch in Schule und
Hochschule, Sorge zu tragen, der ein konsensfähiges sozialpolitisches Leitbild für eine prosozial aktiv gelebte Kultur der Solidarität in den Blick
nimmt, das geeignet wäre, die gesellschaftliche Bereitschaft auch für eine
angemessene Finanzierung der sozialen Aufgaben zu erhöhen. Als gutes
Beispiel für solchen Diskurs‹ kann der Konsultationsprozess dienen, der zur
Erarbeitung des gemeinsamen Wortes der evangelischen und katholischen

Kirche zur wirtschaftlichen und sozialen Lage in Deutschland beschritten
wurde (vgl. Heimbach-Steins/Lienkamp 1997). Dabei würde deutlich, dass
die anhaltende Entselbstverständlichung des Sozialen nicht primär durch
eine Finanzierungskrise hervorgerufen wird, sondern dass sie ganz wesentlich eine Krise der Leistungsfähigkeit des Leitbildes darstellt, das den Sozialstaat repräsentiert. Gleichwohl darf bei den erforderlichen Diskursbemü-
hungen nicht idealistisch übersehen werden, dass es sich im Hinblick auf
die Austarierung von Solidarität als Teil sozialkulturell verbindlicher Bür-
gerrechte und selbstverständlicher Bürgerpflichten weniger um abstrakte
herrschaftsfreie Moraldiskurse handelt. Schon eher findet hier, wenn auch
verdeckt, ein subtiler ›Kampf der Sozialkulturen‹ statt. Allerdings besteht
bei diesen auch historisch nachvollziehbaren Auseinandersetzungen insbesondere um die Eingrenzung bzw. die Erweiterung der Gruppe der An-
spruchsberechtigten auf das sozial Gebotene (vgl. Appiah 2009, S. 144) gegenwärtig ein asymmetrisches Verhältnis zu Gunsten machtvoller neoliberaler Interessenvertretungen (vgl. Tietmeyer 2001).

3. Gestaltung des Sozialen

Angesichts des Vertrauensverlustes, der mit den negativen Begründungen
und Folgen des als ›Reformprojekt‹ verheißenen Umbaus der sozialen Sicherung bei vielen Zeitgenossen bewirkt wurde, gilt es somit, das Vertrauen
in die nachhaltige Sinnhaftigkeit von individueller Gerechtigkeit und kol-
lektiver Soziabilität wieder als sozialen Mehrwert zu verallgemeinern. Dazu
braucht es eine erneuerte positive Identifizierung mit einem Sozialstaat,
dessen Leistungsgestaltung der BürgerInnen als verlässlich, gerecht und
zukunftsfähig einschätzen können muss. Solche Identifizierung erweist sich
als notwendige Voraussetzung für die Bereitschaft zur solidarischen Finanzierung der durch den Staat zu garantierenden Sozialleistungen. Zur Ver-
breiterung der Glaubwürdigkeit von notwendigen strukturellen sozialreformerischen Anpassungen trüge deshalb auch eine transparente öffentliche
Rechnungslegung im Sozialwesen bei, die den Nachweis über die effektive
und effiziente Mittelverwendung zu erbringen hätte.

Denn es besteht in der Öffentlichkeit nicht nur eine Verunsicherung hinsichtlich des richtigen Weges zur Gestaltung der sozialen Sicherung, sondern es ist auch ein weit verbreiteter Misstrauensvorschuss vorhanden im
Blick auf die verantwortungsvolle Verwendung von Steuern und Sozialabgaben seitens der Wohlfahrtspflege und der institutionalisierten sozialen
Dienstleistungserbringer. Die Vielzahl der in den letzten Jahren bekannt
gewordenen Folgen von Missmanagement, Selbstbedienungsmentalität und
mangelhafter Dienstleistungsqualität der SozialleistungsakteurInnen hat die

Öffentlichkeit irritiert (vgl. Lindner/Röthig 2006, S. 4 ff.; Solidaris 2007, S. 3). Auch dadurch wurde der ›social return on investment‹ fraglich und die Selbstevidenz des Sozialen musste einen Imageschaden hinnehmen. Um diesem Vertrauensverlust entgegen zu treten, wurden in den vergangenen Jahren für die Sozialwirtschaft so genannte ›Corporate-Governance-Regeln‹ erarbeitet. Sie sind an den ›Deutschen Corporate-Goverance-Kodex‹ der Privatwirtschaft angelehnt und gründen wie dieser auf dem ›Gesetz zur Kontrolle und Transparenz im erwerbswirtschaftlichen Unternehmensbereich (KonTraG)‹ (vgl. Solidaris 2007; Köhler u. a. 2009). Mit den ›Corporate-Governance-Regeln‹ sozialtätiger Unternehmen soll »eine gute und verantwortungsvolle Unternehmensleitung und deren Kontrolle« erreicht werden, damit die von den Steuer- und Beitragszahlern zur Verfügung gestellten Finanzmittel in treuhänderischem Auftrag zweckbestimmt und sozial nachhaltig eingesetzt werden (vgl. Solidaris 2007, S. 3).

Einen weiteren Verlust der Selbstevidenz des Sozialen befördert zudem ein sich indolent gerierender Sozialrigorismus. Wir finden ihn beispielsweise in der Behindertenhilfe dort, wo er sich mit einer undifferenzierten Propagierung der ›Unteilbarkeit‹ von Integration gesellschaftskritisch positioniert. Indem auf der Grundlage von Alles-oder-Nichts-Positionen gewachsene rehabilitative Strukturen mit ihren differenzierenden Wegen zur Zielerreichung von Integration und der Sicherung von Inklusion (vgl. Hollenweger 2003, S. 156 f.; S. 162) in einer gesinnungsethisch fundamentalistischen Attitüde diskreditiert werden, trägt solcher Rigorismus dazu bei, eine gesellschaftlich anerkannte, verantwortungsethisch begründete humane Praxis, öffentlich zu delegitimieren. Ohne einer postmodernen Wertebeliebigkeit das Wort zu reden, werden mit dergleichen sozialrigoristischen Postulaten Eindeutigkeiten suggeriert, die reflektierenden BürgerInnen angesichts eines aufgeklärten Wissens um die Kontingenz gesellschaftlichen Seins verdächtig erscheinen müssten. Anstelle von Sympathie für vielfältige Realisierungschancen der pragmatischen Leitidee von Integration und inklusiver Partizipation, fördern moralische Totalitarismen ein Freund-Feind-Denken und verhindern die Wahrnehmung der Selbstevidenz des Sozialen aus je unterschiedlichen Formen gelingender Praxis. (vgl. Kobi 2002, S. 313 ff.) Diese Vorgänge sind deshalb so prekär, weil es sich bei den Sozialleistungen der Wohlfahrtspflege im Allgemeinen um »Vertrauensgüter« handelt, deren wahre Qualität nur mit erheblichem Aufwand festgestellt werden kann. Deshalb verschafft ihnen in der Regel nur ein gesicherter Vertrauensvorschuss eine hohe legitimatorische Akzeptanz. Erweist sich aber in der Praxis das postulierte Wertesystem als nicht eindeutig, so bleibt eine unglaubwürdig geworden Sozial- und Wohlfahrtsrhetorik zurück, die zu einer Verunsicherung hinsichtlich der Sinnhaftigkeit der kollektiven Sozialgestaltung führt. In deren Folge kommt es dann leicht zu übergenerali-

sierten Negativdeutungen, die geeignet sind, das Sozialstaatsprinzip nachhaltig zu diskreditieren.

4. Sensibilisierung für die Gemeinschaft

Eine problematische Konsequenz, die sich aus dem beschädigten Vertrauen
in die Strukturen und Funktionen des Sozialstaats ergibt, besteht darin, dass
BürgerInnen und Unternehmen angesichts der ihnen zu hoch erscheinenden
Sozialstaatskosten eine ›kreative‹ Abgabengestaltung betreiben. Dann wird
versucht, auf jede erdenkliche Weise Steuern und Sozialabgaben zu minimieren. Dazu zählt auch der Kirchenaustritt, der Kirchensteuer sparen hilft,
die Aufkündigung gewerkschaftlicher Mitgliedssolidarität und die Reduzierung freiwilliger Zuwendungen in Form von Spenden. Führt zudem eine
prekäre Gesamtwirtschaftlage zu einem Rückgang der Staatseinnahmen, so
stehen dem Staat und den Wohlfahrtsverbänden immer weniger Mittel zur
Verfügung. Die politische Konsequenz, die aus dieser Situation gezogen
wird, besteht darin, dort wo es möglich erscheint, durch Budgetierung, Kos-
tendeckelung und Priorisierung Sozialkosten einzusparen und noch stärker
auf Effektivität und Effizienz zu setzen. Dass die damit intendierte effiziente ökonomische Rationalisierung im Ergebnis jedoch zu einer effektiven
Rationierung führt, müsste betroffen machen und zu einer offensiven Quali-
tätsdebatte hinsichtlich akzeptabler Qualitätsstandards führen.

Dem globalen Trend neoliberalistischer Wirtschaftspraxis folgend
kommt es jedoch bei der Erbringung sozialer Leistungen immer stärker zu
einem ordnungspolitisch forcierten Umbau des in Artikel 20 grundgesetz-
lich verfassten Sozialstaatsgebotes nach der Vorgabe ›Mehr Markt – weniger Staat‹. Indem die Sozialleistungserbringung zunehmend an den Markt
delegiert wird, werden bislang sozialrechtlich gesicherte staatliche Zustän-
digkeiten und demokratisch kontrollierte Verantwortungen in Frage gestellt.
Im Blick auf die Absicherung typischer Lebensrisiken wird in der politischen Beschwichtigungsrhetorik immer stärker verwiesen auf die gebotene
»Balance zwischen Solidarität und Eigenverantwortung« (Blüm 1987, S. 1).
Allerdings geht der wohlfeile Rat, auch in sozialen Belangen ›sei jeder seines Glückes Schmied‹ ins Leere, wenn nicht zugleich die Mittel zum
Schmieden gegeben sind oder es gar am Schmieden-Können fehlt. Es reicht
nicht hin, nur auf Eigenverantwortung zu verweisen, nach dem Motto
›Wenn jeder sich selbst hilft, ist allen geholfen‹. Es genügt nicht, allein auf
individuell-motivationale Faktoren zu setzen, sondern es sind auch die unterschiedlichen strukturellen Bedingungen zu berücksichtigen, die das Leben der Menschen beeinflussen, wenn der Staat nach Art. 20 GG für eine
gerechte und nachhaltige Sozialordnung Sorge tragen will. Vor allem aber

bedarf es für eine Kultur der Solidarität eines prinzipiellen rational begründeten sozialethischen Bewusstseins. Dieses muss in der Lage sein zu legitimieren, warum sich der Einzelne und die Gesellschaft als Ganzes sozial
fair, mitfühlend und kooperativ verhalten sollen. Der aus solchem Bewusstsein entstehende ethische Imperativ zu humanem gemeinschaftsförderlichen
Verhalten erwächst aus dem Wissen um die soziale Natur des Menschen,
derzufolge er »ohne Gemeinschaft weder ins Leben kommt noch überle-
bensfähig ist« (Klug 2000, S. 197).

Angesichts des wenig motivierenden sozialpolitischen Vorbildes überrascht es nicht, dass es in den vergangenen Jahren kaum zu einer diesbezüg-
lichen Sensibilisierung gekommen ist und zu keiner nennenswerten Stärkung des nachlassenden sozialen Verantwortungsbewusstseins. Das Gegenteil ist der Fall! Dies bestätigt die Studie »Deutsche Zustände« von Wilhelm Heitmeyer aus dem Jahre 2009 im Vergleich mit dem Jahr 2007. Danach meinen nun bereits annähernd 65 Prozent der befragten BürgerInnen,
die sich von der gegenwärtigen Wirtschaftskrise betroffen fühlen, dass in
Deutschland »zu viele schwache Gruppen mitversorgt« würden (Hildesheimer Allgemeine Zeitung 2009).

5. Kultur der Solidarität entwickeln

So ist denn insgesamt nicht nur ein Rückzug des Sozialstaates zu beklagen,
sondern es ist ein Verlust des Bewusstseins für seine ethischen Standards zu
verzeichnen, nicht zuletzt dort, wo das Soziale zunehmend auf Fragen der
Wettbewerbsfähigkeit privatisierter öffentlicher Leistungen reduziert wird.
Hier betätigt sich der Staat quasi als Unternehmer, zu dessen KundInnen die
BürgerInnen werden, obgleich das Gut, das da vermarktet wird, im letzten
die Souveränität des Volkes ist, nämlich »die Freiheit der Bürger, ihre Lebensverhältnisse dem Recht gemäß durch allgemeine Gesetze zu ordnen«
(Schachtschneider, zit. n. Mosen, 2000, S. 3). Denn der Staat als demokratische Organisation der Bürger hat sowohl die Leistungsfähigkeit der Wirtschaft als auch die Verwirklichung des Sozialstaatsprinzips nach Artikel 20
GG zu gewährleisten. Durch die marktliche Entwicklung erhält jedoch das
Soziale einen ›Warencharakter‹ (vgl. Haslinger 2009, S. 155) und es gestaltet sich eine Praxis, in der immer häufiger lediglich lukrative Marktsegmen-
te interessant sind. Dabei hat sich eine Praxis etabliert, mit der vornehmlich
die wirtschaftlich rentierlichen Zielgruppen bedient werden und soziale
Dienstleistungen unterbleiben, wenn es dem ›Kunden‹ an Kaufkraft fehlt.

Demgemäß sind wir mit einem problematischen Paradigmenwechsel
konfrontiert, nach dem nicht mehr das sozial Sinnvolle und moralisch Gebotene maßgeblich wird, sondern lediglich das wettbewerbsfähige Soziale.

Anstelle bislang kollektiv durch Steuern und Sozialversicherungsbeiträge gesicherter und staatlich gewährleisteter Aufgaben nach dem solidarischen Prinzip ›einer für alle – alle für einen‹ entwickelt sich unter dem Primat der Individualisierung und Ökonomisierung des Sozialen eine Logik selbstbezüglicher Eigenverantwortung bei gleichzeitiger Vernachlässigung der Verantwortung des Einzelnen für die Gesellschaft. Deshalb gilt es, Perspektiven für eine Kultur der Solidarität zu erschließen, die geeignet sind, ein erneuertes bürgerschaftlich-politisches Verantwortungsbewusstsein zu eröffnen, das in der Lage ist, die Selbstevidenz des Sozialen im Kontinuum von Selbstsorge, Mitsorge und Fürsorge zu befördern.

Literatur

Appiah, K. A. (2009): Ethische Experimente. Übungen zum guten Leben. München.

Blüm, N. (1987): Solidarität und Eigenverantwortung. Entscheidungen über Grundsätze der Strukturreform im Gesundheitswesen. In: Bundesminister für Arbeit und Sozialordnung (Hrsg.): Sozialpolitische Informationen, 1987, Heft, S. 1-3.

Dahrendorf, R. (1998): Für eine Politik der Solidarität. Tutzinger Blätter – Informationen aus der Evangelischen Akademie Tutzing, 1998, Heft 1, S. 13-16.

Di Fabio, U. (2005): Die Kultur der Freiheit. München.

Falck, H. S. (1997): Membership. Eine Theorie der Sozialen Arbeit. Stuttgart.

Fehr, E. and Fischbacher, U. (2010): Social norms and human cooperation. In: Trends in Cognitive Science, 2004, Vol. 8, p. 185-190. (URL:http://129.3.20.41/eps/mac/papers/0409/0409026.pdf) (letzter Zugriff: 5.1.2010)

Haslinger, H. (2009): Diakonie. Grundlagen für die Soziale Arbeit der Kirche. Paderborn.

Heimbach-Steins, M./Lienkamp, A. (Hrsg.) (1997): Für eine Zukunft in Solidarität und Gerechtigkeit. München.

Heitmeyer, W. (2007): Moralisch abwärts im Aufschwung. Nützlichkeit und Effizienz: Dieses Denken ist weit verbreitet und bedroht den Zusammenhalt der Gesellschaft. Ein Forschungsbericht. Die Zeit, 13.12.2007, Nr. 51, S. 14.

Hildesheimer Allgemeine Zeitung (5.12.2009): Die Krise in den Köpfen – und den Herzen.

Hollenweger, J. (2003): Behindert, arm und ausgeschlossen. Bilder und Denkfiguren im internationalen Diskus zur Lage behinderter Menschen. In: Cloerkes, G. (Hrsg.): Wie man behindert wird. Heidelberg, S. 141-164.

Klug, W. (2000): Braucht die Soziale Arbeit eine Ethik? – Ethische Fragestellungen als Beitrag zur Diskussion der Sozialarbeitswissenschaft im Kontext ökonomischer Herausforderungen. In: Wilken, U. (Hrsg.): Soziale Arbeit zwischen Ethik und Ökonomie. Freiburg.

Kobi, E. E. (2002): Wenn Integration zu ihrem eigenen Denk mal! wird. Oder: La révolution dévore ses enfants. In: VHN Vierteljahresschrift für Heilpädagogik und ihre Nachbargebiete. 71. Jg., Heft 3, S. 310-315.

Köhler, A., Marten, K-U., Schlereth, D. (2009): Stärkung der Corporate Governance in Deutschland – Umsetzungsstand und Effektivität. In: Der Betrieb. 62. Jg., Heft 28/29 vom 17. 7. 2009, S. 1477-1486.

Lessenich, S. (2008): Die Neuerfindung des Sozialen. Bielefeld.

Lindner, R./Röthig, I. (2006): Kompass für schwarze Zahlen. Corporate Governance. Spektakuläre Pleiten bringen die gesamte Branche immer wieder in Verruf. In: Wohlfahrt intern, 2006, Heft 2, S. 4-7.

Menke, Chr. (2009): Wahrheit. Nicht Stil. Es geht um die gerechte Gesellschaft. Zum Streit zwischen den Philosophen Axel Honneth und Peter Sloterdijk. In: Die Zeit, 15.10.2009, Nr. 43, S. 58.

Merkel, W. (2007): Soziale Gerechtigkeit im OECD-Vergleich. In: Empter, S./Vehrkamp, R.B. (Hrsg.): Soziale Gerechtigkeit – eine Bestandsaufnahme. Verlag Bertelsmann Stiftung, Gütersloh, S. 233-257.

Prenz, R., Priddat, B. P. (2007): Ideen und Konzepte sozialer Gerechtigkeit und ihre Bedeutung für die neueren Entwicklungen im deutschen Sozialstaat. In: Empter, S., Vehrkamp, R. B. (Hrsg.): Soziale Gerechtigkeit – eine Bestandsaufnahme. Bertelmann Stiftung, Gütersloh, S. 51-76.

Schachtschneider, K. (2000): ›Die Sumpfblüte des Ökonomismus‹, zit. n. Mosen, G.: Sumpfblüten der Marktwirtschaft. In: Zeitschrift der BAG WfB Werkstatt: Dialog, 2000, Heft 6, S. 3.

Solidaris Unternehmensberatungs-GmbH (Hrsg.) (2007): Corporate Governance sozialtätiger Unternehmen. Köln.

Stiftung für Zukunftsfragen (2007): Forschung aktuell. Newsletter. Ausgabe 2007, 29. Jg.

Tietmeyer, H. (2001): Dieser Sozialstaat ist unsozial. Nur mehr Freiheit schafft mehr Gerechtigkeit: Zur Verteidigung der Initiative Neue Soziale Marktwirtschaft. In: Die Zeit, 31.10.2001, Nr. 45, S. 26.

Vester, M.: Die Zeit, 2.12.1999, Nr. 49, S. 7. Siehe auch: Vester, M. u. a. (2001): Soziale Milieus im gesellschaftlichen Strukturwandel. Zwischen Integration und Ausgrenzung. Frankfurt a. M.

Wilken, U. (Hrsg.) (2000) Soziale Arbeit zwischen Ethik und Ökonomie. Freiburg.

Wilken, U (2005).: Aspekte einer zukunftsorientierten Bildung für ein Leben in Beruf und freier Zeit. In: Popp, R. (Hrsg.): Zukunft: Freizeit: Wissenschaft. Wien, S. 285-304.

Wilken, U. (2009): Freizeit und Kulturästhetik im Fokus Sozialer Arbeit. In: Mühlum, A., Rieger, G. (Hrsg.) Soziale Arbeit in Wissenschaft und Praxis. Lage, S. 242-253.

Reinhold Popp

Forschung als Wegweiser in die Zukunft

»Natürlich interessiert mich die Zukunft. Ich will doch schließlich den Rest des Lebens in ihr verbringen.« (Mark Twain)

1. Vom antiken Orakel zur Zukunftsforschung

Seit jeher interessieren sich die Menschen für die Zukunft. So konkurrierten im antiken Griechenland mehrere Standorte (z. B. Delphi und Olympia) um das Image der größten Treffsicherheit am Orakel-Markt. In anderen Kulturen versuchte man aus dem Vogelflug oder aus dem Stand der Sterne die für schicksalhaft gehaltenen Wahrheiten von morgen zu erschließen.Im Mittelalter war das Zukunftsdenken von der Idee der ebenso schwer beeinflussbaren göttlichen Vorsehung geprägt. Ab der Neuzeit setzte sich in Verbindung mit der Entdeckung unbekannter Länder und der Erfindung neuer Technologien immer stärker die Vorstellung durch, dass die Zukunft nicht vorgegeben sondern planbar ist. Die Interpretation der göttlichen Vorsehung durch Priester und Propheten wurde zunehmend von der menschlichen Vorausschau durch Philosophen und Physiker ersetzt. Von wissenschaftlicher Zukunftsforschung im engeren Sinn können wir allerdings erst seit den 40er-Jahren des 20. Jahrhunderts sprechen.

Von Beginn an dominierte die technologisch orientierte Zukunftsforschung. Parallel dazu entwickelte sich aber auch vorausschauende Forschung über die möglichen, wahrscheinlichen und wünschenswerten Entwicklungen von Lebensqualität und menschlichem Zusammenleben. (vgl. Hölscher 1999; Kreibich 1995; Steinmüller u. a. 2000) Diese Art von Forschung – mit dem Menschen im Mittelpunkt – betrachtet Zukunft als gestaltbare Zeit mit vielen Möglichkeiten. Einige Zukunftsforscher verwenden daher den in der deutschen Sprache ungewohnten Plural »Zukünfte«.

2. Zukunftsforschung dient der Zukunftsgestaltung

Im Gegensatz zu jenen Trend-Gurus, die mit schwer nachvollziehbaren Zu-
kunftsahnungen vor allem den Unterhaltungswert der Zeitgeist-Magazine
steigern, will sich die seriöse Zukunftsforschung den Regeln wissenschaftlichen Arbeitens nicht entziehen, ohne jedoch auf Kreativität und Phantasie
zu verzichten. Zukunft lässt sich nicht eindeutig vorhersagen! Gute Zukunftsforschung kann jedoch Zukunftsbilder systematisch analysieren,
wahrscheinlichere von weniger wahrscheinlichen Entwicklungen unterscheiden, Zukunftswünsche der Menschen und Zukunftsinteressen von Institutionen erheben, Chancen und Gefahren herausarbeiten, Handlungsspiel-
räume aufzeigen und allenfalls erste Innovationsschritte wissenschaftlich
begleiten.

Die Realisierung konkreter Zukunftsbilder hängt jedoch nur zum Teil
vom Know-how der Wissenschaft ab. Die Gestaltungskraft gesellschaftlicher, wirtschaftlicher und politischer Interessensgruppen ist dafür genauso
entscheidend wie unsere individuellen Pläne und Handlungen in Beruf, Familie und Freizeit. Zukunftsgestaltung entwickelt sich in der permanent
wirkenden Dynamik zwischen den beharrenden und innovativen Kräften
einer Gesellschaft.

Innovation erzeugt freilich oft Unsicherheit und Widerstände, sodass
sich Neues in der Regel nur sehr langsam durchsetzt. (Der aktuelle Diskus-
sionsstand der Zukunftsforschung lässt sich mit Hilfe des von Popp/Schüll
2009 herausgegebenen Sammelbands »Zukunftsforschung und Zukunftsgestaltung« gut nachvollziehen.)

3. Herkunft und Zukunft

Gute Zukunftsforschung weiß, dass die Zukunft fest in unserer Geschichte
und Gegenwart verwurzelt ist. (vgl. Uerz 2006) Diese tiefen Wurzeln finden sich in unseren Gewohnheiten, in unseren Vorstellungen vom menschlichen Zusammenleben, in den Strukturen und Funktionen gesellschaftlicher und staatlicher Institutionen sowie in den Organisationsformen der
Wirtschaft.

Vielleicht müsste noch klarer herausgearbeitet werden, dass es bei der
Beschäftigung mit gestern vor allem um eine Orientierung für morgen geht.
In diesem Sinne ist die Zukunftsforschung die jüngere Schwester der Ge-
schichtsforschung.

4. Zukunftsforschung: Denken auf Vorrat

Der Gegenstand der Zukunftsforschung ist nicht »die Zukunft«! Denn die Zukunft gibt es noch nicht. Zukunft ist also kein Zustand, sondern die Summe der Zukunftsbilder und Zukunftspläne des menschlichen Geistes. Konstrukte dieser Art sind ein Fall für die qualitative Sozialforschung, die sich um das Verstehen der inhaltlichen Dimension des menschlichen Denkens, Fühlens und Handelns bemüht (vgl. Mayring 2002). Dafür wurden gute Forschungsmethoden und »Denkwerkzeuge« erfunden, die auch für die Zukunftsforschung sehr nützlich sind: So werden etwa mit Techniken der Inhaltsanalyse zukunftsbezogene Leitbilder wichtiger Institutionen interpretiert. Delphi-Befragungen verbessern die Analyse von ExpertInnenmeinungen über zukünftige Entwicklungen. Szenario-Techniken schaffen mehr Klarheit über unterschiedliche Wege in eine ungewisse Zukunft. Mit Hilfe der Methoden der Geschichtsforschung lassen sich nachhaltige Trends von kurzfristigen Moden unterschieden. Denn für die Verknüpfung von Herkunft und Zukunft gibt es eine Faustregel: Mindestens doppelt so weit zurückschauen wie vorausschauen.

Statt der Produktion von Prognosen geht es meist um das vorausschauende Entdecken der Möglichkeiten von morgen und übermorgen – oft auch in Kooperation von ForscherInnen und PraktikerInnen. Dazu passt die Wortspende eines klugen Klassikers: »Wenn es Wirklichkeitssinn gibt, muss es auch Möglichkeitssinn geben« (Robert Musil).

5. Methoden der Zukunftsforschung

Zukunftsorientierte Forschung ist ein relativ junges Forschungsgebiet. Deshalb gibt es im Hinblick auf die wissenschaftlichen Qualität und Leistungsfähigkeit noch erheblichen Klärungs- und Entwicklungsbedarf.

Die vielfältigen Verfahren, die innerhalb zukunftsorientierter Sozialforschung zum Einsatz kommen, wurden nur zum kleineren Teil von der Zukunftsforschung erfunden, sondern stammen aus dem großen Fundus der Methoden der Geistes- und Sozialwissenschaften (vgl. Glenn 2005; Schüll 2006). Ausgangspunkt jeder guten Zukunftsstudie ist eine möglichst gediegene Literaturanalyse, die der Gewinnung von hermeneutischem, empirischem und theoretischem Überblickswissen zum jeweiligen Forschungsgegenstand dient. Im folgenden Teil des vorliegenden Beitrags werden sechs ausgewählte methodische Designs der Zukunftsforschung sowie die wohl bekannteste Methode der Zukunftsplanung kurz vorgestellt.

5.1 »Dem Volk aufs Maul schauen«: Zukunftsbilder repräsentativ erheben

Seriöse Zukunftsforscher fragen nicht nur Politiker und Manager nach ihren Vorstellungen über die Welt von übermorgen, sondern auch den großen Rest der Bevölkerung. Sie analysieren also die Zukunftsbilder sowohl der Macher als auch der Mitmacher. Mit Hilfe von repräsentativen Befragungen lassen sich die zukunftsbezogenen Annahmen, Wünsche, Hoffnungen oder Ängste großer Bevölkerungsgruppen erheben. Durch die Wiederholung dieser repräsentativen Befragungen in regelmäßigen Abständen (Zeitreihentechnik) können Veränderungen im Zeitverlauf festgestellt werden (vgl. Opaschowski 2008; Reinhardt/Roos 2009).

5.2 Delphi-Technik: Vorausschau durch Experten

Um mögliche und wahrscheinliche Zukunftsentwicklungen besser einschätzen zu können, werden häufig Experteninterviews durchgeführt. Eine Erweiterung dieser Interviewmethode besteht in Form von so genannten Delphi-Befragungen, die im Bereich der Zukunftsforschung sehr weit verbreitet sind.

Bei der Delphi-Methode werden ausgewählte Expertinnen und Experten mit möglichst unterschiedlichen Positionen zum jeweiligen Forschungsthema mindestens zwei Mal hintereinander befragt. Die Ergebnisse der ersten Befragung werden den ExpertInnen in der zweiten Runde zurückgemeldet. Dadurch können die ExpertInnen die Einschätzungen Ihrer Kolleginnen und Kollegen berücksichtigen und allenfalls ihre zukunftsbezogenen Antworten aus der ersten Befragungsrunde korrigieren. (vgl. Cuhls 2009; Häder 2002)

5.3 Szenario-Technik: Vergleich der wichtigsten Wege in die Zukunft

Die moderne Zukunftsforschung ist mit Prognosen sehr zurückhaltend. Dem heutigen Verständnis von Zukunft als Zeit vieler Möglichkeiten entspricht eher das Szenario-Konzept (vgl. von der Hejden 1996; von Reibnitz 1992). Mit Hilfe dieses methodischen Designs erfolgt im Bereich der Zukunftsforschung meist die Interpretation der Ergebnisse eines zukunftsorientierten Forschungsprozesses: Dabei wird die Vielzahl der analysierten Entwicklungsmöglichkeiten vereinfacht in Form von drei bis vier besonders gut unterscheidbaren Entwicklungssträngen, so genannten Szenarien, zusammengefasst. Die einzelnen Szenarien werden möglichst konkret und bildhaft ausformuliert. Diese vergleichende Gegenüberstellung der wichtigsten Zukunftsszenarien – mit all ihren Vor- und Nachteilen sowie Chan-

cen und Gefahren – bildet eine ausgezeichnete Wissensbasis für vorausschauende Entscheidungen.

Obwohl für manche Zukunftsforscher und jedenfalls für die Medien
spektakuläre Zukunftsentwürfe besonders spannend sind, erweisen sich
meist jene eher langweiligen Szenarien als realistisch, die nicht von revolu-
tionären Entwicklungssprüngen sondern von kontinuierlichen Verände-
rungsprozessen ausgehen.

5.4 Wild Cards: Forschung als Vorbereitung auf Überraschungen

Die Auftraggeber von Zukunftsforschung interessieren sich meist für das
wahrscheinlichste Szenario. Aber auch Studien über sehr unwahrscheinli-
che Ereignisse (so genannte Wild Cards) sind keine zukunftswissenschaftli-
chen Spielereien (vgl. Steinmüller 2003). In jedem Fall liefern gute Wild
Cards spannende Erkenntnisse über komplexe Zusammenhänge.

Manchmal führen Wild Cards auch zu wirtschaftlichem Gewinn. So erarbeitete etwa ein Forschungsteam des multinationalen Öl-Konzerns Shell
Anfang der siebziger Jahre eine Studie über die Folgen einer damals für
sehr unwahrscheinlich gehaltenen Entwicklung: stark ansteigende Ölpreise
und rasant sinkende Fördermengen. Diese Krise könne – so die Forscher –
zu langen Liegezeiten der Öltanker führen und teuere Hafengebühren würden zwangsläufig die Transportkosten steigern. Vorbeugend nahmen nun
die Shell-Juristen einen Passus in die Verträge mit den Reedereien auf, der
den Öl-Konzern im Falle längerer krisenbedingter Liegezeiten von den hohen Chartergebühren entband. Die Reeder hielten diesen Vertragsbestand-
teil für eine Marotte übervorsichtiger Advokaten und unterschrieben beden-
kenlos. Als dann 1973 völlig überraschend wirklich eine schwere Ölkrise
auftrat, hatte Shell einen unschätzbaren Vorteil gegenüber den weniger vo-
rausschauenden Konkurrenten. Solche Wirkungen von Wild Cards erinnern
an die Weisheit Seneca's, eines großen Philosophen aus dem alten Rom:
»Alles kommt weniger schlimm, wenn man mit allem rechnet«.

5.5 Alternativgeschichte: Die Gegenwart als Zukunftsszenario von gestern

Eng mit der Zukunftsforschung verwandt sind alternativgeschichtliche Forschungsansätze, die sich mit der Frage »Was wäre gewesen, wenn ...?« beschäftigen (vgl. Steinmüller 2009). Derartige Spekulationen über nicht Ge-
schehenes waren lange Zeit für seriöse Historiker tabu! Glücklicherweise
haben einzelne Geschichtsforscher die Regeln ihrer Disziplin immer wieder
undiszipliniert gebrochen. Der berühmteste Regelbrecher ist der renom-

mierte Wirtschaftshistoriker und Nobelpreisträger Robert W. Fogel, der sich den Luxus des folgenden Gedankenexperiments leistete: »Wie hätte sich die amerikanische Wirtschaft entwickelt, wären im 19. Jahrhundert keine Eisenbahnen gebaut worden?«

Seit den neunziger Jahren des vergangenen 20. Jahrhunderts folgte eine Reihe von geschichtswissenschaftlichen Querdenkern dem Beispiel ihres prominenten Kollegen. Sie schritten mutig zurück in die alten Zeiten, um die Folgen möglicher Abweichungen von den realen Ereignissen zu untersuchen, wie z. B.: »Was wäre aus Europa geworden, hätte Napoleons Armee die Schlacht bei Waterloo nicht verloren sondern gewonnen?« Oder: »Wie hätten sich Gesellschaft, Wirtschaft und Politik in Deutschland, Österreich oder der Schweiz entwickelt, wenn es nicht gelungen wäre, sozialstaatliche Strukturen zu entwickeln?« Zwischen dieser Art von virtueller Geschichte und der Zukunftsforschung gibt es durchaus Parallelen. Beide fragen »Was wäre, wenn …«. Dabei befindet sich der Aussichtspunkt des Zukunftsforschers in der Gegenwart, während der Geschichtsforscher von einem mehr oder weniger weit zurückliegenden Zeitpunkt aus auf die Entwicklung bis in unsere Tage alternativ vorausschaut.

Aber es gibt auch einen wesentlichen Unterschied zwischen der Alternativgeschichte und der Zukunftsforschung. Der Historiker weiß nämlich ganz gewiss, dass sich sein virtuelles Geschichtsszenario definitiv so nicht abgespielt hat. Dem Zukunftsforscher bzw. der Zukunftsforscherin bleibt jedoch die Hoffnung, dass sich das eine oder andere Wunsch-Szenario durchsetzen könnte.

5.6 Partizipative Zukunftsforschung

In Projekten der partizipativen Zukunftsforschung begleiten die Forscherinnen und Forscher die jeweiligen zukunftsorientierten Planungs- und Innovationsprozesse nicht nur distanziert durch Befragung oder Beobachtung, sondern legen großen Wert auf den zukunftsorientierten Diskurs mit den Praktikerinnen und Praktikern. Dabei ist jedoch unbedingt zu beachten, dass die Rolle der Forscher nicht allzu umstandslos mit der Rolle der PraktikerInnen vermischt wird (vgl. Popp 2009). Die Funktion der ForscherInnen besteht in der Bereitstellung von wissenschaftlich fundiertem Wissen über mögliche und wahrscheinliche Entwicklungen projektrelevanter Bedingungen sowie im Entwurf handlungstheoretisch begründeter Umsetzungsstrategien. Die Entscheidung über die Nutzung der Forschungsergebnisse in der wissenschaftlich begleiteten Praxis obliegt ausschließlich den PraktikerInnen. In diesem Sinne bedienen sich die ForscherInnen aus dem Methodenkoffer der Wissenschaftsproduktion, während die diskursiven und aktivierenden Techniken der Zukunftsplanung (z. B. Zukunftswerkstätten

oder Zukunftskonferenzen) dem Methodenkoffer der PraktikerInnen zuzuordnen sind.

5.7 Zukunftswerkstatt als aktivierende Methode der Zukunftsplanung

So gesehen ist die Zukunftswerkstatt keine Forschungsmethode sondern eine wichtige Methode der Zukunftsplanung (vgl. Müllert 2009). Diese Methode stammt auch nicht von einem Forscher, sondern von dem Journalisten
und Schriftsteller Robert Jungk, der es bereits Ende der fünfziger Jahre des
vergangenen Jahrhunderts mit Zukunftsthemen zum Bestseller-Autor gebracht hatte. In seinen Büchern warnte er vor möglichen oder sogar wahrscheinlichen Bedrohungen von Mensch und Natur. In der Aufbruchsstim-
mung der sechziger und siebziger Jahre wurden Jungk's Analysen und Thesen vor allem von gesellschaftskritischen Bevölkerungsgruppen begeistert
aufgenommen. Nach seinen Vorträgen kam es meist zu hitzigen Diskussionen, bei denen die TeilnehmerInnen immer wieder auch die Umsetzung sozialer und gesellschaftlicher Utopien in ihrer konkreten Berufs- und Lebenswelt besprechen wollten. Ausgehend von dieser Bedürfnislage entwickelte Robert Jungk gemeinsam mit dem Berliner Sozialwissenschaftler
Norbert R. Müllert das Konzept der Zukunftswerkstatt. Da Jungk und
Müllert ihre zukunftorientierten Werkstattseminare anfangs vor allem für
AktivistInnen aus dem Bereich der basisdemokratischen Initiativen anbo-
ten, erwarb sich der Begriff »Zukunftswerkstatt« ein geradezu revolutionä-
res Image. Ab 1975 verbreitete sich die einfache aber wirkungsvolle Methodik der Zukunftswerkstatt weit über die ursprünglich gesellschaftskriti-
sche Szene hinaus und in die Bildungsangebote von Volkshochschulen,
Kirchen, Gewerkschaften und Parteien hinein. Heute ist die Zukunftswerkstatt längst kein politischer »Aufreger« mehr, sondern eine aktivierende
Methode der Zukunftsplanung, die in keinem Lehrbuch der Moderations-
technik fehlen darf. Eine klassisch aufgebaute Zukunftswerkstatt ist klar
strukturiert und durchläuft drei Phasen:

- Phase 1: Beschwerde- und Kritikphase: Kritische Definition des Ist-
Zustands.
- Phase 2: Phantasie- und Utopiephase: Entwicklung des Wunschhorizonts.
- Phase 3: Verwirklichungs- und Praxisphase: Klärung des zukunftsbezo-
genen Handlungspotenzials.

6. Zukunftsforschung in der Sozialen Arbeit

Die Soziale Arbeit kann in ihren vielfältigen Handlungsfeldern zur Sensibilisierung für die Herausforderungen von übermorgen und zur Aktivierung für Zukunftsplanung und -gestaltung wichtige Beiträge leisten. Dafür bietet sich vor allem das bereits kurz skizzierte methodische Design der partizipativen Zukunftsforschung an, bei dem der Dialog zwischen PraktikerInnen und ForscherInnen im Zentrum steht. Ein gelungenes Beispiel war etwa das von der Österreichischen Forschungsförderungsgesellschaft (FFG) finanzierte Zukunftsforschungsprojekt »Soziale Infrastruktur 2010« (2003-2006), das vom Zentrum für Zukunftsstudien in Kooperation mit dem Salzburger Social-Profit-Betrieb »Spektrum« durchgeführt wurde. In diesem Projekt wurde die Entwicklung mehrerer innovativer Einrichtungen und Angebote der soziokulturellen Infrastruktur in einem dicht besiedelten Stadtteil Salzburgs wissenschaftlich begleitet. (vgl. Popp u. a. 2007).

Ein weiterer Beitrag kann in der Modifikation von Methoden der Zukunftsforschung im Hinblick auf die Aktivierung von Zielgruppen der soziokulturellen Arbeit geleistet werden. In diesem Sinne könnten etwa Szenarien, Wild Cards oder Alternativgeschichte von Forschungsmethoden zu kreativitätsfördernden Methoden für Zukunftsplanung und Zukunftsgestaltung umgebaut werden.

Jedenfalls braucht auch die Soziale Arbeit in unserer schnelllebigen Zeit viel mehr kritische Auseinandersetzung mit Zukunftsfragen. Manchmal entsteht der Eindruck, dass sich allzu viele einzelne Menschen aber auch allzu viele Institutionen aus Gesellschaft, Wirtschaft und Politik so verhalten wie ein Autofahrer, der mit 100 Stundenkilometern vorwärts rast, – jedoch mit dem Blick in den Rückspiegel.

Literatur

Cuhls, K. (2009): Delphi-Befragungen in der Zukunftsforschung. In: Popp, R./Schüll, E. (Hrsg.): Zukunftsforschung und Zukunftsgestaltung. Beiträge aus Wissenschaft und Praxis. Berlin u. Heidelberg, S. 207-222.

Glenn, J.C. (Hrsg.) (2003): Futures Research Methodology. Version 2.0. American Council for the United Nations University (CD-ROM). Washington DC.

Häder, M. (2002): Delphi-Befragungen. Ein Arbeitsbuch. Wiesbaden.

Hölscher, L. (1999): Die Entdeckung der Zukunft. Frankfurt a. M.

Kreibich R. (1995): Zukunftsforschung. In: Tietz, B./Köhler, R./Zentes, J. (Hrsg.) (1995²): Handwörterbuch des Marketing. Stuttgart.

Mayring, P. (2002): Einführung in die qualitative Sozialforschung. Weinheim u. Basel.

Müllert, N.R. (2009): Zukunftswerkstätten. Über die Chancen demokratischer Zukunftsgestaltung. In: Popp, R./Schüll, E. (Hrsg.): Zukunftsforschung und Zukunftsgestaltung. Beiträge aus Wissenschaft und Praxis. Berlin u. Heidelberg, S. 269-276.

Opaschowski, H.W. (2008): Deutschland 2030. Wie wir in Zukunft leben. Gütersloh.

Popp, R. (2001): Methodik der Handlungsforschung im Spannungsfeld zwischen Fallstudie und Projektmanagement. In: Hug, T. (Hrsg.): Wie kommt die Wissenschaft zu Wissen? Band 2. Baltmannsweiler.

Popp, R. (Hrsg.) (2005): Zukunft : Freizeit : Wissenschaft. Wien.

Popp, R./Schuster, T./Schwab, M. (2007): Animation zur Partizipation. Methoden und Modelle soziokultureller Arbeit im Stadtteil. Werkstattbericht des Zentrums für Zukunftsstudien. Puch b. Salzburg.

Popp R./Schüll, E. (Hrsg.) (2009): Zukunftsforschung und Zukunftsgestaltung. Beiträge aus Wissenschaft und Praxis. Heidelberg.

Popp, R. (2009): Partizipative Zukunftsforschung in der Praxisfalle? Zukünfte wissenschaftlich erforschen – Zukunft partizipativ gestalten. In: Popp, R./Schüll, E. (Hrsg.): Zukunftsforschung und Zukunftsgestaltung. Beiträge aus Wissenschaft und Praxis. Heidelberg, S. 131-143.

Popp, R. (2010): Wohin wird die Reise gehen? Forschung als Wegweiser in die Zukunft. In: Gruppe & Spiel. Zeitschrift für kreative Gruppenarbeit. 36. Jg., Heft 1, S. 4-8.

Reinhardt, U./Roos, G.T. (Hrsg.) (2009): Wie die Europäer ihre Zukunft sehen. Antworten aus 9 Ländern. Darmstadt.

Steinmüller, K./Kreibich, R./Zöpel, C. (Hrsg.) (2000): Zukunftsforschung in Europa. Baden-Baden.

Steinmüller, A./Steinmüller, K. (2003): Ungezähmte Zukunft. Wild Cards und die Grenzen der Berechenbarkeit. München.

Steinmüller, K. (2009): Virtuelle Geschichte und Zukunftsszenarien. Zum Gedankenexperiment in Zukunftsforschung und Geschichtswissenschaft. In: Popp, R./Schüll, E. (Hrsg.): Zukunftsforschung und Zukunftsgestaltung. Beiträge aus Wissenschaft und Praxis. Heidelberg, S. 145-160.

Schüll, E. (2006): Zur Wissenschaftlichkeit von Zukunftsforschung. Tönning u. Lübeck u. Marburg.

Uerz, G. (2006): ÜberMorgen. Zukunftsvorstellungen als Elemente der gesellschaftlichen Konstruktion der Wirklichkeit. München.

van der Heijden, K. (1996): Scenarios – the art of strategic conversation. New York.

von Reibnitz, U. (1992²): Szenario-Technik. Instrumente für die unternehmerische und persönliche Erfolgsplanung. Wiesbaden.

Theorien Sozialer Arbeit im Wandel: Aktuelle Diskurse

Ernst Engelke

Wissenschaft als elementarer Bestandteil der Profession Soziale Arbeit

Die Vorsitzende des Deutschen Berufsverbands für Soziale Arbeit (DBSH) Hille Gosejacob-Rolf hatte 2005 eine Vision:»In zehn Jahren verfügen wir über einen Berufsstand, der fachkundig, flexibel, kreativ, mutig, selbstbewusst und strategisch die gesellschaftliche Herausforderung annimmt. (...) Unsere Profession weckt ein neues sozialethisches Bewusstsein in Bezug auf die Gestaltung des Sozialen in unserer Gesellschaft. Sie hat die einseitige ökonomische Diskussion gestoppt, da sie inhaltliche Aspekte einer modernen Sozialen Arbeit überzeugend eingebracht hat. (...) Wir bestimmen mit, welche Grundleistungen der Staat garantieren muss, um ein menschenwürdiges Dasein zu ermöglichen. (...) Gestärkt durch das hohe Ansehen in der Bevölkerung, ›vermarktet‹ sich die Profession selbstbewusst. ... Ihr Selbstbewusstsein beruht auf wissenschaftlichem Basiswissen, Intuition, Urteilsfähigkeit, Risikofreudigkeit und Verantwortungsübernahme (...)« (Gosejacob-Rolf 2005, S. 19 f.). Vor dem Hintergrund der jetzigen Situation der Sozialen Arbeit in Deutschland ist zu fragen: Was müsste geschehen, damit diese Vision auch nur annähernd Realität werden könnte? Nach meiner Einsicht müsste es selbstverständlich werden,

- dass Wissenschaft/Disziplin, Ausbildung und Praxis zusammen die Profession Soziale Arbeit bilden und vertreten,
- dass der Deutsche Berufsverband für Soziale Arbeit (DBSH), die Deutsche Gesellschaft für Soziale Arbeit (DGSA), der Fachbereichstag Soziale Arbeit und die Sektion Sozialpädagogik der Deutschen Gesellschaft für Erziehungswissenschaft (DGfE) gemeinsam auf der Grundlage der internationalen Standards verbindliche (Kern-)Curricula für die Soziale Arbeit ausarbeiten und diese für alle Hochschulen in Deutschland verbindlich sind,
- dass die Hochschulen, an denen Soziale Arbeit erforscht und gelehrt wird, aktive Mitglieder der European Association of Schools of Social

Work (EASSW) und der International Association of Schools of Social
Work (IASSW) sind und dass die Berufsverbände der International
Federation of Social Workers (IFSW) angehören.

1. Wissenschaftliches Wissen begründet Professionen

Medizin, Theologie und Jura hatten vom Beginn der Neuzeit an eine herausragende Stellung im Staat und an den Universitäten; denn aus diesen
Wissenschaften stammten vor allem diejenigen, die Leitungsaufgaben in
Kirche und Staat inne hatten. Diese herausragende Stellung wurde sprach-
lich dadurch ausgedrückt, dass man diese Berufe nicht als Berufe, sondern
als Professionen bezeichnet hat. An diesen drei Professionen wurde gemes-
sen, ob andere Berufe gleichfalls zu den gehobenen Berufen, den Professionen, gezählt werden und ihre VertreterInnen an den entsprechenden Ausprägungen der Professionen in Einkommen, Status, Prestige und gesell-
schaftlichem Einfluss partizipieren konnten. Es gab heftige Diskussionen
über die Fragen: Was ist denn Medizin, Theologie und Jura, also den Professionen, wirklich gemeinsam? Wodurch unterscheiden sich Berufe und
Professionen? Welche Bedeutung hat wissenschaftliches Wissen für die
Professionalisierung?

Beschreibende Vergleiche der traditionell als Profession anerkannten
Medizin, Recht und Theologie ergaben mehrere, allen gemeinsame Merkmale. Diese Merkmale wurden in verschiedenen Modellen und Theorien
zusammengestellt, zum Beispiel in dem Attributionsmodell von Carr-
Saunders/Wilso (vgl. Kornbeck 2000). Danach haben Professionen vor allem folgende Merkmale:

- Existenz von systematisch entwickeltem wissenschaftlichem Wissen als
  Grundlage für das professionelle Handeln.
- Institutionalisierte Muster der Zugangsregelung zu der Profession, zum
  Beispiel Qualifikationsnachweise wie Staatsexamina oder Diplome.
- Formalisierte Ausbildungsprozesse, zum Beispiel Studiengänge an Hoch-
  schulen.
- Existenz einer für alle Mitglieder der Profession verbindlichen Ethik der
  Profession (Code of Ethics).

Alternativ zu den Attributionsmodellen wurden funktionalistische, macht-
theoretische und strukturtheoretische Professionstheorien, um kritisierte
Mängel der Attributionsmodelle zu beheben, entwickelt (vgl. Gildemeister
1996; Merten/Olk 1999; Kornbeck 2000; Dewe/Otto 2001 u. a.). Vergleicht
man die diversen Professionstheorien miteinander, dann zeigt sich, dass
überall die Entwicklung und Anwendung von wissenschaftlichem Wissen

als konstitutiv für die Professionalisierung und für Professionen angesehen wird. Die Geschichte der Professionen bezeugt zudem die Integration der Professionen bzw. ihrer Wissenschaften in das tertiäre Bildungssystem und dass wissenschaftliches Wissen Grundlage der Ausbildung für die Praxis der Profession ist (für die Medizin vgl. z. B. Eckart 2000).

Das Spektrum der Arbeitsfelder, auf denen die Mitglieder einer Profession tätig werden können, ist sehr breit. Alle Arbeitsfelder lassen sich letztlich einer oder mehrerer der drei Figurationen Wissenschaft/Forschung, Ausbildung/Lehre und Praxis der Profession zuordnen. Mitglieder der Profession Medizin, also ÄrztInnen, können in der Wissenschaft, in der Ausbildung und in der Praxis tätig werden. Und ProfessorInnen der Medizin bezeichnen und verstehen sich genauso als ÄrztInnen wie es die PraktikerInnen der Medizin tun. Alle ÄrztInnen gehören zur Profession »Medizin«, erst in zweiter Linie wird danach differenziert, in welchem Arbeitsfeld der Medizin jemand tätig ist, in der Lehre, in der Forschung oder in der Praxis. Die Mitgliedschaft in der Ärztekammer ist für alle ÄrztInnen obligatorisch.

Selbstverständlich kann jemand Mitglied in mehreren Berufsgruppen/Professionen sein, und die Mitgliedschaft in der einen Gruppe kann eine größere Bedeutung als die Mitgliedschaft in einer anderen Gruppe haben. Für ProfessorInnen kann beispielsweise der Status als ProfessorIn und die Zugehörigkeit zur Gruppe der ProfessorInnen (Disziplin) wichtiger sein als der Status und die Zugehörigkeit zur Profession seines Faches. Jemand, der sich primär als ProfessorIn versteht, wird nur Mitglied eines Berufsverbandes der HochschullehrerInnen sein. Jemand, der sich vor allem seinem Fach verbunden weiß, wird Mitglied des entsprechenden Berufsverbandes. Jemand, der sich seinem Fach verbunden weiß und sich als Hochschullehrer versteht, wird sich als Mitglied seiner Fach-Profession und der Profession der HochschullehrerInnen verstehen.

2. Wissenschaft/Disziplin, Ausbildung und Praxis bilden zusammen die Profession Soziale Arbeit

In der angloamerikanischen Fachliteratur wird die »profession social work« traditionell in die Figurationen »research«, »practice« und »education« unterteilt (vgl. Kirk/Reid 2001, S. 49 f.). Diese Unterteilung einer Profession ist – wie gezeigt – generell in der Wissenschaftswelt üblich. In der Psychologie, in der Medizin, in der Rechtswissenschaft, in der Physik, in der Chemie usw. unterscheidet man national und international die Figurationen »research«, »practice« und »education«. In der deutschsprachigen Fachliteratur zur Sozialen Arbeit ist das freilich anders. Weit verbreitet ist dort die Trennung bzw. Gegenüberstellung von Disziplin (gleich Wissenschaft) und Profession (gleich Praxis). »Soziale Arbeit als Profession und Disziplin« hat Werner Thole zum Beispiel seine Einführung in dem von ihm herausgegebenen »Grundriss Soziale Arbeit« (Thole 2005) überschrieben. »Profession und Wissenschaft Sozialer Arbeit« heißt ein von Armin Wöhrle herausgegebener Sammelband (Wöhrle 1998). »Sozialpädagogik als Wissenschaft und Profession« ist der Titel des Buches von Christian Niemeyer über Grundlagen, Kontroversen und Perspektiven der Sozialpädagogik (Niemeyer 2003). Auch der Titel der vorliegenden Festschrift folgt der Trennung von Disziplin und Profession.

Für Thole kennzeichnet »der Begriff der Profession das sozialpädagogische Praxissystem« und mit dem Begriff der Disziplin ist für ihn »das gesamte Feld der wissenschaftlichen Theoriebildung und Forschung sowie auch das Handlungsfeld charakterisiert, in dem sich die Forschungs- und Theoriebildungsprozesse realisieren« (Thole 2005, S. 17). Thole bezieht sich auf den Soziologen Rudolf Stichweh, wenn er ausführt: »Geht es wissenschaftlichen Disziplinen primär darum, über Forschung, Reflexion und Produktion von Theorien Welt- und Gesellschaftsbilder zu kreieren und zu beeinflussen, wünschen Professionen ihre AdressatInnen und KlientInnen durch Handeln zu beeindrucken, zu ›bilden‹ und zu ›helfen‹« (a. a. O.). Für Stichweh sind Professionen und Disziplinen zwei Systeme beruflichen Handelns in modernen Gesellschaften. (vgl. Stichweh 1994, S. 278-336) Die von Stichweh selbst zusammengetragenen Daten können die Dichotomie von »Disziplin und Profession« nicht zwingend begründen. Sein Datenmaterial lässt auch andere Schlussfolgerungen als die von ihm vertretene Dichotomie von »Disziplin und Profession« zu, zum Beispiel einen handlungstheoretischen Ansatz (vgl. Dewe/Otto 2001, S. 1411 f.).

Zu fragen ist: Wem nutzt wie diese Abgrenzung? Da ich keine wissenschaftlichen Studien zu dieser Frage kenne, möchte ich es hier bei der Fragestellung belassen und auf Vermutungen verzichten.

Mit einem Lächeln sei eine Konsequenz angemerkt: Wenn »das System des praktischen Handelns mit KlientInnen« als Profession bezeichnet wird, dann müssten die Mitglieder dieses Systems, die PraktikerInnen, den Titel ProfessorIn und die WissenschaftlerInnen als Mitglieder des »Systems der wissenschaftlichen Theoriebildung und Forschung«, also der Disziplin, müssten den Titel Discipulus bzw. Discipula erhalten.

3. Ein Interdependenzmodell für die Profession Soziale Arbeit

Die Wissenschaft steht der menschlichen Lebenswelt, der Praxis, nicht gegenüber, sondern sie ist in sie einbezogen. »Wissenschaft und Leben bilden eine Einheit, die nicht mehr als Störfeld, sondern als Wechselbedingung empfunden wird« (Rombach 1979, S. 170). Für die Darstellung der Wechselbedingungen und -beziehungen der drei Figurationen einer Profession, ihrem Zusammenspiel und ihrer Ausrichtung auf einen gemeinsamen Gegenstand bietet sich ein Interdependenzmodell an (vgl. Engelke u. a. 2009, S. 225-230). Im Mittelpunkt dieses Modells steht der gemeinsame Gegenstandsbereich der Profession, auf den alle Aktivitäten in den drei Figurationen Praxis, Forschung und Ausbildung in je eigener Weise gerichtet sind. Wenn man eine Figuration einer Profession beschreiben und erforschen möchte, dann sind dabei die Eigenart dieser Figuration, ihre Interdependenzen mit den anderen Figurationen (die gegenseitigen Abhängigkeiten, Beeinflussungen und Wechselwirkungen) und die Bedeutung des Gegenstands für diese Figuration zu berücksichtigen. Die Profession selbst ist wiederum eingebettet und eingebunden in eine Vielzahl von Interdependenzen mit anderen Professionen. Die einzelnen Figurationen:

- Der Gegenstandsbereich der Sozialen Arbeit bildet den Mittelpunkt und das Gemeinsame der Profession und ihrer drei Figurationen und der Menschen, die zu ihnen gehören. Die Menschen (KlientInnen), um die es hier (als Gegenstandsbereich) geht, stehen im Fokus der Profession und ihr Wohlbefinden ist das Maß für die Qualität und den Nutzen der einzelnen Figurationen und der Profession insgesamt.

- In der Wissenschaft Soziale Arbeit erforschen WissenschaftlerInnen der Sozialen Arbeit den Gegenstandsbereich. Auf der Grundlage von Alltagstheorien und Wissenschaftstheorien untersuchen sie mit Hilfe wissenschaftlicher Methoden den Gegenstandsbereich und entwickeln wissenschaftliche (Handlungs-)Theorien und Modelle. Die wissenschaftlichen Theorien und Modelle Sozialer Arbeit (einschließlich der Theorien aus den Bezugswissenschaften) werden sowohl von der Praxis Sozialer Arbeit als auch von der Ausbildung Sozialer Arbeit kritisch übernommen. Die WissenschaftlerInnen stellen sich ihrerseits der Kritik aus der Praxis und lassen sich von den PraktikerInnen und HochschullehrerInnen inspirieren und in ihrer Forschung unterstützen.

- In der Praxis Soziale Arbeit verfügen die PraktikerInnen über eigene Alltags- und Berufstheorien. Auf dieser Grundlage befassen sie sich mit wissenschaftlichen Theorien und Modellen der Sozialen Arbeit, überprüfen sie kritisch hinsichtlich ihrer Anwendbarkeit und ihrem Nutzen für das professionelle Handeln und wenden sie gegebenenfalls in der Praxis

an. Zugleich überprüfen die PraktikerInnen das, was ihnen in den Aus-
und Weiterbildungen von HochschullehrerInnen vermittelt worden ist
und vermittelt wird. HochschullehrerInnen und WissenschaftlerInnen erhalten von den PraktikerInnen ein Feedback auf ihre Forschung und Lehre. Die PratikerInnen stellen sich ihrerseits der Kritik von HochschullehrerInnen und WissenschaftlerInnen.

- In der Ausbildung Soziale Arbeit vermitteln HochschullehrerInnen wissenschaftliche Erkenntnisse, Theorien und Modelle Sozialer Arbeit, prak-
tisches Wissen und Fertigkeiten mit Hilfe von pädagogischen Theorien
und Methoden (des Lehrens und Lernens) an die Studierenden, damit sie
in den Arbeitsfeldern der Sozialen Arbeit (Forschung, Praxis oder Lehre)
kompetent und erfolgreich tätig werden können. Grundlage der Vermittlung sind eigene fachliche Kenntnisse und pädagogisch-didaktische
Kompetenzen der HochschullehrerInnen aus Forschung und Praxis der
Sozialen Arbeit. WissenschaftlerInnen und PraktikerInnen erhalten von
den HochschullehrerInnen ein Feedback über ihre Forschung und Praxis.
Die HochschullehrerInnen stellen sich ihrerseits der Kritik von PraktikerInnen und WissenschaftlerInnen.

Die selbstkritische Reflexion der Interdependenzen, des Austausches und
der Kooperation der Figurationen innerhalb der Profession Soziale Arbeit
und der Profession insgesamt mit ihrer Umwelt ist eine Aufgabe für alle
Mitglieder der Profession. Die beteiligten Figurationen und ihre Mitglieder
unterstützen, behindern oder verhindern mit ihren Aktivitäten und Interessen die Professionalisierung der Sozialen Arbeit; gemeinsam sind sie mit-
verantwortlich für den Status, die Wirkung und die Anerkennung der Sozialen Arbeit in der Gesellschaft.

4. Der »Bologna-Prozess« bietet gute Chancen für eine Aufwertung der Sozialen Arbeit

Der Bolognaprozess tangiert das deutsche Hochschulsystem nicht nur, sondern ändert es in seinen Grundstrukturen. Es muss nach heutigem
Sachstand angenommen werden, dass das deutsche Hochschulsystem prinzipiell neu strukturiert wird. Die Zeit bundesweiter und regional angepass-
ter Rahmensetzungen für Studiengänge scheint endgültig vorbei zu sein.
Der Staat hat sein Bildungsmonopol im tertiären Bildungsbereich aufgegeben (Entstaatlichung des Hochschulwesens). Angestrebt und zugestanden
ist dafür eine weit gehende Autonomie der Hochschulen. Die Hochschulen
sind – innerhalb der strukturellen Vorgaben der Kultusministerkonferenz
(KMK) und der Hochschulrektorenkonferenz (HRK) – bei der Gestaltung

der Studiengänge grundsätzlich autonom. Bei den Akkreditierungen werden nur formale (Verwaltungs-)Kriterien der Ausbildung berücksichtigt. Insofern bietet sich eine große Fülle an Gestaltungsmöglichkeiten für die Ausbildung.

Die Chancen, die sich aus dem Bolognaprozess für die Soziale Arbeit ergeben, werden – nicht nur nach meiner Einschätzung – nur unzulänglich genutzt. Einige bezeichnen die Ergebnisse der Umstellung für die Soziale Arbeit als Wildwuchs, andere sprechen von einer Rolle rückwärts und wieder andere feiern, dass die Bezugswissenschaften wieder die Grundlagenwissenschaften der Ausbildung im Sozialwesen werden (können).

Es ist zu beobachten, dass eine nicht zu unterschätzende Gruppe von BezugswissenschaftlerInnen, die an Fachhochschulen in Studiengängen der Sozialen Arbeit unterrichten, den Bolognaprozess nutzen, um die Reformen der neunziger Jahre wieder rückgängig zu machen. Zu erinnern ist daran, dass BezugswissenschaftlerInnen – in der Regel ohne praktischen oder/und wissenschaftlichen Bezug zur Sozialen Arbeit – nach wie vor die große Mehrheit unter den ca. 1500 ProfessorInnen, die an (Fach-)Hochschulen in Deutschland für die Ausbildung von SozialarbeiterInnen angestellt sind, bilden (vgl. Amthor 2008). Das zeigt sich nicht zuletzt auch in den unverbindlichen Empfehlungen des Fachbereichstags Soziale Arbeit für die Umsetzung des Bolognaprozesses. An den Universitäten gibt es zwar ein Kerncurriculum für das Hauptfach Erziehungswissenschaft mit Empfehlungen der Deutschen Gesellschaft für Erziehungswissenschaft, aber kein Kerncurriculum für das Hauptfach Soziale Arbeit.

Die Chancen des Bolognaprozesses werden für die Soziale Arbeit nicht zuletzt deswegen verpasst, weil große Mehrheit der HochschullehrerInnen für die Soziale Arbeit (die WissenschaftlerInnen) nicht in die Profession Soziale Arbeit eingebunden sind und es daher auch keine Scientific Community gibt, die sich der Profession Soziale Arbeit verpflichtet weiß und sich für ein gemeinsames verbindliches (Kern-)Curriculum einsetzt.

Nur mit verbindlichen Rahmen- und Prüfungsordnungen für die Studiengänge der Sozialen Arbeit, die sich an den internationalen Standards der IFSW orientieren, ist eine vollständige Etablierung der Profession Soziale Arbeit im deutschen Hochschulsystem und die gewünschte gesellschaftliche Anerkennung zu erreichen. Die Deutsche Gesellschaft für Soziale Arbeit hat zwar ein Kerncurriculum auf der Grundlage internationaler Standards für die Soziale Arbeit veröffentlicht; es fehlen allerdings die formellen und informellen Autoritäten, die bundesweit verbindlich dieses oder ein anderes Kerncurriculum auf der Grundlage der internationalen Standards für die Ausbildung für Soziale Arbeit verbindlich durchsetzen könnten.

Die entscheidende Frage lautet für mich daher: Wer kann dafür sorgen, dass die Ausbildung für Soziale Arbeit in Deutschland auf den verschiedenen Niveaus der Studienabschlüsse internationalen Standards der Professi-

on Soziale Arbeit genügt? Da nach der Entstaatlichung der Hochschulge-
setzgebung (Autonomie der Hochschulen) eine solche Autorität fehlt, könnte dieses Problem dadurch gelöst werden, dass der Deutsche Berufsverband
für Soziale Arbeit (DBSH), die Deutsche Gesellschaft für Soziale Arbeit
(DGSA), der Fachbereichstag Soziale Arbeit und die Sektion Sozialpädagogik der Deutschen Gesellschaft für Erziehungswissenschaft (DGfE) gemeinsam auf der Grundlage der internationalen Standards für die Ausbildung für Soziale Arbeit verbindliche (Kern-)Curricula für Soziale Arbeit
ausarbeiten und diese für die Ausbildung in Deutschland verbindlich gemacht werden.

5. Integration in die internationale Profession Soziale Arbeit

VertreterInnen der Schulen, Fakultäten und Universitäten für Soziale Arbeit
treffen sich seit 100 Jahren regelmäßig auf internationalen Konferenzen, um
sich über die Ausbildung auszutauschen und sich über Ziele, Inhalte, Methoden und Rahmenbedingungen der Ausbildung abzustimmen. Tragende
Rollen haben hierbei international die International Association of Schools
of Social Work (IAASW) und die International Federation of Social Workers (IFSW), in den USA der Council on Social Work Education (CSWE).
Zwischen 2000 und 2004 wurden unter Führung eines gemeinsamen Ko-
mitees der International Association of Schools of Social Work (IAASW)
und der International Federation of Social Workers (IFSW) »Global Standards for Education and Training of the Social Work Profession« erarbeitet
(vgl. Sewpaul/Jones 2004). Mindestvoraussetzungen für die Ausbildung
sind die Platzierung der Ausbildung im tertiären Bildungsbereich und die
internationale Definition der Sozialen Arbeit der IFSW aus dem Jahre 2000
als Grundlage der Ausbildung.

Die International Federation of Social Workers (IFSW) hat 2000 folgende neue Definition für die Profession beschlossen: »The social work
profession promotes social change, problem solving in human relationships
and the empowerment and liberation of people to enhance well-being. Util-
ising theories of human behaviour and social systems, social work inter-
venes at the points where people interact with their environments. Principles of human rights and social justice are fundamental to social work«
(IFSW 2000).

Zur wissenschaftlichen Fundierung der Profession Soziale Arbeit heißt
es: »Soziale Arbeit gründet ihre professionellen Methoden auf einer syste-
matisierten Sammlung von empirisch begründetem, aus Forschung und

Praxisevaluation gewonnenem Wissen, einschließlich lokalem und kontext-spezifischem Wissen. Es wird die Komplexität von Interaktionen zwischen Menschen und ihrer Umwelt anerkannt sowie die Fähigkeit der Menschen, davon beeinflusst zu werden als auch die vielfältigen Einflüsse auf sie zu verändern, einschließlich biopsychosozialer Faktoren. Die professionelle Soziale Arbeit greift auf Theorien über menschliche Entwicklung, mensch-liches Verhalten und soziale Systeme zurück, um komplexe Situationen zu analysieren und individuelle, organisatorische, soziale und kulturelle Ver-änderungen zu fördern« (IFSW 2000).

Die Entwicklung von wissenschaftlichem Wissen der Sozialen Arbeit wird sowohl von der IASSW als auch von ihren Tochterorganisationen wie der EASSW ausdrücklich zu den Aufgaben ihrer Mitglieder gezählt. Zur IASSW gehören derzeit etwa 2000 und zur EASSW etwa 300 Schulen, Universitäten und Institutionen auf dem tertiären Bildungsniveau. Deutsche Hochschulen sind in diesen Organisationen kaum vertreten. Alle deutschen Hochschulen, an denen Soziale Arbeit erforscht und gelehrt wird, müssten Mitglied der EASSW und der IASSW sein, um die Ausbildung zu interna-tionalisieren und auf einem Niveau zu haben, das dem Anspruch, den ande-re Professionen an die Ausbildung stellen, entspricht. Dann könnte die Vi-sion über die Zukunft der Profession Soziale Arbeit von Gosejacob-Rolf vielleicht doch noch Wirklichkeit werden.

Literatur

Amthor, R. C. (2008): Zur Zukunft von Forschung und Lehre. Professorinnen und Professoren an den Fachbereichen Soziale Arbeit. In: Soziale Arbeit, 57. Jg., Heft 5, S. 162-170.

Dewe, B./Otto, H.-U. (2001): Profession. In: Otto, H.-U./Thiersch, H. (Hrsg.): Handbuch der Sozialarbeit/Sozialpädagogik. Neuwied u. Kriftel, S. 1966-1979.

Eckart, W. U. (2000[4]): Geschichte der Medizin. Berlin, Heidelberg u. New York.

Engelke, E./Spatscheck, C./Borrmann, S. (2009[3]): Die Wissenschaft Soziale Arbeit. Werdegang und Grundlagen. Freiburg i.Br.

Engelke, E./Leideritz, M./Maier, K./Sorg, R./Staub-Bernasconi, S. (2005): Kerncurriculum Soziale Arbeit/Sozialarbeitswissenschaft für Bachelor- und Masterstudiengänge in Sozialer Arbeit. (http://www.deutsche-gesellschaft-fuer-sozialarbeit.de/pdf/Kerncurriculim.pdf).

Gildemeister, R. (1996): Professionalisierung. In: Kreft, D./Mielenz, I. (Hrsg): Wörterbuch Soziale Arbeit. Weinheim u. Basel, S. 443 ff.

Gosejacob-Rolf, H. (2005): Zukunftsvision für die Soziale Arbeit in Deutsch-land. In: Forum sozial, 2005, S. 19 f.

IFSW (2000): Definition of Social Work. (http://www.ifsw.org).

Kirk, S. A./Reid, W. J. (2002): Science and Social Work. A Critical Appraisal. New York.

Kornbeck, J. (2000): Professionalisierung ist mehr als Verwissenschaftlichung. In: Soziale Arbeit, 49. Jg., Heft 5, S. 170-175.

Merten, R./Olk, T. (1999): Soziale Dienstleistungsberufe und Professionalisierung. In: Albrecht, G./Groenemeyer, A./Stallberg, F. W. (Hrsg.): Handbuch soziale Probleme. Opladen u. Wiesbaden, S. 955-982.

Niemeyer, C. (2003): Sozialpädagogik als Wissenschaft und Profession: Grundlagen, Kontroversen, Perspektiven. München. u. Weinheim.

Rombach, H. (Hrsg.) (1979²): Wissenschaftstheorie. Bd. 1: Probleme und Positionen der Wissenschaftstheorie. Freiburg i. Br.

Sewpaul, V./Jones, D. (2004): Global Standards for the Education and Training of the Social Work Profession. (http://www.ifsw.org).

Stichweh, R. (1994): Wissenschaft, Universität, Professionen. Soziologische Analysen. Frankfurt a. M.

Thole, W. (Hrsg.) (2005²): Grundriss Soziale Arbeit. Ein einführendes Handbuch. Wiesbaden.

Wöhrle, A. (Hrsg.) (1998): Profession und Wissenschaft Sozialer Arbeit. Positionen in einer Phase der generellen Neuverortung und Spezifika in den neuen Bundesländern. Pfaffenweiler.

Rita Braches-Chyrek | Heinz Sünker

Disziplin- und Professionsentwicklungen in der Sozialen Arbeit: Transformationen

Die Frage nach der Theorieverortung der Sozialen Arbeit führt zu zwei wesentlichen international geführten Diskursen. Ein eher sozialwissenschaftliches Verständnis von Sozialer Arbeit befasst sich mit der Analyse von Lebenslagen und -situationen, Tatbestandsverstehen, abweichendem Verhalten, der Sozialstrukturanalyse, insbesondere von Institutionen in den Bereichen der Berufsfeldforschung, Kinder- und Jugendhilfestatistik, Schule und außerschulischen Erfahrungsräumen wie bspw. der Familie oder Kindheit. Die analytischen Diskussionen im Praxisfeld der Sozialen Arbeit versuchen in diesen Kontexten die vielgestaltigen Denk-, Handlungs-, und Wissensmuster durch die Aufschlüsselung von Status quo, Positionierung, Funktion und Aufgabenbereichen, von geschichtlichen und theoretischen Verortungen auch im Kontext mit anderen Disziplinen und Forderungen aus der Praxis zu umfassen.

In disziplinären Theoriediskursen hingegen werden Fragen nach dem Zusammenhang des Ganzen, nach Beschreibungen, Begründungen und Aufklärung abgehandelt, wie bspw. in Diskurstheorien, Bildungstheorien und in der Professionalisierungsforschung. Beide theoretischen Zugänge existieren in nicht-hierarchischer Form nebeneinander, sie weisen unterschiedliche Systematisierungen, Erkenntnisinteressen und -zugänge auf. (vgl. Füssenhäuser/Thiersch 2001; Füssenhäuser 2005; Sünker 1995)

Erst in der historischen Rekonstruktion der ersten Forschungen zur Sozialen Arbeit zu Beginn des 20. Jahrhunderts in europäischen und usamerikanischen Wissenskontexten, ihrer thematischen Schwerpunktsetzungen, der Analyse von theoretisch-konzeptionellen Verortungen in international geführten Diskursen wird offenbar, dass die bis heute viel diskutierte Differenz zwischen Sozialer Arbeit als Profession und Sozialer Arbeit als Disziplin hier begann. Soziale Arbeit als Profession war und ist in historisch-konkreter, also daher in komplexer Weise an die Aufgaben der Praxis

gebunden, an Lebensbewältigungsaufgaben der einzelnen Akteure, um An-
passungs- oder Widerstandsprozesse im Kontext gesellschaftlicher Realitä-
ten zu ermöglichen. Disziplinäre Diskurse umfassten jedoch schon immer
das gesamte Feld der wissenschaftlichen Sozialen Arbeit, welche orientiert
an Forschungsmethoden und der damit inhärenten Distanz zur Praxis gesellschaftliche Zusammenhänge sichtbar machen (können), um angesichts
der Folgen von Vergesellschaftungsmodus und gesellschaftlichen Veränderungen, theoretische Begründungen als auch Lösungsmöglichkeiten entwickeln zu können.

1. Soziale Bewegungen und gesellschaftliche Entwicklungen

Obwohl frühe Konzepte einer Armenfürsorge bereits im Mittelalter hervor-
treten, die im Kontext kirchlicher Ideologien und Institutionen entstanden
und geprägt waren von Ehrenamtlichkeit, einem christlichen Verständnis
der Nächstenliebe und Barmherzigkeit (vgl. Mollat 1984; Sachße/Tennstedt
1980; 1981; Fischer 1982), entwickelte sich erst in den 20er Jahren des letzten Jahrhunderts eine Fürsorgewissenschaft, die sowohl empirische als auch
theoretische Grundlagen im Bereich der Sozialen Arbeit schuf. Dieses an-
fängliche Verständnis von Sozialer Arbeit war stark von den aufkläreri-
schen Ideen Kants beeinflusst, die sich durch die ideengeschichtlichen
Werke von Johann Heinrich Pestalozzi, Hermann Nohl oder Paul Natorp zu
einer umfassenden Kritik an den Standes- und Klassenvorrechten im Bereich der Bildung ausweiten konnten. Neben der Entwicklung von Selbst-
stärkungspotentialen wurden zunehmend auch die Auswirkungen des Zu-
sammenhangs von Armut und individuellen als auch gesellschaftlichen Bil-
dungsansprüchen und -möglichkeiten diskutiert. Eine konkrete Positionierung der Sozialen Arbeit in den europäischen und us-amerikanischen Wohl-
fahrtsstaaten ermöglichten jedoch erst die sozialen Reformbewegungen. Die
Kritik der Frauen-, Jugend- und Arbeiterbewegung an der bis dahin vorherrschenden unprofessionellen, ineffektiven und planlosen ehrenamtlichen
Armenfürsorge hatte zur Folge, dass erstmals konkrete Konzepte, Methoden und Theorien für den Bereich der Sozialen Arbeit ausgearbeitet wurden. Als ursächlich für diese Entwicklung kann die ökonomische Neuorien-
tierung zu Beginn der kapitalistischen Produktionsweise angeführt werden,
die zu einer Trennung von staatlichen und gesellschaftlichen Sphären und
damit auch zu Veränderungen in den außen- und innenpolitischen Rahmenbedingungen führte. (vgl. Lehnhardt/Offe 1977) Neben der Bildung von
Nationalstaaten, der Durchsetzung eines konvergenten und liberalen Wirt-

schaftsrechts sollte mit der Einführung von Versicherungsleistungen eine Kanalisierung der allgemeinen Wohlstandmehrung und die Repression revolutionärer Bewegungen erreicht werden. Notwendig wurde die sozialreformerische Arbeit zu Beginn des 20. Jahrhunderts durch die zunehmende Pauperisierung weiter Teile der Bevölkerung, da trotz des ökonomischen Erfolges, Millionen von Arbeiterinnen und Arbeitern, die diesen neuen Wohlstand schufen, nur zu geringen Anteilen an ihm profitierten, während sich gleichzeitig das Kapital in den Händen weniger Einzelner konzentrierte. »Das Herabsinken einer großen Masse unter das Maß einer gewissen Subsistenzweise, die sich von selbst als die für ein Mitglied der Gesellschaft notwendige reguliert – und damit zum Verluste des Gefühls des Rechts, der Rechtlichkeit und der Ehre, durch eigene Tätigkeit und Arbeit zu bestehen –, bringt die Erzeugung des Pöbels hervor, die hinwiederum zugleich die größere Leichtigkeit, unverhältnismäßige Reichtümer in wenige Hände zu konzentrieren, mit sich führt« (Hegel 1967, S 244).

Zur selben Zeit orientierte sich die us-amerikanische Gesellschaft eher an den ideologischen Prinzipien des Liberalismus, was dazu führte, dass das Denken und Handeln in den Stadtverwaltungen und den weitestgehend privat organisierten sozialen Diensten nach dem Postulat der self-reliance ausgerichtet wurde. In Deutschland hingegen wurde die wohlfahrtsstaatliche Entwicklung durch die Einführung erster sozialpolitischer Rahmungen geprägt. Aktive und passive sozial- und arbeitsmarktpolitische Maßnahmen übernahmen jetzt die quantitative Steuerung des Proletarisierungsprozesses. So konnten die Zugänge oder die Abspaltungen vom Arbeitsmarkt reguliert und an den Bedarf der kapitalistischen Produktionsformen angepasst werden. (vgl. Lehnhardt/Offe 1977) Es bildeten sich in Deutschland die bis heute signifikanten Betätigungsfelder in der Sozialen Arbeit heraus, da die wesentlichen Risiken lohnabhängiger Beschäftigung, wie Krankheit, Arbeitslosigkeit, Alters- und Unfallvorsorge durch die Einführung staatlicher Sozialversicherungen abgedeckt wurden, während im amerikanischen Wohlfahrtssystem die sozialen Sicherungsleistungen bis heute von Ehrenamtlichkeit, Partizipation und einer eher anti-staatlichen Haltung geprägt sind.

In dieser ersten Phase der Entwicklung wohlfahrtsstaatlicher Maßnahmen und der Etablierung theoretisch-konzeptioneller Vorstellungen in der Sozialen Arbeit drifteten jedoch frühzeitig zwei Strömungen auseinander, die wesentlichen Einfluss auf amerikanische als auch europäische Disziplin- und Professionsentwicklungen in der Sozialen Arbeit hatten. »Personifiziert in Jane Addams auf der Seite der Settlements und in Mary Richmond auf der Seite der COS wird dem jungen Beruf Social Work eine Kontroverse in die Wiege gelegt, die auch ein Jahrhundert später noch nicht erledigt ist« (Wendt 1985, S. 162). Ihre unterschiedlichen Durchsetzungsstrategien und politischen Erfolge gilt es nachfolgend in ihren wesentlichen Ausprägungen aufzuzeigen.

2. Wissengrundlagen und Gesellschaftskritik: Die Settlement-Bewegung

Die Settlement-Bewegung kann in ihren sehr konkret-praktischen, auf existenzielle Überlebensbedürfnisse ausgerichteten Aktivitäten, die mit Bildungsangeboten, Forschungsprojekten, kulturellen und politischen Aktivitäten verschränkt wurden als eine Bewegung angesehen werden, die nicht nur die individuellen, lokalen oder regionalen Verhältnisse zu verbessern suchte, sondern auch nationale und internationale Reformen einleiten wollte. In »Democracy and Social Ethics« stellte Jane Addams einen interpretativen Ansatz vor, soziales Wissen theoretisch zu fassen, der einherging mit einer massiven Kritik der bisherigen eher fürsorgerisch ausgerichteten Sozialen Arbeit, die sie als bevormundend, diskriminierend, stigmatisierend und ungerecht beschrieb (Addams 1902). Demokratisches Handeln war für sie der zentrale Bezugpunkt einer sozialen Ethik. Ethisches Bewusstsein sollte Grundlage für die berufliche Praxis sein und war gleichzeitig Verpflichtung und Qualifikation für soziales Handeln. Die von Jane Addams angeregten und von ihr mit durchgeführten empirischen Studien über die Lebensverhältnisse der armen Bevölkerung in einem Stadtviertel von Chicago und daran anschließend auch die richtungsweisenden Studien über die Arbeitsbedingungen von Frauen und Mädchen (vgl. Kelly 1922) dienten dazu, eine umfassende Kritik an den vorherrschenden gesellschaftlichen Machtverhältnissen, Praktiken und ideologischen Grundlagen zu entwickeln. Ihre Lösung war es, durch Soziale Arbeit politische und ideologische Felder strategisch zu besetzen, um soziale Reformprozesse anzustoßen und umsetzen zu können. Durch eine community of interest sollten die Handlungsmöglichkeiten kleiner lokaler Gemeinschaften gestärkt werden, um eine Aktivierung und Vernetzung der Akteure zu ermöglichen und partizipatorisch-demokratische und egalitäre Handlungsmuster in professionellen und politischen Beziehungen durchzusetzen. Dieser Idee lag ein umfassendes Verständnis von Bildung zugrunde, das von der Annahme geleitet wurde, dass nur mündige Bürger sich aus den kapitalistischen Zwängen befreien und die gesellschaftlichen Machtverhältnisse verändern könnten. Dabei hatten die neu geschaffenen Versorgungs- und Bildungsinstitutionen zwei Funktionen, zum einen verbesserte sich die Lebenslage der Bewohner deutlich, zum anderen dienten sie auch dazu den politischen Kampf gegen die sozialen Ungleichheiten und Ungerechtigkeiten aufzunehmen und zu organisieren.

Die damit einhergehende Notwendigkeit Bildungsorte und Institutionen zu schaffen, um der fortschreitenden Ausdifferenzierung der Wirtschafts- und Handelszweige entgegentreten zu können, führte zu einem unüberbrückbaren Gegensatz der Instrumentalisierung von Wissen und der konkreten Realisierung kritischer Allgemeinbildung. (vgl. Adorno 1972) Der Zwang, Bildung ununterbrochen zu vermehren und ebenfalls weiter auszudifferenzieren, zu spezialisieren und zu rationalisieren, verfestigte die bisherigen gesellschaftlichen Machtverhältnisse, da der Zugang zur höheren Bildung weiterhin nur einer bestimmten Klasse vorbehalten war. Heydorn spricht hier von einem paralysierenden gesellschaftlichen Zustand, der künstlich durch die herrschende Klasse geschaffen und aufrechterhalten wird und nur durch Zweifel, Kritik und Reflexion der bestehenden gesellschaftlichen Verhältnisse überwunden werden kann (vgl. Heydorn 1971, S. 317 f.). Ziel der Bildung in den Settlements war also immer eine radikale Wendung der Menschen gegen die Machtpositionen der herrschende Klasse und ihrer Institutionen, um diese aufzulösen und die frei werdenden Positionen durch mündige Menschen zu besetzen. »Possibly education in a democracy must in the end depend upon action, for raw theory cannot immediately be applied to life without gave results« (Addams 1930, S. 413). Soziale Gerechtigkeit konnte nur erreicht werden durch eine aktive und spürbare politische Einmischung, um einheitliche Arbeits- und Sozialgesetzgebungen als auch eine staatliche Fürsorge durchzusetzen. Diese von den Settlements vertretene egalitäre Philosophie eines demokratisch orientierten Idealismus war stark in die soziologische Bewegung eingebunden und von ihr beeinflusst, entwickelte aber zu der sich herausbildenden Soziologie als Disziplin ein ambivalentes Verhältnis. Während Jane Addams eher eine Vorstellung von sozialem Wissen entwickelte, die auf der Grundlage von praktischen Erfahrungen und der Erforschung realer Lebenswirklichkeiten beruhte, sollte der akademische Status der neuen soziologischen Disziplin durch Forschungen, theoretische Reflexion und der Entwicklung objektiver Kategorien gesichert werden. Die Divergenzen in den Auffassungen über soziales Wissen bestimmten die Trennungslinien zwischen den Settlements und der Universitätssoziologie (vgl. Ross 1989). Durch sie wurde die radikale Ablehnung jeglicher Spezialisierungen und Ausdifferenzierungen im Feld der Sozialen Arbeit begründet und eine eigene Form Sozialer Arbeit ausgebildet, deren Grundlage verstehendes soziales Wissen war, das mit der Erkenntnis der Verwobenheit kognitiver als auch interpersonaler Beziehungen einherging und Grundlage für die sich herausbildende Netzwerk- und Gemeinwesenarbeit war. Die radical social workers in den Settlements lehnten sowohl die Methoden der Einfallhilfe in Form des friendly visitors als auch die Einführung von Sozialversicherungen als System erhaltende Maßnahmen ab und standen damit in einem scharfen Kontrast zu den eher sozialdarwinistischen Vorstellungen innerhalb der Charity Organisation Bewegung (vgl. Reisch/Andrews 2001, S. 19 f.).

3. Widersprüche und Aporien: Die Charity Bewegung

Mary Richmond als eine der führendsten Vertreterinnen der Charity Organisation Bewegung nahm eine andere Position im Transformationsprozess von der Philanthropie in die Soziale Arbeit ein. Eingebunden in die übergeordnete Organisation der Charity Organisation Society vertrat sie die Überzeugung, dass Hilfebedürftigkeit durch Prozesse sozialen Lernens – im Sinne des self-reliance – besser und dauerhafter beseitigt werden können, als durch punktuelle, materielle Leistungen. Sozialarbeiterisches Handeln sollte neben der Anerkennung der individuellen Differenzen, gesellschaftlichen Interdependenzen und der Prozesshaftigkeit sozialer Verhältnisse auch die Reziprozitätsaspekte und Dilemmata sozialer Dienstleistungen berücksichtigen. Ihre Konzeption eines Spiralmodells der einflussreichsten usamerikanischen sozialen Bewegungen stellte eine erste Aporie dar. Sie erkannte, dass sich die generellen (professions-)politischen Positionen immer und immer wieder wiederholen und periodisch ihre Position hin zu mehr sozialpolitischen Maßnahmen (mass-betterment) und zum Ausbau personenbezogener Dienstleistungen (individual-betterment) verändern würden. Jede Richtungsänderung führt zur Ausdifferenzierung und Erhöhung der Leistungen in der Sozialen Arbeit. »An interesting characteristic of a spiral is the fact that though it return is ... higher up. For the last fifty years, the swing of the spiral has been between mass betterment on the one hand and individual betterment on the other« (1930, S. 584). Mary Richmond ging davon aus, dass soziale Bewegungen, soziale Institutionen und SozialarbeiterInnen zusammen eine Konzeption für einen dauerhaften Fortschritt entwickeln würden, die beides beinhaltete, die sozialpolitischen Maßnahmen und die personenbezogenen Dienstleistungen und dass sie sich als rechtmäßiges Feld der Sozialen Arbeit angleichen, verfestigen und durchdringen und letztendlich zur Lösung der sozialen Frage beitragen würden. »When social movements, social agencies, social workers, have a conception of development and advance which includes both the welfare of the individual and of the mass, which reconciles these two points of view and assures the permeation of each by each, then the upward climbing spiral to which I referred in beginning will no longer lose its balance and momentum by swinging violently from one side to the other. It will take a far wider, firmer sweep in both directions, it will cover more ground more symmetrically. In some such way as this, as I see it, social work will at last come into full possession of itself and of its rightful field of service« (1930, S. 584).

Mary Richmond gelang es durch ihre vielfältigen Untersuchungen, aber auch durch die Einführung und Anwendung ökonomischer Begrifflichkeiten und Managementtechniken in der Sozialen Arbeit, personenbezogene und sozialpolitische Maßnahmen als auch soziale Spaltungen zu charakterisieren, zu systematisieren und zu professionalisieren. Sie definierte die Begrifflichkeiten social work und social worker, entwickelte Ausbildungskonzepte und eine eigene Methode, die Technik der sozialen Diagnose, die in Form der Einzelfallhilfe eine nichtpersonale Qualität der Beziehungen vermittelte und es dadurch den Sozialreformern möglich machte, die Unterstützung von politischen und ökonomischen Eliten zu erhalten. Das mit der Sozialen Diagnose vermittelte Wissen sollte die Einzelfallhelfer dazu befähigen, Menschen zu beurteilen und zu klassifizieren. (vgl. Richmond 1899; 1917; 1922) Jedes Mal, wenn sie Anspruchsberechtigungen prüften und über Hilfepläne entschieden, setzten sie den Bedürftigen Grenzen, sie bestimmten das Notwendige. In der damaligen Fachöffentlichkeit der Sozialen Arbeit wurde der elementare Status von Planungssicherheit und Technik sehr begrüßt, denn durch die Bereitstellung von standardisierten Handlungskonzepten konnten Bestrebungen, die Arbeit zu hinterfragen, zu kontrollieren als auch auf ihre Wirksamkeit hin zu überprüfen, Einhalt geboten werden. Mit der Ausformung dieser allgemein anerkannten Definitionsmacht über die Problemlagen der Bedürftigen durch die Einzelfallhilfe war es den SozialarbeiterInnen möglich, ihre eigene Position im sozialen Raum zu rechtfertigen und zu fixieren – jetzt methodisch abgesichert. Jane Addams kritisierte die Arbeit der Charity Organisation Bewegung nachhaltig. Sie bezeichnete die Charity Organisation Society als »philanthropic machinery«, die durch ihre vorstrukturierte Arbeitsweise weder Rücksicht auf individuelle Unterschiedlichkeiten nahm noch soziale Ungleichheiten wirksam bekämpfte, sondern eher im Gegenteil durch die konsequente Umsetzung ihres Unterscheidungssystems in »würdige« und »unwürdige« Arme zur Verfestigung bestehender Klassenverhältnisse beitrug (Addams 1899). Die Entwicklung und Konzentration auf die Techniken und Managementkonzepte in der Sozialen Arbeit durch die Verwendung von technologischen Begriffen analog zu industriellen und politischen Prozessen wurde von den gesellschaftlichen Eliten erfolgreich genutzt, um die sozialreformerischen Bestrebungen in die herrschenden Verhältnisse einzupassen. Strukturelle Bedingungen von Armut und Ungleichheit aufgrund von wirtschaftlichen Bedingungen und klassenspezifischen Exklusionsprozessen, ethnische und kulturelle Differenzen wurden weiterhin negiert. Damit ist die Charity Organisation Bewegung ein signifikantes Beispiel für das Bestreben der gesellschaftlichen Eliten, den Klassenkonflikt zu unterlaufen, indem – unter dem Deckmantel der Professionalisierung – entmutigende und abschreckende Hilfsmaßnahmen angeboten wurden, die gerade die Grundbedürfnisse deckten. Trotz dieser widersprüchlichen Analysen und der Entwicklung neuer Perspektiven für die Soziale Arbeit war der Einfluss auf die Herausbildung Sozialer Arbeit als Disziplin und Profession in Deutschland erheblich.

4. Professionalisierung Sozialer Arbeit: Transnationale Einflüsse

In Deutschland konstituierte die Soziale Arbeit ihr Hauptaufgabenfeld in den von den sozialen Sicherungsleistungen nicht erfassten Bereichen, der Kinder-, Familien-, Behinderten- und Altenhilfe. Hier gelang ein umfassender Ausbau, der mit der Ausdifferenzierung und Spezialisierung von Sozialer Arbeit in Form von sozialen Diensten einherging. Alice Salomon gehört neben Christian Jasper Klumker, Hermann Nohl und später auch Maria Jurchacz zu den PionierInnen in dem Bereich der Professionalisierung Sozialer Arbeit. Sie entwickelte Ausbildungskonzepte und einen institutionellen Rahmen für den neuen Beruf der Sozialen Arbeit und konnte dadurch wesentliche Weichen für die Herausbildung der Profession stellen. Durch ihre langjährige Mitarbeit im Vorstand des Bundes Deutscher Frauen und des International Council of Women war sie in ein nationales und internationales Netzwerk der Frauenbewegung eingebunden. Das Studium der englischen und amerikanischen Wohlfahrtspflege diente als Grundlage für die spätere Gestaltung der Ausbildungskonzepte und des Curriculums der sozialen Frauenschule. Neben der Übernahme zentraler Ansätze der Netzwerk- und Gemeinwesenarbeit aus den amerikanischen Settlements implementierte Alice Salomon auch die Methode der Einzelfallhilfe social diagnosis von Mary Richmond. Ihre Vorstellung von Professionalität in der Sozialen Arbeit orientierte sich theoretisch an amerikanischen und englischen Debatten, Forschungsergebnissen und wissenschaftlichen Diskursen. Dabei diente ihr die praktische Philosophie der Settlementbewegung als theoretische Grundlage, um ethische Fragen nach sozialer Gerechtigkeit und demokratischen Gesellschaftsformen im Kontext der damaligen wirtschaftlichen und politischen Verhältnisse zu diskutieren (vgl. Addams 1930; 2006). »The question before me is therefore how it is possible for people to different nations, classes, professions, and creeds to meet here together in a unity of purpose, in a spirit of co-operation and mutual good will. What is there in social work which draws us together and binds us all into a band of comrades and fellow workers?« (Salomon 1923/2004, S. 597). Diesem Anspruch versuchte sie in ihren praktischen und theoretischen Arbeiten Rechnung zu tragen, indem sie als führendes Mitglied der bürgerlichen Frauenbewegung sozialreformerische Fragen erörterte, die zu konkreten sozialpolitischen Forderungen führten. Alice Salomon gründete bewusst außerhalb der männerdominierten universitären Wissensbereiche eine Frauenschule für Soziale Arbeit (1908) und später eine wissenschaftlich ausgerichtete Frauen-Akademie (1925), um Institutionen zu schaffen, die gezielt Frauen neue berufliche Perspektiven eröffneten und auf Führungspositionen in der Sozialen Arbeit als auch Wissenschaft vorbereiteten. Gleichzeitig konnte sie eine erste institutionelle Basis für umfassende interdisziplinäre und international vergleichende Forschungstätigkeiten erschaffen. In Zusammenarbeit mit Vertreterinnen anderer Disziplinen, Medizinerinnen, Juristinnen, Sozialwissenschaftlerinnen uvm. führte sie Forschungen über den Bestand und die Erschütterung, die Leistungen und das Versagen der modernen Familie durch, die den Beginn der sozialwissenschaftlichen Familienforschung markierten. Die besondere historische Position in den Arbeiten von Alice Salomon liegt jedoch in ihrem Anspruch, Praxis, Theorie und Politik miteinander zu verknüpfen, nicht nur in pädagogisch-didaktischer Hinsicht – im Rahmen ihrer Lehrtätigkeit – sondern auch in der Vermittlung zwischen unterschiedlichen und gegensätzlichen theoretischen als auch methodischen Positionen und Interessen. (vgl. Salomon 1917/2000) Sie entwickelte einen philosophisch-pragmatischen Ansatz von Sozialer Arbeit, der ebenso wie die amerikanischen Ansätze zur Lösung der Sozialen Frage die Zusammenarbeit verschiedener Disziplinen einforderte, um in interdisziplinär geführten Diskursen gesellschaftliche Veränderungen durchzusetzen.

5. Theorie, Politik und Profession Sozialer Arbeit

Die Rekonstruktion früher Forschungen und zentraler international geführter Diskurse in der Entstehungsgeschichte Sozialer Arbeit zeigt, dass erst die Kritik an den wohlfahrtsstaatlichen Regulierungen Widersprüche in der bürgerlich-kapitalistischen Gesellschaft sichtbar gemacht und die gesellschaftlichen Zustände und Lebenslagen marginalisierter Individuen und sozialer Gruppen in sozialpolitischen Kontexten thematisiert und damit zu verändern gesucht hat. Für die Reflexion der gesellschaftlichen Verhältnisse musste auf erste wissenssoziologische, strukturtheoretische und ideologiekritische Diskurse zurückgegriffen werden, da sich die Wissensbestände der Sozialen Arbeit im Kontext von philosophischen und soziologischen Erkenntnissen herausgebildet haben. Nur durch den Rückgriff auf die Wurzeln der Sozialen Arbeit konnten die Paradoxien und Dilemmata, die in das

Verhältnis von Individuum und Gemeinschaft eingelagert sind und die sozialen Praxen als auch die wissenschaftliche Analyse der Problemlagen und
Handlungsmuster wirkungsmächtig beeinflussten, sinnvoll reflektiert werden. Soziale Arbeit ist, wie die rekonstruktive Betrachtung zeigt, immer eine angewandte Profession und eine wissenschaftliche Disziplin, die ihre eigenen wissenschaftlichen Fragestellungen, Analysen und Theorien zu entwickeln hat bzw. entwickelte. Das hier dargestellte diskursive Wissen in der
Sozialen Arbeit muss nicht nur an empirisches und theoretisches Wissen
zurückgebunden werden, sondern auch auf die situativen Bedingungen der
individuellen und sozialen Handlungskontexte sowie die strukturellen Probleme bezogen werden. »The ›social experiment‹ illustrates however the
central dilemma of the social pedagogy approach: Can social pedagogy, by
placing culture in such a central position, make a contribution to what was
termed ‚the social question‹, i.e. to overcoming the social divisions on ac-
count of poverty and inequality, and above all a contribution that is different from both the charitable attention to individuals and the social engineer-
ing and social control programme of the state with is ‚civilising‹ educa-
tional and social policies. Or, to ask it the other way round, what guarantees
that the process of emancipation, the authentic articulation of needs, inter-
ests and desires which the pedagogical process wants to foster, will actually
lead to a viable society not driven apart by section (cultural and class)
agendas and by the weight of its own diversity (Lorenz 1999, S. 6; Sünker
1995). Infolgedessen ist Soziale Arbeit aufgrund ihrer gesellschaftlichen-
politischen Einbettung nicht abgeschlossen, sondern muss im Kontext ihrer
Konstitutionsbedingungen immer wieder neu aufgeschlossen und in ihren
analytischen wie praktischen und politischen Konsequenzen reflektiert
werden.

Die professionstheoretische und -politische Kontroverse weist auf den
Zusammenhang von Theorie, Politik und Profession hin, um das Verhältnis
zwischen Wohlfahrtsstaat, hegemonial verfassten gesellschaftlichen Klas-
senstrukturen und deren Bedeutung bzw. Grenzen für die Reproduktion gesellschaftlicher Ungleichheit zu bearbeiten. Die politische, ökonomische
und kulturelle Bedeutung des Wohlfahrtsstaates als Gesellschaftsersatz ist
in diesen Diskursen zentral: »Educating social workers for individual, insti-
tutional, and structural change is necessary (a) to prevent social work from
becoming an handmaiden of the increasingly conservative status quo, (b) to
assure the quality of life needed for healthy individual development, (c) to
properly prepare social workers who may be moved of called upon to pro-
mote social change, even when this is not their primary professional role«
(Abramovitz 1993, S. 6) .

Eine Soziale Arbeit, die in Theorie und Praxis sich ihrer gesellschafts-
theoretischen und gesellschaftspolitischen Kontexte wie ihrer professionellen Perspektiven bewusst ist, vermag in der Tat noch einmal bzw. erneut die

Optionen für substantielle gesellschaftliche Veränderungsprozesse ins Auge zu fassen: »Generative social service has the potential to make citizens and workers stakeholders in a change process. This kind of investment is critically associated with opportunities to honestly name problems and struggle of effect change. The potential of this process also rests with the opportunity for service workers and citizens seeking services to take greater control of their lives by initiating and not simply reacting to change. It is through such engagement at the practice level (to processes of social reproduction) that the client, worker, and agency begin to make connections to larger struggles within the welfare state. As new tensions emerge and expanded possibilities for collaborative relationships are established, the ability of workers and clients to affect the accumulation-legitimation functions of the welfare state increases. This process is guided by the interaction among worker-client relations, agency need, and coalitional efforts. These conditions tightly fasten the »politics of social services to daily work experiences« (Fabricant/Burkhardt 1992, S. 247).

Die Frage nach der disziplinären Identität der Sozialen Arbeit erweist sich nach wie vor als bedeutsam, denn ob ein gemeinsames Verständnis über die Aufgaben und Funktionen der Sozialen Arbeit vor allem in Bezug auf das Theorie-Praxis-Verhältnis und eine einheitliche Verortung im Wissenschaftssystem erreicht werden kann, bleibt klärungsbedürftig. (vgl. Hornstein 1995)

Literatur

Abramovitz, M. (1993): Should All Social Work Students Be Educated for Social Change? In: Journal of Social Work Education, Vol 29.

Addams, J. (1899): The Subtle Problems of Charity. In: Altlantic Mounthly, Vol. 83, p. 163-178.

Addams, J. (1902): Democracy and Social Ethics. New York.

Addams, J. (1930): Twenty Years at Hull House. New York.

Adorno, T. W. (1972): Gesammelte Schriften. Bd. 8. Soziologische Schriften. Frankfurt a. M.

Bowles/Gintis (1987): Democracy and Capitalism. Property, Community and the Contradictions of Modern Social Thought. New York.

Deegan, M. J. (1988): Jane Addams and the Men of the Chicago School, 1892-1918. New Brunswick u. New York.

Fabricant, M. B./Burghardt (1992): The Welfare State Crises and the Tranformation of Social Work Service Work. New York.

Fischer, W. (1982): Armut in der Geschichte. Erscheinungsformen und Lösungsversuche der »Sozialen Frage« in Europa seit dem Mittelalter. Göttingen.

Füssenhäuser, C./Thiersch, H. (2001): Theorien der Sozialen Arbeit. In: Otto, H.-U./Thiersch, H. (Hrsg.): Handbuch der Sozialen Arbeit/Sozialpädagogik. Neuwied, S. 1876-1900.

Füssenhäuser, C. (2005): Werkgeschichte(n) der Sozialpädagogik: Klaus Mollenhauer – Hans Thiersch – Hans-Uwe Otto. Baltmannsweiler.

Gängler, H. (1998): Vom Zufall zur Notwendigkeit? Materialien zur Wissenschaftsgeschichte der Sozialpädagogik. In: Wöhrle, A.: Profession und Wissenschaft der Sozialen Arbeit. Positionen in einer Phase der generellen Neuverortung und Spezifika in den neuen Bundesländern. Pfaffenweiler, S. 252-283.

Gerstenberger, H. (1981): Von der Armenpflege zur Sozialpolitik. Oder: Plädoyer für eine materialistische Fragestellung. In: Leviathan, 1981, Heft 9, S. 39-61.

Hegel, F. W. F. (1979): Werke. Band 7. Grundlinien der Philosophie des Rechts. Frankfurt a. M.

Heydorn, H. J. (1970): Über den Widerspruch von Bildung und Herrschaft. Bildungstheoretische Schriften Band 2. Frankfurt a. M.

Hornstein, W. (1995): Zur disziplinären Identität der Sozialpädagogik. In: Sünker, H. (Hrsg.) Theorie, Politik und Praxis Sozialer Arbeit. Bielefeld, S. 12-31.

Kelley, F. (1922): Twenty Questions about the Federal Amendment Proposed by the National Women›s Party. New York.

Kant, I. (1784): Beantwortung der Frage: Was ist Aufklärung? In: Berlinerische Monatsschrift,1784, Dezember-Heft, S. 481-494.

Lehnhardt, G./Offe, C. (1977): Staatstheorie und Sozialpolitik. Politischsoziologische Erklärungsansätze für Funktionen und Innovationsprozesse der Sozialpolitik. In: Kölner Zeitschrift für Soziologie und Sozialpsychologie, 1977, Sonderheft 19, S. 98-115.

Lorenz, W. (1999): Social Work and cultural politics: The paradox of German social pedagogy. In: Chamberlayne, P./Cooper, A./Freeman, R./Rustin, M. (Hrsg.): Welfare and Culture in Europe –Towards a New paradigm in Social Policy. London.

Mollenhauer, K. (1966): Was ist Erziehungswissenschaft? In: Deutsche Jugend. 14. Jg., Heft 5, S. 207-212.

Margolin, L. (1997): Under the Cover of Kindness. Virginia. University Press.

Niemeyer, Ch. (1998): Klassiker der Sozialpädagogik. Einführung in die Theoriegeschichte einer Wissenschaft. Weinheim und München.

Ortmeyer, B. (2009): Mythos und Pathos statt Logo und Ethos. Zu den Publikationen führender Erziehungswissenschaftler in der NS-Zeit: Eduard Spranger, Hermann Nohl, Erich Weniger und Peter Petersen. Weinheim und Basel.

Rang, A. (1966): Der politische Pestalozzi. Frankfurt a. M.

Reisch, M./Andrews, J. (2001): The road not taken. A history of radical social work in the united states. New York. u. London.

Residents of Hull House (Hrsg.) (2007): Hull House Maps and Papers. Chicago.

Richmond, M. (1899): Friendly Visiting among the poor. New York.

Richmond, M. (1908): The Good Neighbor in the Modern City. Philadelphia and London.

Richmond, M. (1913): A Study of Nine Hundred and Eighty-five Widows Known to Certain Charity Organization Societies In 1910. New York.

Richmond, M. (1917): Social Diagnosis. New York.

Richmond, M. (1922): What is Social Case Work? New York.

Richmond, M. (1930): The Long View. New York.

Richmond, M./Hall, F. S. (1929): Marriage and The State. New York.

Richmond, M./Hall, F. S. (1925): Child Marriages. New York.

Ross, D. (1998): Jane Addams (1860-1935) Häuslicher Feminismus und die Möglichkeiten der Sozialwissenschaften. In: Honegger, C./Wobbe, Th. (Hrsg.): Frauen in der Soziologie. München, S. 130-152.

Sachße, Ch./ Tennstedt, F. (1980): Geschichte der Armenfürsorge in Deutschland. Band 2. Stuttgart.

Sachße/Ch./ Tennstedt, F. (1981): Von der Armutspolitik zur fachlichen Sozialen Arbeit. In: Sachße/Ch./ Tennstedt, F. (Hrsg.) (1981): Jahrbuch der Sozialarbeit Band 4, Hamburg. S. 11-43.

Salomon, A./Wronsky, S. (1924): Soziale Therapie: Ausgewählte Akten aus der Fürsorgearbeit. Berlin.

Salomon, A. (1927): Die Ausbildung zum sozialen Beruf. Berlin.

Salomon, A. (1928): Leitfaden der Wohlfahrtspflege. Leipzig.

Salomon, A. (1937): Education for Social Work: A Sociological Interpretation Based on an International Survey. Zürich.

Salomon, A. (2000): Frauenemanzipation und soziale Verantwortung. Ausgewählte Schriften. Band 2. (Hrsg. von Feustel, A.). Neuwied.

Salomon, A. (2004): Frauenemanzipation und soziale Verantwortung. Ausgewählte Schriften. Band 3. (Hrsg. von Feustel, A.). Neuwied.

Salomon, A./Baum, M. (1930): Das Familienleben in der Gegenwart. Berlin.

Schüler, A. (2004): Frauenbewegung und soziale Reform. Franz. Stuttgart.

Sprecht, H./Courtney Mark E. (1994): Unfaithful Angels. New York.

Sünker, H. (1995): Theoretische Ansätze, gesellschaftspolitische Kontexte und professionelle Perspektiven Sozialer Arbeit. In: Sünker, H. (Hrsg.):Theorie, Politik und Praxis Sozialer Arbeit. Bielfeld, S. 72-99.

Sünker, H. (1998): Bildung, Alltag und Subjektivität. Elemente zu einer Theorie der Sozialpädagogik. Weinheim u. München.

Thole, W./Galuske, M./Gängler, H. (1998): KlassikerInnen der Sozialen Arbeit. Neuwied.

Walkowitz, D. J. (1999): Working with class. New York.

Wehler, H.-U. (1995): Deutsche Gesellschaftsgeschichte. Dritter Band. Von der Deutschen Doppelrevolution bis zum Beginn des Ersten Weltkrieges 1849-1914. München.

Wendt, W. R. (1995): Geschichte der Sozialen Arbeit. Stuttgart.

Winkler, M. (1995): Bemerkungen zu einer Theorie der Sozialpädagogik. In: Sünker, H. (Hrsg.): Theorie, Politik und Praxis Sozialer Arbeit. Bielfeld, S. 102-119.

Winkler, M. (1997): Hermann Nohl: Sozialpädagogik mit Horizont der Geisteswissenschaften. Eine Interpretationsperspektive. In: Niemeyer, Ch./Schröer, W./Böhnisch, L. (Hrsg.): Grundlinien Historischer Sozialpädagogik. Weinheim und München, S. 143-164

Werner Thole | Holger Schoneville

Bildung und soziale Anerkennung

Soziale Arbeit in der Ambivalenz zwischen sozialer
Anpassung und Mündigkeit

Zuweilen entsteht der Eindruck, Bildung hat erst in jüngster Zeit als eine
zentrale Kategorie die Diskurse der Sozialen Arbeit erobert. Doch die mit
dem Rückgriff auf die Kategorie Bildung aufgerufenen Intentionen finden
schon in weiter zurückliegenden, sozialpädagogischen Ortsbestimmungen
Aufmerksamkeit. (vgl. Sünker 1989, 2007; Rauschenbach 2009) Für die
frühe, kritische Rezeption des Bildungsbegriffs durch die Sozialpädagogik
steht unter anderem die »Einführung in die Sozialpädagogik« von Friedhelm Vahsen. F. Vahsen (1975, S. 13) stellte sich in seiner Einführung explizit dem Unternehmen, »den bildungspolitischen Standort der Sozialpädagogik zu lokalisieren«. An diese Standortbestimmung anknüpfend wird
in dem Beitrag die Soziale Arbeit als ein Projekt vorgestellt, das auf eine
theoretische Entfaltung des Bildungsbegriffs nicht verzichten kann und das
in der Praxis selbst über die reflexive Ausgestaltung von Anerkennungsbe-
ziehungen kontinuierlich daran interessiert ist, Bildungsprozesse zu initiieren und Kindern, Jugendlichen, Erwachsenen, Familien und sozialen Gruppen die Erfahrung sozialer Anerkennung zu ermöglichen.

1. Allgemein: Bildung im Kontext der Sozialen Arbeit

Die von Kindern, Jugendlichen und Erwachsenen erworbene Bildung ist
nicht ausschließlich über Zertifikate zu identifizieren. Diesbezüglich existiert in den bildungs- und sozialwissenschaftlichen Diskussionen weitgehend Konsens. Zeugnisse, Dokumente, Bescheinigungen und Diplome dokumentieren und zertifizieren keineswegs die tatsächlich jeweils vorzuwei-

senden Fertigkeiten und Fähigkeiten, das Potential des biografisch erworbenen Wissens und des ausgebildeten Könnens. Bildungsprozesse werden in formalen, beispielsweise der Schule, nonformalen, beispielsweise in den Projekten der Sozialen Arbeit, und informellen Szenarien, beispielsweise in den Gleichaltrigenkulturen, initiiert. Unklar ist allerdings, an welchen Orten und unter welchen Bedingungen welche Kompetenzen erworben beziehungsweise angeeignet werden können.

Über die Bedeutung der unterschiedlichen Orte des Bildungserwerbs und deren Beitrag zum Erwerb von Bildung besteht somit Dissens. Dass Schule über den im Unterricht präsentierten Lernstoff und die in den Zeugnissen dokumentierten Leistungen hinaus zum Erwerb von Wissen und Können beiträgt, ist weitgehend unstrittig. Auch den Institutionen der beruflichen und akademisch-wissenschaftlichen Qualifizierung und dem formalisierten Feld der berufsbezogenen Fort- und Weiterbildung wird eine wesentliche Rolle bezüglich des Erwerbs von Bildung zugesprochen. Im Kontrast hierzu finden die institutionalisierten Orte des nonformal organisierten Sozial- und Bildungssystems, also auch die Soziale Arbeit, wie auch die informell strukturierten Orte gesellschaftlicher Praxis, keine durchgehende Berücksichtigung in den kompetenzerwerbs-bezogenen Reflexionen. Die Skepsis gegenüber den nonformalen und informellen Bildungsorten liegt auch in der bislang noch unbefriedigenden Forschungslage begründet. Dass Wissen über die Bildsamkeit sozialpädagogischer Projekte und informeller Szenen ist noch sehr unsicher. Allerdings ist es keineswegs so gering, dass deren Bedeutung gänzlich negiert werden kann. Immerhin liegen Erkenntnisse zur Bedeutung von vor- und außerschulischen, familialen, freizeit-, kultur- und freundschaftsbezogenen Sozialisationsfeldern in Bezug auf die Aneignung von sozialen und kulturellen Kompetenzen und die Identitätsbildung vor.

Eine Fokussierung auf den Erwerb von Kompetenzen, beispielsweise in der Forschung, auf den formalen Bildungsbereich, dies zumindest ist unbestritten, engt die Perspektive ein. Eine moderne, die gesellschaftliche Wirklichkeit offen wahrnehmende Bildungspolitik und eine sich dezidiert als empirisch verstehende Bildungsforschung müsste sich souveräner als bislang der Expertise stellen, nach der 70 % aller menschlichen Lernprozesse außerhalb von formalen Bildungsinstitutionen stattfinden (vgl. Dohmen 2001).

Trotz der genannten Skepsis erfahren neben dem schulischen Primar- und Sekundarbereich sowie den Orten der tertiären Bildung in den letzten Jahren auch die unterschiedlichen Projekte und Angebote der informellen und nonformalen Bildung vermehrte Aufmerksamkeit. (vgl. Konsortium Bildungsberichterstattung 2006; 2008) Die schlichte Erkenntnis, dass sich Aufwachsen, ja das Leben insgesamt, in unterschiedlichen sozialen Praxen und Kulturen realisiert und diese wiederum zu unterschiedlichen Formen des Erwerbs von Bildung animieren, findet zunehmend mehr Beachtung und Zustimmung.

Keineswegs wurde die Soziale Arbeit und insbesondere die Kinder- und Jugendhilfe erst in jüngerer Zeit als Ort des Bildungserwerbs identifiziert und entsprechend in den theoretischen und konzeptionellen Diskussionen auch diskutiert. Die Ausdifferenzierung der Sozialen Arbeit als ein hilfeorientiertes gesellschaftliches Handlungsfeld verdankt sich wesentlich auch pädagogischen Ideen, wie schon ein flüchtiger Blick beispielsweise in die Arbeiten von J. H. Pestalozzi belegt. F. Vahsen weist hierauf hin, wenn er hervorhebt, »Pestalozzi könne als Ausgangspunkt betrachtet werden für einen Begriff von Bildung, der die Einheit von Bildung, die Einheit von Realismus und Humanismus wahre« (Vahsen 1975, S. 54). Und auch Herman Nohl, sich der Frage zuwendend, »ob die pädagogische Idee überhaupt die Leitidee der öffentlichen Jugendhilfe ist«, benennt 1928 die Relevanz der Bildungsidee für die damalige Jugendwohlfahrt: »Worauf alles ankäme, wäre: der Arbeit der Jugendhilfe eine positive Wendung zu geben, die das Jugendamt zu einem selbstständigen Organ der Volkserziehung machte, dessen große Aufgabe natürlich auch das Heilen aufgebrochener Schäden wäre, dessen vorangehende Leistung, primäre Leistung aber eine aufbauende Arbeit an unserer Jugend – soweit sie nicht in der Schule stattfindet – im Zusammenhang unserer gesamten Volksbildung ist« (Nohl 1965, S. 45). H. Nohl verortet die Jugendhilfe damit als Teil des gesamten Bildungsbereiches und weist ihr dezidiert auch präventive Aufgaben zu.

Mit der Reaktivierung des Bildungsbegriffs wird demnach gegenwärtig keineswegs ein neues Leitbild, kein neues Paradigma in die sozialpädagogischen Debatten eingeschleust, sondern eine theoretisch-konzeptionelle Orientierung reaktiviert, die leider Ende der 1970er Jahre in den Abstellkammern der Sozialen Arbeit verstaut und dann dort eine Zeitlang vergessen wurde. Als impliziter Bezugspunkt wurde die Bildungsaufgabe der Sozialen Arbeit dennoch nicht vergessen. In den letzten Jahrzehnten, auch um den jeweiligen Zeitgeiststimmungen zu entsprechen, versteckte sie sich in den Codes Hilfe, Therapie, Animation, Unterstützung, Akzeptanz, Sozialraumorientierung, Freizeitgestaltung, Lebensbewältigung und Selbstaktivierung. Zuweilen wurde jedoch ignoriert, dass die über die genannten Begriffe entwickelten methodischen Konzeptionen immer auch auf eine Idee von Bildung verwiesen. Das sozialpädagogische Paradigma »Hilfe zur Selbsthilfe« kann beispielsweise seine Praxiswirksamkeit nur entfalten, wenn es sich an die Hoffnung, zu Bildungsprozessen anzustoßen, ankoppelt. Diese Konzeption ist keineswegs identisch mit der historischen Umdeutung der sozialen zu einer pädagogischen Frage, die mit Blick auf die Geschichte der Sozialen Arbeit F. Vahsen (1975, S. 51) wie folgt beschreibt: »Gemeinsames Strukturmerkmal der sich ausdifferenzierenden privaten Fürsorge ist die Pädagogisierung der Hilfemaßnahmen. Die theoretischen Ansätze der Aufklärungsepoche (…) werden in diesen privaten Maßnahmen aufgenommen und führen (…) zu einer Uminterpretation der sozialen Fragen zu einer pädagogischen« Über die Pädagogisierung sozialer Hilfsmaßnahmen und die Kopplung dieser an die Idee der Veränderung durch Aufklärung wird Bildung zu einer der zentralen Intentionen der Sozialen Arbeit. Die Veränderung von gebrochenen Formen sozialer Praxis, die Unterstützung von Kindern, Jugendlichen und Familien bei der Findung von gelingenderen Formen ihren Alltag zu bewältigen und zu gestalten, sind demnach nur über Einsicht und Erkenntnis möglich – und ohne die Realisierung erfolgreicher Bildungsprozesse nicht denkbar. »Hilfe zur Selbsthilfe«, aber auch Formen der sozialen Therapie, der Unterstützung und der Hilfen zur Lebensbewältigung erfordern, wollen sie erfolgreich sein, die Absolvenz von gelungenen Bildungsprozessen.

2. Konkret: Kinder- und Jugendarbeit als Bildungsprojekt

Die zuvor angedeutete allgemeine Perspektive kann am Beispiel der Kinder- und Jugendarbeit exemplarisch verdeutlicht werden. Viele Kinder und Jugendliche sind heute in der Lage eine Alltagspraxis zu leben und auszugestalten, die den Anforderungen und Möglichkeiten der modernisierten Gesellschaft mehr oder weniger – wenn zuweilen auch äußerst gebrochen – entspricht. Kinder und Jugendliche suchen und finden die Themen die für sie von Interesse sind und setzen sich mit ihnen auseinander, sie lernen und üben die Tätigkeiten die sie zur Realisierung eines ausgefüllten Alltags meinen beherrschen zu können, sie zelebrieren und inszenieren die Kultur-, Sozial- und Sportpraxen die ihnen nahe erscheinen und von denen sie sich, im Kontext ihres sozialen Gefüges, Anerkennung versprechen.

Kinder- und Jugendarbeit erweckt bei oberflächlicher Betrachtung zuweilen den Eindruck, als sei sie gar kein von den alltäglichen Freizeitbeschäftigungen von Kindern und Jugendlichen abgegrenzter Ort, sondern übergangslos darin eingebettet, chaotisch, ja zuweilen anarchistisch strukturiert und mit einer Tendenz zur Beliebigkeit versehen. Die Rekonstruktionen von Gesprächen mit MitarbeiterInnen und Jugendlichen der Kinder- und Jugendarbeit sowie von Alltagsszenarien legen nahe, davon auszugehen, dass dieser Eindruck täuscht, aber auch nicht zufällig entsteht. Folgen wir unseren Befunden, dann wird Kinder- und Jugendarbeit wesentlich dadurch geprägt, dass sie die Übergänge zwischen verschiedenen Sphären des Alltags begleitet und bearbeitet. Die Kinder- und Jugendarbeit konstituiert quasi eine eigenständige, sozialpädagogische Arena. Die Arena der Kinder-

und Jugendarbeit kann als sozialer Ort unterschiedlichster Kommunikationsstile und -formen beschrieben werden. Hierbei nehmen alltägliche Kommunikationen und jugendkulturell geprägte Kommunikationsstile einen zentralen Stellenwert ein.

Diese Rahmung stellt sich zwar nicht immer gesteuert und bewusst geplant, keineswegs – zumindest da, wo sie gelingt – jedoch chaotisch oder anarchistisch her. Die Konstituierung unterliegt zumindest den Regeln der Sparsamkeit, des Mitmachens und der Sichtbarkeit der PädagogInnen als »Andere unter Gleichen«.

• Die Sparsamkeitsregel beinhaltet, dass die MitarbeiterInnen nicht jede Situation zum Anlass für Transformations- und Modulationsversuche in Richtung einer pädagogischen Rahmung auf Grundlage einer asymmetrischen Arbeitsbeziehung nehmen können. Sie müssen – personen- und situationsabhängig – ständig neu über das jeweilige Sparsamkeitsmaß entscheiden.

• Durch das Mitmachen wird demonstriert, dass man sich mitten im Geschehen der öffentlichen Arena befindet und an den Aufführungen, Spielen und Wettkämpfen teilnimmt. Indem die MitarbeiterInnen zeigen, dass sie Spaß an diesen Aktivitäten haben, können sie die Kinder und Jugendlichen animieren, an den Aktivitäten teilzunehmen.

• Die Sichtbarkeitsregel verweist darauf, dass die PädagogInnen in der Kinder- und Jugendarbeit regelmäßig Stellung zu den Äußerungen, Bewertungen und Handlungen der Kinder und Jugendlichen beziehen und sich als Personen mit bestimmten Werthaltungen und Normvorstellungen erkennbar machen.

Da die Jugendlichen die PädagogInnen in der alltäglichen Konversation in der Regel immer wieder herausfordern, Stellung zu beziehen und zu handeln, stellt sich für die PädagogInnen folgendes Dilemma. Verhalten sie sich neutral oder markieren sie zu stark die Differenz zu den Jugendlichen – lassen diese »abtropfen« –, würden sie sich unnahbar und damit auch als wenig vertrauenswürdig erweisen. Verhalten sie sich dagegen konsequent gemäß ihrer eigenen Werthaltungen, würden sie die Arbeitsbeziehung gefährden.

Alltagsfunktional akzeptabel wird diese Hinterbühnenarchitektur der Kinder- und Jugendarbeit durch den Handlungstypus »Andere(r) unter Gleichen«. Und genau und gerade hierüber konturiert sich die Differenz zu anderen sozialpädagogischen, medizinischen, therapeutischen Handlungsfeldern, in der zwar die diffusen Beziehungsanteile nicht gänzlich außer Acht gelassen werden können, jedoch Mitmachen, Sparsamkeit und Sichtbarkeit in der oben beschriebenen Form eine geringere Rolle zu spielen scheinen. Das Bildungsanliegen und die -möglichkeiten stellen sich unter den genannten Rahmenbedingungen her. Kinder- und Jugendarbeit, das ist die Botschaft, konstituiert sich auch im offenen Feld der Einrichtungen nicht zufällig, sondern äußerst planvoll und strukturiert nach bestimmten Regeln. Werden sie von den PädagogInnen nicht als solche intuitiv erkannt, werden die Möglichkeiten, Bildungsprozesse zu initiieren, dezimiert. Nur ihre kontinuierliche Reaktivierung eröffnet der Kinder- und Jugendarbeit die Chance, sich als Bildungsraum zu präsentieren.

Bildungsprozesse werden in der Kinder- und Jugendarbeit in der Regel nicht im Kontext von curricular ausbuchstabierten Lehr- und Lernszenarien initiiert, sondern durch die Heranwachsenden selbstgesteuert und situationsbezogen oder aber durch die ehrenamtlich Engagierten initiiert. Wenn die Bildungsanregungen durch professionelle PädagogInnen im Zusammenhang von institutionalisierten Angeboten und Maßnahmen erfolgen, zeichnen auch diese sich ebenfalls und vornehmlich durch ihren situativen Charakter aus, gleichwohl sie partiell, keinesfalls jedoch durchgängig, methodisch-didaktisch gerahmt sind. Die Herausforderung besteht in den pädagogisch-professionellen Freizeit- und Bildungsräumen für die PädagogInnen insbesondere darin, sparsam mit direktiven Interventionen und Anregungen umzugehen und zugleich dennoch eine wahrnehmbare, pädagogische Präsenz zu kommunizieren. Der Habitus der pädagogische Nonchalance, der die Ausbalancierung dieser Ansprüche dokumentiert, stellt die professionell-pädagogische Antwort auf die vorliegenden Herausforderungen – insbesondere in den nonformal strukturierten Bildungsräumen – dar. Die besondere Kontur dieses pädagogischen Szenarios konstituiert die Eigenständigkeit der Kinder- und Jugendarbeit und den Kontrast zu anderen pädagogischen Institutionen und Handlungsfeldern.

Die Kinder- und Jugendarbeit ist ein pädagogischer Ort, an dem sich die pädagogischen Intentionen – im Kontrast zur Schule – quasi versteckt auf der Hinterbühne lokalisieren und realisieren: Spielen sich in den schulischen Bildungswelten die sozialen Platzierungskämpfe, Rivalitäten und Beziehungsauseinandersetzungen im Rücken des eigentlichen Lern-Lehr-Szenarios ab, so finden diese in den Einrichtungen und Projekten der Kinder- und Jugendarbeit quasi auf der Hauptbühne ihren Platz. Auch wenn die wünschenswerte Erweiterung der schulischen und vorschulischen Ganztagsangebote die bisherigen Angebotsformen der Kinder- und Jugendarbeit verändern und erweitern dürfte, kann nicht übersehen werden, dass Kinder und Jugendliche soziale Kontexte suchen, brauchen und wünschen, in denen sie sich – auch mit der Erwachsenengeneration – auseinandersetzen, aber auch ihren »Eigensinn« leben können. Kinder und Jugendliche wünschen und erwarten ihre Autonomie akzeptierende gesellschaftliche Netzwerke der Bildung und der Unterstützung. Sie wünschen und erwarten Anerkennung und Verständigungsformen sowie Respekt vor den von ihnen entwickelten Formen und Regularien der Selbstsozialisation.

3. Soziale Arbeit und die Herstellung von Anerkennung

Bildungsprozesse in und über informelle und nonformal gerahmte Praxen sind strukturell in den Alltag eingelagert. Sie bieten Lern- und Erfahrungsfelder, die das formal strukturierte Bildungssystem nicht vorhält oder aufgrund seiner selektiven Grundstruktur nicht vorhalten kann. Die Relevanz der hier erworbenen kulturellen und sozialen Ressourcen für die Entwicklung von Lebensbewältigungskompetenzen, die Formierung von Lebensstilpräferenzen und von biografischen Lebenskonzepten sowie deren Nachhaltigkeit wird ebenso unterschätzt wie deren Bedeutung für das erfolgreiche Absolvieren von schulischen Bildungs- und berufsbezogenen Qualifizierungskarrieren. (vgl. Thole/Höblich 2008)

Soziale Arbeit ist – vereinfacht formuliert – ein gesellschaftlich vorgehaltenes Angebot der Hilfe, Unterstützung, Begleitung und Betreuung für diejenigen Gesellschaftsmitglieder, denen die Ressourcen für ein »gelungenes« und »zufrieden stellendes« Leben nicht hinreichend zur Verfügung stehen oder denen diese Ressourcen vorenthalten werden, sowie der Initiierung von Bildungsprozessen vornehmlich außerhalb des formalen Bildungssektors – so die Argumentation in diesem Beitrag. Diese allgemeine Funktionsbestimmung kann auch kritischer, stärker auf die den sozialen Disziplinierungsaspekt der Sozialen Arbeit ausgerichtet artikuliert werden. Dann ist zu betonen, dass die Soziale Arbeit die »Integration der Arbeiter«, und nicht nur der Arbeiter, ließe sich hier vielleicht hinzufügen, »in das Gesellschaftssystem« über »bildungspolitische Interventionen« zu gewährleisten hat. Über die »materielle Sicherung hinaus« stellt damit die »Sozialpädagogik in ihren verschiedenen Arbeitsfeldern eine Kompensationsinstanz für Sozialisationsdefizite sowohl in den Bereichen der primären als auch der sekundären Sozialisationsprozesse« dar (Vahsen 1975, S. 61). Erfahren Menschen in ihren lebensweltlichen Zusammenhängen keine oder keine ausreichende affektive, zuneigende Unterstützung und Anerkennung, denen sie beispielsweise zur Bewältigung von Risiken und Krisen bedürfen, wird ihnen also emotionale Zuwendung – »Liebe« – nicht zuteil, ist die Soziale Arbeit ebenso zum Handeln aufgerufen wie in den Fällen, wo grundlegende soziale Rechte, Gerechtigkeit, einzelnen Menschen, Gruppen oder Milieus vorenthalten werden oder soziale und kulturelle Netzwerke und lebensweltliche Kontexte sich so unsicher und instabil präsentieren, dass gesellschaftliche Solidarität und Zusammenhalt Prozesse der Desintegration, Ausgrenzung und Marginalisierung hervorrufen (vgl. Honneth 2000). Aus einer anerkennungstheoretischen Perspektive konstituiert und kommuniziert erfolgreiche und gelungene Soziale Arbeit zum einen Anerkennung in Fällen und Situationen, in denen die »natürlichen« Formen der Herstellung von Anerkennung versagen oder implodieren, so beispielsweise in den erzieherischen Hilfen, in familien- oder gemeinwesenorientierten Projekten. Zudem realisiert Soziale Arbeit Praxen der Anerkennung wo ihr aufgrund der gesellschaftlichen Aufgaben und Mandatserteilung eine Zuständigkeit für die Initiierung von Bildungsprozessen obliegt, beispielsweise in der Pädagogik der Kindheit oder auch in der Kinder- und Jugendarbeit. Die dabei aktivierten Formen der Anerkennung müssen nicht ungebrochen die partiell doch recht problematischen Formen der Aktivierung von Anerkennung in den einzelnen sozialen Welten reproduzieren. (vgl. Kessl/Otto 2004; Heite 2009) Sie können – und sollten – in einer nicht affirmativen Form Beispiele und Gegenentwürfe für andere, sozial ausbalancierte Weisen der Mitteilung von Anerkennung favorisieren. Beispielsweise kann es in Bezug auf xenophobisch, rechtsnational orientierte Jugendliche nicht darum gehen, die dort akzeptierten und tolerierten menschheitsfeindlichen, selbst- und fremdzerstörerischen Formen des Respekts zu duplizieren. Diesen Formen sind humanere, sozial gerechtere, nicht über Stigmatisierung und Ausgrenzung gesteuerte Weisen der Herstellung von Anerkennung gegenüber zu stellen. Erfolgreiche und gelungene Soziale Arbeit baut, und hierauf zielt die Überlegung ab, auf die Kommunikation von Anerkennung als Modus ihrer Intention, Subjekte dabei zu unterstützen, autonome Lebensführungs- und Lebensgestaltungskompetenzen über bildsame Prozesse zu erobern und weiter auszugestalten.

Über diese, die praktische Soziale Arbeit anerkennungs- wie auch bildungs-theoretisch neu justierende Perspektive liegt auch ein Impuls für die Generierung von Forschungsfragen. Im Kontext der empirischen Forschung kann über den Anerkennungsbegriff Interesse für Studien geweckt werden, die sich beispielsweise danach erkundigen, ob und in welcher Weise es den Professionellen innerhalb der Sozialen Arbeit gelingt, tragfähige Beziehungen herzustellen, die über die Herstellung von Arbeitsformen und -bündnissen soziale Anerkennung vermitteln. Hinsichtlich einer stärker adressatInnenorientierten Forschung wird für Fragestellungen sensibilisiert, die danach fragen, in welcher Weise es innerhalb sozialpädagogischer Bemühungen gelingt, Orte, Situationen und Projekte herzustellen, in denen Professionelle AdressatInnen, NutzerInnen und KlientInnen in anerkennenden Formen begegnen können. Schließlich werden nicht nur Formen gesellschaftlicher Ungleichheit in den Blick gerückt, sondern auch für die möglicherweise schmerzhaften lebensweltlichen Erfahrungen der jeweiligen Betroffenen sensibilisiert.

Für die theoretischen Orientierungen einer Sozialen Arbeit, die sich der Unterstützung der Subjekte bei Gewinnung oder Wiederherstellung ihrer Autonomie in der Lebensgestaltung verpflichtet fühlt, weist der Begriff der Anerkennung auf eine Verbindung zwischen dem Individuum und gesellschaftlicher Phänomene und Strukturen hin. Die möglicherweise schwierigen Identitätskonstruktionen, die erschwerten Bedingungen der Subjekt-Bildung, das Leid des Einzelnen kann so in Verbindung zu Missachtungserfahrungen in intersubjektiven Bezügen und gesellschaftlichen Ungleichheitsstrukturen verstanden werden. Insbesondere vor dem Hintergrund der Beobachtung, dass sich gegenwärtig am »unteren Rand« der Gesellschaft dynamisch neue Spaltungen herausbilden und die Kontur der »klassischen« Problem- und Ungleichheitslagen verschärfen (vgl. Groh-Samberg 2005; Rieger/Leisering 2001), erhält diese Perspektive Bedeutung. Marginalisierungen und Formen der Desintegration zeigen immer deutlicher auch Formen von ausgewiesenen Exklusionen, von Ausschließungen, die sich immer noch, aber nicht mehr nur und ausschließlich über die Verfügbarkeit über geringe materielle Ressourcen bedingen, sondern die sich über »reine« Formen der Einkommensarmut hinaus oder sogar unabhängig von diesen über sozial-kulturelle Marginalisierungen (vgl. Winkler 2005) beziehungsweise aufgrund des Empfindens solcher (vgl. Bude/Lantermann 2006) herstellen – beispielsweise weil die Anerkennungspotenziale der Gesellschaft (vgl. Anhut/Heitmeyer 2005; vgl. u. a. auch die Beiträge in Lessenich/Nullmeier 2006) nicht mehr hinreichen, um Zugehörigkeit erlebbar zu machen. Soziale Arbeit ist heute ein gesellschaftliches Allgemeinangebot und zugleich weiterhin die gesellschaftlich mandatierte Ressource, die die Verschärfung von materiellen, kulturellen und sozialen Problemlagen bei denjenigen gesellschaftlichen Teilgruppen mittels Hilfs-, Unterstützungs- und Bildungsangebote abzufedern hat, die unter den kapitalistischen Reproduktionsbedingungen aufgrund ihrer strukturellen Marginalisierung oder einer auch nur temporären »Prekarisierung« ihrer Lebenssituation zu leiden haben. Die zuvor entwickelten Überlegungen können hieran anknüpfend präzisiert werden.

Wenn Soziale Arbeit als Anerkennungsarbeit gedacht wird (vgl. Schoneville/Thole 2009; Sauerwald u. a. 2002; Heite 2008; 2009) kommt ihr die Aufgabe zu, soziale Orte »zu institutionalisieren«, innerhalb derer anerkennende Beziehungen aufgebaut werden können. Diese können beispielsweise Orte des Schutzes vor möglichen Missachtungen darstellen – wie dies beispielsweise bei Fremdunterbringung von Kindern in Fällen von Kindeswohlgefährdungen oder Frauenhäusern der Fall wäre –, aber auch Orte sein, in denen Leistungen von Kindern und Jugendlichen in besonderer Weise die Möglichkeit erhalten, soziale Wertschätzung zu erfahren. Wenn die intersubjektiven Beziehungen zwischen Professionellen und AdressatInnen innerhalb dieser sozialen Orte in hohem Maße durch Anerkennung geprägt sind, dann nicht nur weil ansonsten keine Möglichkeit besteht, Arbeitsbündnisse herzustellen, sondern insbesondere auch deshalb, weil nur in dieser Form sozialpädagogische Professionalität tatsächlich ihrem gesellschaftlichen Mandat nachkommen kann, soziale Teilhabe zu ermöglichen respektive herzustellen. Hinsichtlich des gesellschaftlichen Kampfes um Anerkennung unterschiedlicher Individuen und Gruppen sieht sich Soziale Arbeit dann sowohl mit der Aufgabe konfrontiert, AdressatInnen darin zu unterstützen, ihre Anliegen zu artikulieren, als auch in advokatorischer Absicht für die Anliegen ihrer AdressatInnen einzutreten.

In den sozialpädagogischen Gesprächen wird häufig davon ausgegangen, dass Kinder und Jugendliche, aber auch Erwachsene aus bildungsferneren oder -exkludierten sozialen Milieus und Herkunftsfamilien in den informellen, insbesondere jedoch in den nonformalen Bildungsfeldern soziale und kulturelle Ressourcen erwerben können, die für einen erfolgreichen und wissensabgestützten Weg durchs Leben benötigt werden. Sicherlich werden erfolgreiche Bildungs- und Erwerbsbiografien über diese Bildungsfelder nicht unwesentlich mit geprägt. Dass die Soziale Arbeit jedoch nicht bildungsaffinen Individuen entscheidende Schneisen zum Erwerb von Bildung in diesen Feldern ermöglicht, dazu liegen keine starken empirischen Befunde vor. Primär nutzen nicht die Mitglieder bildungsferner und ökonomisch nur schwach ausgestatteter sozialer Milieus expansiv die Möglichkeiten des nonformalen Sozial- und Bildungsbereiches. Kinder und Jugendliche in den Jugendverbänden, NutzerInnen von Beratungsstellen und außerschulischen Angeboten der kulturellen, sozialen, sportlichen und familienorientierten Bildung stammen zwar auch aus nicht bildungsaffinen, in ihrer Mehrheit jedoch aus bildungsnahen sozialen Milieus. Kinder, Jugendliche und Familien aus Milieus mit geringeren ökonomischen und kulturellen Ressourcen werden von der Sozialen Arbeit noch am ehesten über niedrigschwellige Angebote, den Allgemeinen Sozialen Dienst, berufsbezogene Projekte und über die Kinder- und Jugendarbeit, erreicht. Ob aber die hier initiierten Bildungsprozesse erfolgreich sind, die Möglichkeiten zur Erarbeitung einer ungebrocheneren, gelungeneren Lebensgestaltung anregen und nachhaltig fundieren, ist offen. Oftmals, und die Professionellen der Sozialen Arbeit wissen dies ebenso wie die theoretischen BeobachterInnen dieser, werden gerade jene sozialen Praxen über die sozialpädagogischen Interventionen gestützt, die soziale Desintegrationen und das Umgehen mit diesen stabilisieren. Prozesse, die zu mehr Teilhabe an den gesellschaftlich vorhandenen sozialen und kulturellen Kapitalressourcen beitragen und ein Mehr an selbstgesteuerten Aktivität anstoßen, gelingen ebenso durchgängig nicht wie beispielsweise Schule nicht allumfassend dazu beiträgt, allen SchülerInnen identische Partizipationschancen an den offerierten Bildungsangeboten zu präsentieren. Nur weil Soziale Arbeit sich lebensweltnäher und niedrigschwelliger konzipieren kann als dies die Angebote im formalen Bildungsbereich können, gelingt es ihr nicht überzeugender, soziale Teilhabechancen über Bildungsinspirationen ohne die Reproduktion von bestehenden Ungleichheiten anzustoßen.

Soziale Arbeit präsentiert gegenüber den anderen Projekten und Angeboten des Sozial- und Bildungssystems keineswegs das per se kritischere und humanere Bildungsangebot. Soziale Arbeit ist erstens ebenso wie die anderen Bildungssegmente eingebunden und Mitträger der gesellschaftlichen Modalitäten der Herstellung und Stabilisierung sozialer Ungleichheiten und damit auch von Ungerechtigkeiten. Und Soziale Arbeit ist zweitens keineswegs entbunden von den Ambivalenzen, mit denen die Initiierung von Bildungsprozessen in modernen, kapitalistischen Gesellschaften konfrontiert ist. Die Unterstützung des Erwerbs von Bewältigungs- und Gestaltungskompetenzen ermöglicht den Subjekten einerseits den Gewinn von mehr Autonomie und Potentialen der Selbstgestaltung. Dieser Gewinn realisiert sich aber zu dem Preis, andererseits und zugleich die Subjekte in die Modalitäten der vorherrschenden, zweckrationalen Vergesellschaftungsformen einzubinden und so diese zusätzlich zu stabilisieren. Soziale Arbeit erzeugt also demnach immer auch Integration in und Anpassung an die bestehenden, Ungleichheit erzeugenden gesellschaftlichen Verhältnisse mit anderen Worten: Wie gut und gekonnt, »erfolgreich« und wirksam Soziale Arbeit immer auch agiert, sie ist und bleibt in die zweckrationale, doppelspurige Grammatik der Aufklärung eingebunden. Aber und zugleich ist und bleibt Soziale Arbeit strukturell damit auch ein Projekt der Aufklärung, dass über die Ermöglichung der Aneignung von Bildung die Realisierung von Mündigkeit bei den adressierten Subjekten erhofft – und damit korrespondiert bekanntermaßen das »Interesse an Emanzipation« (vgl. Mollenhauer 1971, S. 1).

Literatur

Anderson, E. (2000). Warum eigentlich Gleichheit? In A. Krebs (Hrsg.): Gleichheit oder Gerechtigkeit. Frankfurt a. M, S.117-171.

Anhut, R,/Heitmeyer, W. (2005). Desintegration, Anerkennungsbilanzen und Rolle sozialer Vergleichsprozesse. In Heitmeyer, W./Imbusch, P. (Hrsg.): Integrationspotenziale einer modernen Gesellschaft. Analysen zu gesellschaftlicher Integration und Desintegration. Wiesbaden, S. 75-100.

Baumert, J. u. a. (2003): Disparitäten der Bildungsbeteiligung und des Kompetenzerwerbs. In: Zeitschrift für Erziehungswissenschaft, 6. Jg., Heft 1, S. 64-73.

Borst, E. (2003). Anerkennung des Anderen und das Problem des Unterschieds. Perspektiven einer kritischen Theorie der Bildung. Baltmannsweiler.

Böttcher, W./Klemm, K. (2000): Das Bildungswesen und die Reproduktion von herkunftsbedingten Benachteiligten. In: Frommelt, B. u. a. (Hrsg.): Schule im Ausgang des 20. Jahrhunderts. Weinheim, S. 11-43.

Bourdieu, P. (1997): Die männliche Herrschaft. In: Dölling, I./Krais, B. (Hrsg.): Ein alltägliches Spiel. Geschlechterkonstruktion in der sozialen Praxis. Frankfurt a. M., S. 153-216.

Brumlik, M. (2002): Anerkennung als pädagogische Idee. In: Hafeneger, B./Henkenborg, P./Scherr, A. (Hrsg.): Pädagogik der Anerkennung. Grundlagen, Konzepte, Praxisfelder. Schwalbach, S. 13-25.

Büchner, P. (2003). Stichwort: Bildung und Soziale Ungerechtigkeit. In: Zeitschrift für Erziehungswissenschaft, 6. Jg., Heft 1, S. 5-25.

Büchner, P./Brake, A. (2006): Bildungsort Familie. Wiesbaden.

Bude, H./Lantermann, E.-D. (2006): Soziale Exklusion und Exklusionsempfinden. In: Kölner Zeitschrift für Soziologie und Sozialpsychologie, 58. Jg., Heft 2, S. 233-252.

Cloos, P./Köngeter, St./Müller, B./Thole, W. (2007): Die Pädagogik der Kinder- und Jugendarbeit. Wiesbaden.

Dohmen, G. (2001): Das informelle Lernen. Die internationale Erschließung einer bisher vernachlässigten Grundform menschlichen Lernens für das lebenslange Lernen aller. Bonn.

Fraser, N./Honneth, A. (2003): Umverteilung oder Anerkennung? Eine politisch-philosophische Kontroverse. Frankfurt a. M.

Groh-Samberg, O. (2005): Die Aktualität der sozialen Frage – Trendanalysen sozialer Ausgrenzung 1984-2004. In: WSI-Mitteilungen, 58. Jg., Heft 11, S. 616-623.

Grundmann, M. (2003): Milieuspezifische Bildungsstrategien in Familie und Gleichaltrigengruppe. In: Zeitschrift für Erziehungswissenschaft, 6. Jg., Heft 1, S. 25-46.

Gutman, A. (Hrsg.). (1997): Multikulturalismus und die Politik der Anerkennung. Frankfurt a. M.

Habermas, J. (1997): Anerkennungskämpfe im demokratischen Rechtsstaat. In: A. Gutman (Hrsg.): Multikulturalismus und die Politik der Anerkennung Frankfurt a. M. S. 47-196.

Hafeneger, B./Henkenborg, P./Scherr, A. (2002): Pädagogik der Anerkennung. Grundlagen, Konzepte, Praxisfelder. Schwalbach.

Heite, C. (2008): Soziale Arbeit im Kampf um Anerkennung. Professionalisierungstheoretische Perspektiven. Weinheim u. München.

Heite, C. (2009): Soziale Arbeit und Anerkennung. Überlegungen zu einer gerechtigkeitsorientierten Konsolidierung von Disziplin und Profession. Widersprüche. In: Zeitschrift für sozialistische Politik im Bildungs-, Gesundheits- und Sozialbereich, 2009, Heft 112, S. 65-71.

Heitmeyer, W./Imbusch, P. (2005): Integrationspotenziale einer modernen Gesellschaft. Analysen zu gesellschaftlicher Integration und Desintegration. Wiesbaden.

Honneth, A. (2000): Zwischen Aristoteles und Kant. Skizze einer Moral der Anerkennung. In:A. Honneth (Hrsg.): Das Andere der Gerechtigkeit. Frankfurt a. M., S. 171-192.

Honneth, A. (2003): Kampf um Anerkennung. Zur moralischen Grammatik sozialer Konflikte. Frankfurt a. M.

Kessl, F./ Otto, H.-U. (Hrsg.). (2004): Soziale Arbeit und Soziales Kapital. Wiesbaden.

Keupp, H. u. a. (1999): Identitätskonstruktionen. Das Patchwork der Identitäten in der Spätmoderne. Reinbek b. Hamburg.

Konsortium Bildungsberichterstattung (2006): Bildung in Deutschland: Ein indikatorengestützter Bericht mit einer Analyse zu Bildung und Migration. Bielefeld.

Konsortium Bildungsberichterstattung (2008): Bildung in Deutschland 2008: Ein indikatorengestützter Bericht mit einer Analyse zu den Übergängen im Anschluss an den Sekundarbereich I. Bielefeld.

Küster, E. (2003): Fremdheit und Anerkennung. Beltz.

Lessenich, St./Nullmeier, F. (2006): Einleitung – Deutschland zwischen Einheit und Spaltung. In: Lessenich, St/Nullmeier, F. (Hrsg.): Deutschland eine gespaltene Gesellschaft. Frankfurt a. M., S. 7-26.

Mollenhauer, K. (1971): Erziehung und Emanzipation. München.

Müller, B. (2002): Anerkennung als »Kernkompetenz« in der Jugendarbeit. In: Hafeneger, B./Henkenborg, P./Scherr, A. (Hrsg.): Pädagogik der Anerkennung. Grundlagen, Konzepte, Praxisfelder. Schwalbach, S. 236-247.

Nohl, H. (1965): Aufgaben und Wege der Sozialpädagogik. Weinheim.

Otto, H.-U./Schrödter, M. (Hrsg.) (2006): Soziale Arbeit in der Migrationsgesellschaft. Multikulturalismus – Neo-Assimilation – Transnationalität. In: neue praxis. Zeitschrift für Sozialarbeit, Sozialpädagogik und Sozialpolitik. Sonderheft 8. Lahnstein.

Rauschenbach, T. (2009): Bildung – eine ambivalente Herausforderung für die Soziale Arbeit? In Soziale Passagen, 2. Jg., Heft 2, S. 209-226.

Rieger, E./Leisering, St. (2001): Grundlagen der Globalisierung. Perspektiven des Wohlfahrtsstaates. Frankfurt a. M.

Sauerwald, G./Bauer, B./Kluge, S. (Hrsg.) (2002): Kampf um Anerkennung. Zur Grundlegung von Sozialer Arbeit als Anerkennungsarbeit. Münster und New York.

Scherr, A. (2002): Subjektbildung in Anerkennungsverhältnissen. In: Hafeneger, B./Henkenborg, P./Scherr, A. (Hrsg.): Pädagogik der Anerkennung. Grundlagen, Konzepte, Praxisfelder. Schwalbach, S. 26-44.

Schimpl-Niemanns, B. (2000): Soziale Herkunft und Bildungsbeteiligung. In:Kölner Zeitschrift für Soziologie und Sozialpsychologie, 52. Jg., S. 637-669.

Schlemmer, E. (2004): Familienbiographien und Schulkarrieren von Kindern. Wiesbaden.

Schoneville, H./Thole, W. (2009): Anerkennung – ein unterschätzter Begriff in der Sozialen Arbeit? In: Soziale Passagen, 1. Jg., Heft 2, S. 133-143.

Stauber, B. (2001): Übergänge schaffen. In: Hitzler, R./Pfadenhauer, M. (Hrsg.): Techno-Soziologie. Opladen, S. 119-136.

Sünker, H. (1989): Bildung, Alltag und Subjektivität. Elemente zu einer Theorie der Sozialpädagogik. Weinheim.

Sünker, H. (2007): Gesellschaft, Demokratie und Bildung. In Sünker, H./Miethe, I. (Hrsg.): Bildungspolitik und Bildungsforschung: Herausforderungen und Perspektiven für Gesellschaft und Gewerkschaften in Deutschland. Frankfurt a. M., S. 11-44.

Taylor, C. (1997): Die Politik der Anerkennung. In: Gutman, A. (Hrsg.): Multikulturalismus und die Politik der Anerkennung. Frankfurt a. M., S. 13-78.

Thole, W. (2000): Kinder- und Jugendarbeit. Eine Einführung. Grundlagentexte Sozialpädagogik/Sozialarbeit. Weinheim u. Basel.

Thole, W./Ahmend, S./Höblich, D. (2007): Soziale Arbeit in der gespaltenen Konkurrenzgesellschaft. Reflexionen zur empirischen Tragfähigkeit der

»Rede von der zweiten Moderne« und der Entstrukturierung der gesellschaftlichen Sozialstruktur. In: neue praxis, 37. Jg., Heft 2, S. 115-135.

Thole, W./Höblich, D. (2008): »Freizeit« und »Kultur« als Bildungsorte – Kompetenzerwerb über nonformale und informelle Praxen von Kindern und Jugendlichen. In: Rohlfs, C./Harring, M./Palentien, Ch. (Hrsg.): Kompetenz-Bildung. Soziale, emotionale und kommunikative Kompetenzen von Kindern und Jugendlichen. Wiesbaden, S. 69-93.

Vahsen, F. (1975): Einführung in die Sozialpädagogik. Stuttgart.

Winkler, M. (1988): Eine Theorie der Sozialpädagogik. Stuttgart.

Sozialpädagogische Praxis im Wandel

Alenka Kobolt

Bildung, Erziehung und Sozialpädagogik: Richtungen und Lebensverläufe

1. Einleitung – Blick auf den zurückgelegten Weg durch die Erfahrung persönlicher Berufsbiografie

Beim Nachdenken darüber, wie ich den Beitrag aufbauen soll, habe ich mit verschiedenen Ideen gespielt. Von der Idee, dass ich durch das Prisma meiner eigenen Fachbiografie, die 35 Jahre Arbeit auf verschiedenen Gebieten beinhaltet, die Themen aussuche, die mich am meisten beschäftigt und gleichzeitig professionell geprägt haben bis zur anderen Idee, dass ich mich beim Schreiben dieses essayistischen Beitrages nur auf ein Gebiet begrenze und dieses detaillierter vorstelle. Je mehr ich darüber nachgedacht habe, desto mehr neigte ich mit meiner Entscheidung zum ersten Gedanken. So stelle ich im Folgenden die gesellschaftlichen Veränderungen vor, die Probleme der Jugend, die Veränderungen auf dem Gebiet der Ausbildung und der Entwicklung der Sozialpädagogik – alles durch das Prisma des persönlichen Blickes auf die Periode der letzten zwanzig Jahre. Dabei sind natürlich meine professionellen Erfahrungen wichtig, welche ich umrisshaft vorstelle:

- Die ersten zehn Jahre (von 1976-1986) meiner beruflichen Erfahrungen sind gebunden an individuelles, Gruppen- und gemeinschaftliches Wirken in einem Erziehungsheim für Jugendliche mit Problemen hinsichtlich ihrer sozialen Integration. Das ist die Arbeit mit denen, die wegen auffälligen Verhaltens, sozialen, familiären und anderen angehäuften traumatischen Erfahrungen in die Heimerziehung eingewiesen werden. Das ist gleichzeitig das erste und klassische Gebiet der sozialpädagogischen Arbeit sowohl in der Welt als auch bei uns.
- Der nächste berufliche Schritt (von 1986-1989) stellt eine koordinatorische Rolle dar, im Modernisierungsprozess des Netzes und der Ar-

beitsinhalte in Spezialeinrichtungen für Jugendliche mit besonderen Bedürfnissen (special need) von körperlich, geistig, sensorisch Behinderten
bis hin zu Jugendlichen mit sozialen Integrationsproblemen. Vor 24 Jahren, im letzten Jahrzehnt der sozialistisch gesellschaftlichen Ordnung und
noch in der Zeit des Lebens im Gesamtstaat Jugoslawien, haben wir in
Slowenien mit der gründlichen Erneuerung des Netzes und der Arbeits-
inhalte dieser Einrichtungen begonnen. Die Erneuerung war gerichtet auf
neue räumliche Lösungen (anders konzipierte Gebäude, die das Arbeiten
in kleinen Gruppen ermöglicht haben), die Betonung lag auf der Verbindung der Gebäude mit den Gemeinschaften; wir haben versucht, das Netz
zu dezentralisieren und gleichzeitig inhaltliche Neuheiten einzuführen.
Letzteres ist uns nicht so gut gelungen.

• Meine dritte berufliche Etappe (von 1989 bis heute) ist der Gründung und
  der Entwicklung des universitären Studienprogramms der Sozialpädagogik gewidmet. Alles vom Jahr 1989 an, als sich die ersten Studenten in
  das vierjährige Universitätsstudienprogramm einschrieben (8 Semester
  plus 2 Semester zur Vorbereitung der Diplomarbeit) bis 2009/2010, als
  sich die erste Generation von Studenten in das nach Bologna erneuerte
  Universitätsprogramm »master degree« einschrieben.

Der Tatsache bewusst, dass wir Menschen die Welt vor allem durch eigene
persönliche und professionelle Erfahrungen verstehen, werde ich im Weiteren die Lage der Jugendlichen in Slowenien erhellen, die Entwicklung des
Bildungssystems und die Dilemmata, denen sie in ihrer Ausbildung begegnen. Die Entwicklung erforsche ich durch den Konflikt zwischen den gewünschten deklarierten Ziele und den verwirklichten Prozessen.

2. Umriss des gesellschaftlichen Geschehens
und Fragen an die Sozialpädagogik

Wahrscheinlich ist es für den Leser/die Leserin, der/die den slowenischen
gesellschaftlichen und kulturellen Kontext nicht kennt, wichtig die Schlüs-
selschnitte und die Übergänge zu kennen, die Slowenien in diesem Zeitabschnitt erlebt hat. Vom Fall der Berliner Mauer (1989), der auch für unser
kleines Land eine symbolische Bedeutung hatte, über den Zerfall der Sozialistischen Föderativen Republik Jugoslawien und bis hin zur Gründung eines selbstständigen slowenischen Staates (1991), bis zum Eintritt Slowni-
ens in die Europäische Union (1994) und bis heute (2010), da wir schon
eineinhalb Jahre mit der globalen Wirtschaftskrise konfrontiert sind, die
abermals die Karten neu gemischt und die Verhältnisse zwischen politischen, wirtschaftlichen und fachlichen Kräften umgestaltet hat. Im gesell-

schaftlichen Rahmen hat sich das Gebiet der Bildung und der Sorge um die Jugendlichen, das neben den anderen Fachgebieten, auch ein Grundgebiet im Wirken der Sozialpädagogik ist, in vielerlei Hinsicht verändert. Nicht unbedingt zum Besseren.

In unruhigen Zeiten, derer wir Zeugen sind, sind Sozialarbeit und Sozialpädagogik[1] die Hauptdisziplinen, die sich der Sicherstellung der sozialen Sicherheit (Sozialarbeit) und der Arbeit mit gesellschaftlich Marginalisierten (Sozialpädagogik) zuwenden. Das bedeutet, dass beide Fächer gerade jetzt eine sehr große Chance haben, die Richtung der zukünftigen Entwicklung zu überprüfen und neu zu ordnen.

Razpotnik (2006, S. 32), versucht auf die Frage zu antworten, auf welche Weise die Sozialpädagogik als Fach der gesellschaftlichen Entwicklung folgen soll. Sie fragt sich, ob der Sinn des sozialpädagogischen Faches darin besteht, dass es den Trends der Gesellschaft folgt, Nischen und Räume sucht, wo sie als Fach der bestehenden Ordnung folgt und ihre Vorgehensweise und ihre Benutzer dem vorherrschenden gesellschaftlichen Fluss anpasst (Mainstream)? Wenn die Sozialpädagogik dem zustimmt, dass sie sich nur mit den Leuten vom Rand der Gesellschaft beschäftigt, dann nimmt sie die Rolle des »Feigenblattes« ein. Darüber spricht auch Frommann (in Kobolt 2000/2001), die mit dieser Metapher das Funktionieren des Faches beschreibt, wie es von ihr die breitere Gesellschaft erwartet. In diesem Fall verheimlicht das Fach der gesellschaftlichen Mehrheit die Schwierigkeiten, die Probleme, die problematischen Einzelpersonen und/oder – Gruppen, die der Gesellschaft im Weg sind. Solch eine Haltung übersieht die Merkmale der gesellschaftlichen Kontexte und Beziehungen, die die Probleme und den Randbereich schaffen und verfestigen. Razpotnik (2006, S. 34) setzt sich dafür ein, dass die Sozialpädagogik »... die Stimme des gesellschaftlichen Randes, dieser Anderen, Nichtgehörten, Einwanderer oder Unsichtbaren« sein sollte. Sie meint, dass die Sozialpädagogik der Gesellschaft den Spiegel vorhalten, ihr damit die Reflektion ermöglichen und

---

[1] Im Text benutze ich beide Termini – da sich die beiden Fachgebiete in Slowenien parallel entwickeln. Zwischen ihnen gibt es zwar Überschneidungen und Verbindungen, jedoch wendet sich die Sozialarbeit vor allem den allgemeinen Fragen zur Sicherung der sozialen Sorge für alle Bevölkerungsgruppen zu. Die Sozialarbeiter werden überwiegend in Sozialzentren angestellt und sind angebundener an Verwaltungsverfahren. Die Sozialpädagogik ist eher eingeordnet in das Gebiet der Bildung, der Spezialbildung, der Heimerziehung, der präventiven Arbeit mit verschiedenen Randgruppen (Migranten, Obdachlose, verwundbare Gruppen Jugendlicher – Schulabbrecher, Jugendliche mit Erfahrungen seelischer Not, Arbeitslose...). Da die Sozialpädagogik in unserem Raum immer noch in erster Linie auf die Gruppe der Heranwachsenden gerichtet ist, sollten wir im Weiteren betrachten, wie sich die Lage der Jugendlichen in Slowenien während des Zeitabschnittes des gesellschaftlichen Wandels verändert hat. Im Folgenden suche ich auf die rhetorische Frage – ob es die Sozialpädagogik wirklich vermag, der Gesellschaft den Spiegel vorzuhalten – eine Antwort.

ihr die Grundlagen für das Verstehen der Strukturen zwischenmenschlicher
Verbindungen geben und ihre Rolle darin aufbauen soll.

3. Der Einfluss familiärer Veränderungen auf Jugendliche und ihre Probleme

Für die heutige Welt sind nicht nur ein ausgesprochen großer Fortschritt in
der Technologie und im Wissen charakteristisch, sondern auch große Veränderungen der zwischenmenschlichen Beziehungen, des Glaubens und der
Einstellungen. Ule (2000) meint, dass die heutige Gesellschaft durch die
wachsende soziale und kulturelle Unsicherheit, durch moralische und die
Werte betreffende Widersprüche und einen deutlichen Grad an Unsicherheit
hinsichtlich der Zukunft bestimmt wird. Die Informationsmodernisierung
der heutigen Gesellschaften widerspricht dem stereotypischen Annehmen
der Erwartungen und Forderungen des Umfeldes, verbunden mit dem Geschlecht, dem Alter, der sozialen Herkunft, der kulturellen Zugehörigkeit
der Einzelnen. Im Voraus definierte und festgelegte persönliche und soziale
Identitäten, beständige Lebensformen, dauernde Gebundenheit der Einzelnen an den Ort, den Stand, das Geschlecht, die Herkunft usw. gehören der
Vergangenheit an. Die beschriebenen Veränderungen sind Teil der umfang-
reichen gesellschaftlichen und kulturellen Veränderungen in den gegenwärtigen europäischen Gesellschaften. Analysieren müssen wir sie in enger
Verbindung mit dem sozialen Kontext und in der zeitlichen Dimension, in
der wir leben.

Die Studien über die slowenische Jugend zeigen, dass der Einfluss der
sozialen Herkunft, des Lebensraumes und des Geschlechts auf die Position
und die Schulung der Jugend sich in der Mitte der neunziger Jahre zu steigern begonnen hat und in den letzten Jahren immer ausgeprägter geworden
ist. Die Vergleichsresultate zwischen den Jahren 1985 und 1995 zeigen
(Ule 2000), dass bei den Jugendlichen die Angst vor Arbeitslosigkeit,
Schulproblemen und Einsamkeit gewachsen ist. Die Forscher berichten
(Ule 2009) über die Verschiebung der Wertorientierung der Jugendlichen
aus dem Schema – Schulung, Arbeit, Karriere, Geld – hin zu den subjektiven Bereichen – zwischenmenschliche Beziehungen, persönliche Entwicklung, Kreativität, Ausbildung, Lebensqualität, was mit ähnlichen Trends in
Europa übereinstimmt.

Rener (2000) schreibt über das Anwachsen der Bedeutung familiärer
Unterstützung für Jugendliche in Slowenien, dass die familiäre Unterstützung zunehmend einen wichtigen Faktor bei den Übergängen ins Erwach-
sensein darstellt, bestätigt auch durch die Forschung von Rapuš-Pavel

(2005), die sehr große Bedeutung in den familiären Unterstützungen beim Überwinden der Probleme arbeitsloser Jugendlicher feststellt.

Rener (2000) stellt fest, dass unsere Modernisierung durch zusätzliche Wellen von Transitionsveränderungen durch grundlegende gesellschaftliche Einrichtungen , in denen ihre Biografien stattfinden – Familienleben bzw. persönliches Umfeld, Schule und Freizeit, verstärkt wurde, was auch Einfluss auf die Heranwachsenden hatte. Sie führt fort, dass die Modernisierung von den Jugendlichen die Fähigkeit verlangt, sich schnell an sich ändernde Zustände anzupassen; allerdings wirkt sie nicht auf die gleiche Weise auf jeden Jugendlichen. Sie spricht über die Gruppe der Gewinner, die gesellschaftliche und persönliche Quellen haben, mit Hilfe derer sie Chancen, die ihnen die Modernisierung bringt, nutzen können, und die Gruppe der Verlierer, die nicht über eine Auswahl von persönlichen, gesellschaftlichen und umfeldlichen Quellen verfügen; daher sind die Biografien ihrer Lebensläufe nicht erfolgreich.

Die Bildung war noch bis vor kurzem eine der wichtigsten Fahrkarten für den Eintritt in das Gebiet der Arbeit. Im Gegensatz zu skandinavischen Ländern verlängern die Jugendlichen in Slowenien die Zeit der Ausbildung, sie ziehen sich in das Für-Sich-Sein zurück, denn der Mangel an ökonomischen, Beschäftigungs- und Wohnmöglichkeiten verlängert ihre Verselbständigung: »Die Jugendlichen in Slowenien verlieren ihren Glauben daran, dass eine gute Ausbildung die Voraussetzung für eine erfolgreiche Anstellung ist, aber sie machen trotzdem weiter mit der Schule, weil sie keine anderen Möglichkeiten haben« (Ule 2009, S. 13). Das Verlängern der Ausbildungszeit wird in den letzten Jahren auch zu einem gesellschaftlichen Interesse, da es wichtigen Einfluss auf die soziale Ruhe hat und die gesellschaftlichen Konflikte mildert, die die Krise, in der wir uns befinden, zusätzlich bloßgelegt hat. Die Informationsmodernisierung fordert von uns Flexibilität und Kreativität, was vor allem Jugendliche, die sich gerade erst in die Gesellschaft einklinken, dazu zwingt, sich dauernd neu zu bewähren. Wenn sie dem nicht gewachsen sind, ziehen sie sich früher oder später aus dem Konkurrenzkampf um einen kreativen Arbeitsplatz und das Erreichen eines guten Standards zurück. Sie landen in der Menge derer, die von schlecht bezahlten, perspektivlosen Arbeiten leben oder sie bleiben arbeitslos (Ule/Rener/Mencin Čeplak/Tivadar 2000).

Heute können wir fast nicht mehr von spezifischen Gruppen besonders verwundbarer Jugendlicher reden. Verwundbarkeit und Benachteiligung kann schnell die Realität jedes Jugendlichen werden, der es nicht schafft, sich in der gesellschaftlichen Produktion und im sozialen Austausch zu platzieren, und dessen Biografie somit gründlich ins Wanken gerät. Die Forschungen zeigen, dass die Familie immer noch die häufigste und größte soziale Stütze und Rückhalt für Jugendliche ist, nach der Wichtigkeit dicht gefolgt vom Netz der Gleichaltrigen und Rückhalt. Dabei ist die Angabe besorgniserregend, dass mehr als die Hälfte der Jugendlichen im repräsentativen Muster nur eine Person hat, auf die sie sich verlassen kann. Die Entwicklung der früheren sozialistischen Gesellschaft in die Gesellschaft des Kapitalismus und des Individualismus bringt auch bei uns die Auflösung vorgegebener Lebensformen neben gleichzeitigem Vergrößern institutionalisierter Forderungen nach Formen der Kontrolle und des Zwangs mit sich. Oder wie Ule und Kuhar (2002) die Veränderungen bildlich in Worte fassen, dass heute das Problem der Jugendlichen nicht mehr »wer bin ich«, sondern »wie soll ich mich anderen vorstellen« ist.

Wenn die Bildung in den industriellen und postindustriellen Gesellschaften einer der wichtigsten Faktoren war, die es ermöglicht haben zu wählen, so hat sie dieses Privileg in der Zeit der globalen Verschiebungen und in der Krise verloren. Die Bildung für sich betrachtet kann nicht mehr soziale Partizipation garantieren und sie tritt in die Welt der Arbeit ein. Beck (1986) meinte, dass neben den materiellen Gütern und den errichteten sozialen Netzen die Bildung diejenige ist, die »die Befreiung vom Riskieren« ermöglicht, sei es, dass es um Arbeitslosigkeit geht oder um, dass den Fallen des Umfeldes Ausgesetztsein.

Investition in die Ausbildung und die Persönlichkeit eines Jugendlichen bedeutet immer größere Ausgaben für die Familien; der Erfolg der Jugendlichen in der Schule und bei außerschulischen Aktivitäten ist das Maß für ihren Erfolg. Daher ist die Gruppe von Jugendlichen/oder jüngeren Erwachsenen besonders verwundbar, die Probleme mit dem Lernen haben und es nicht schaffen, ihren Bildungsweg zu beenden. Diese Jugendlichen sind marginalisiert; für sie ist ein großes Maß des Nicht-an-sich-Selbst-. und anseine-eigenen-Fähigkeiten-Glaubens, Angst vor dem Misserfolg, Arbeitslosigkeit und soziale Ausgegrenztheit charakteristisch. Das größte Problem der Jugendlichen ist genau die Angst vor der Arbeitslosigkeit, die die klassischen Jugendprobleme, gebunden an das Freizeitleben und Konflikte mit Erwachsenen – vor allem mit den Eltern und den Lehrern – verdrängt hat. Die Summe aller Ängste dieser Jugendlichen kann sich auch in pathologischen Formen zeigen, sei es in Form von Rückzug (chronische Angstneurose, Depression, soziale Isolation) oder Angriff (Aggressivität, Angriffslust, Provozieren), was oft die Folge mangelnder sozialer Möglichkeiten sowie auch schlecht entwickelter Auseinandersetzungsstrategien ist.

4. Bildung zwischen Vision und Realität

Die gesellschaftlichen Bemühungen zur Lösung der erwähnten Probleme Jugendlicher in der heutigen slowenischen Gesellschaft bewerte ich als kontradiktorisch laufende Prozesse. Auf der einen Seite steigt die formale

Pflicht der gesellschaftlichen Sorge für die Jugendlichen. Dieses zeigt sich an vielen neuen Akten, Aktionsplänen und rechtlichen Regulativen. Es ist wahr, dass es Slowenien geschafft hat, eine verhältnismäßig gute soziale Sicherheit für Arbeitslose, Invaliden wie auch für Personen mit besonderen Bedürfnissen zu bewahren. Doch gleichzeitig, insbesondere in den letzten Jahren, können wir die sozialen Folgen der Krise, in der sich die slowenische Gesellschaft vorfindet, fast nicht mehr dämpfen. Eine neue, diesmal globale Krise, hat die Hoffnungen auf einen sprunghaften und nicht endenden Fortschritt und damit auch auf die Unfehlbarkeit des kapitalistischen Systems, mit welchem der Zeitabschnitt der Transition begann, stark beschädigt. Die Zahl der Arbeitslosen holt schon fast die Zahl aus dem Jahr 1993 ein, eine Reihe von wirtschaftlichen »Paradepferden« befindet sich in den roten Zahlen, was das Bedürfnis nach vergrößerten sozialen Transferen auf der einen und das Versprechen vom Sparen auf dem gesamten öffentlichen Sektor, auch im Schul- und Sozialwesen, auf der anderen Seite bedeutet. Der gegenwärtige Schulminister spricht die Lehrer mit den Worten an: »Eine erfolgreiche wirtschaftliche Reform fängt immer im Schulwesen an. Auch deshalb ist es so wichtig, dass Ihr Schulmänner nicht mutlos werdet. Das wäre in der Krise die größte Tragödie« (Ivelja 2009).

Die slowenische Schulpolitik hat nach dem Zusammenbruch des Sozialismus das Ziel des damals regierenden liberalen Restaurationssystems verfolgt, das sich Zadnikars (2003, S. 19) Meinung nach durch die ideologische Triade des Nationalismus, der Demokratie und des Unternehmertums ausgewiesen hat. Der Nationalismus wurde durch die Euphorie über den »geborenen« selbstständigen Staat im Jahre 1991, der sich ohne größere materielle und menschliche Schäden aus den Armen des Balkans (die gemeinsamen jugoslawischen Länder) befreit hat, begründet. Die Hoffnung auf einen schrittweisen Ausbau des demokratischen Systems hat die Keimung und die kurze Regierungszeit von »Frühlingsparteien«, die die im Sozialismus verneinten politischen Optionen präsentiert haben, sichergestellt. Die spätere zwölfjährige liberale politische Regierung hat eine Bastion vor dem ideologischen Einbruch der Kirche (Religion) auf das Gebiet des Erziehungswesens garantiert, und hat einen zu schnellen und schmerzhaften Übersprung in den Kapitalismus verzögert, so dass sie im Vergleich zu anderen sozialistischen östlichen Ländern einen weicheren Übergang in den Kapitalismus ermöglicht hat und für längere Zeit die erreichte Stufe von einem Sozialstaat bewahren konnte. Das hat sich auch auf dem Gebiet der Bildung und Sorge für Jugendliche gezeigt – von Vorschulerziehung, Pflicht- und weiterführende Schulen bis zum Hochschulstudium.

Der Zeitabschnitt der Transition hat das Gebiet des Erziehungswesens mit dem Bestreben nach dem Erhalten der ideologischen Neutralität der Schule, nach einer besseren Bildungsqualität, nach Investition in die Ausbildung pädagogischer Arbeitskräfte, nach der Verlängerung der Pflicht-

schulzeit von 8 auf 9 Jahre einheitlicher Ausbildung, nach der Einführung
von Niveau-Unterricht für Schüler mit verschiedenen Fähigkeiten, nach
Aktualisierung des Curriculums auf allen Stufen der Ausbildung, nach Einführung externer Bewertung der Lernfortschritte, nach mehr gesetzlich ge-
regelter Sorge für Schüler mit besonderen Bedürfnissen inklusive der be-
gabten Schüler geprägt. Ungewünschte Folgen der Reihe guter Maßnahmen
aber sind: wachsende Bürokratisierung des Schulsystems, übertriebene
Verherrlichung des Wissens als Schlüsselerrungenschaft der Schulung, das
Verdrängen von Erfahrungslernen und Erziehen, das in diesen Jahren vor
allem eine Domäne der Familie geworden ist.

In den letzten Jahren nimmt die Aktivität der zivilen Anregungen auf
dem Gebiet des Schulwesens zu und das Bewusstsein darüber kommt zurück, dass die Bestimmungen und die unübersichtliche Menge von Ordnun-
gen, die das Leben an den Schulen regeln, nicht die menschliche und fach-
kundige Energie der Bildungsprozessträger – LehrerInnen und andere pädagogische MitarbeiterInnen – ersetzen können. Die derzeitige Regie-
rungsmannschaft im Schulministerium kündigt solche Veränderungen an,
die in die Schule wieder mehr »gesunden Menschenverstand« bringen und
die bürokratischen Prozeduren verkleinern sollten. Es ist bekannt, dass sich
große Systeme wie das Schulwesen schwer ändern. Die Reformbemühun-
gen versuchen das System von einem Punkt aus in die Richtung der gewünschten Visionen zu verlagern. Dabei gelingt es ihnen normalerweise
nicht, sich nur auf einen Punkt des Kompromisses zwischen dem Eingefah-
renen und dem Gewünschten einzupendeln. Häufiger passiert es, dass sie
versuchen, das Alte durch Neues zu ersetzen. Vielleicht ist nach zwanzig
Jahren heftiger Entwicklung im slowenischen Schulwesen gerade jetzt die
Gelegenheit gekommen für einen Schwung weg von der Idee, dass die
Schule ein Unternehmen ist, wofür sich auch Laval (Laval 2005) im breite-
ren europäischen Gebiet in seinem Buch »Schule ist kein Unternehmen –
Neoliberaler Angriff auf das öffentliche Schulwesen« einsetzt.

Erčulj (2009) stellt fest, dass die derzeitige Wirtschaftskrise den Druck
auf die Ausbildungseinrichtungen in die Richtung der effektiven Arbeit
steigert, was größere Kontrolle über deren Arbeit mit sich bringt. Dazu tragen zweifellos die internationalen Studien (TIMSS, PISA) und die OECD-
Vergleichsstudien auf dem Gebiet der Bildung bei, die nicht nur Schulen,
sondern auch nationale Ausbildungssysteme in den Wettbewerb und den
Vergleich zwingen.

Wir sind Zeugen zweier sich gleichzeitig widersprechender Forderungen. Auf der einen Seite betonen wir ganzheitliches und ökosystemisches
Verstehen der Tätigkeit des Erziehungs- und Bildungsumfeldes. Wir sprechen von der Wechselbeziehung und Mitgestaltung der TeilnehmerInnen im
sozialen Kontext, was die Wahrheit widerspiegelt. Wir vergessen aber, dass
die Stufe des Mitgestaltens von den Kräfteverhältnissen im System be-

stimmt ist. Wir verteidigen die These, dass die Bildungssysteme für die Heranwachsenden zugänglich sein sollen, aber gleichzeitig führen wir ein »Punktesystem« über festgelegte Eintrittsbedingungen ein. Prinzipiell folgen wir der Idee, die Gerechtigkeit zu verwirklichen, insbesondere in der Pflichtgrundschulausbildung, auf der anderen Seite aber streben wir zur Standardisierung, Normalisierung, wir ermutigen zum Wetteifern und können uns nicht von der Idee lösen, dass Schulen »Unternehmen« sind, die an die Effektivität gebunden sind. Das bringt konfliktreiche Gegensätze hervor, die heute den Schulalltag kennzeichnen. Über sie berichten PraktikerInnen, Lehrer, Lehrerinnen, SchulpsycholgInnen und andere, die dieses täglich erleben, auf verschiedenen Fachtreffen, Vorträgen und Seminaren.

Medveš (2002) nennt die Konfliktträchtigkeit zwischen einander widersprechenden Erwartungen und Forderungen anachronistische Forderungen; diese richtet die Gesellschaft an die slowenischen Schulen.
Unter ihnen sind die folgenden Konfliktverhältnisse herausragend:

• dass in Leistungsgesellschaften manche Gruppen die Überzeugungen und die Erwartungen hegen, dass die Schulen zu den Schülern freundlich sein müssten;

• dass sich in den Schulen Solidarität entwickeln sollte, während gleichzeitig dieselbe Schule in einem Umfeld steht, in dem Wetteifer und rücksichtslose Konkurrenz regieren;

• dass wir in einer sozial geteilten Gesellschaft versuchen, das Modell einer einheitlichen Grundausbildung zu verwirklichen;

• dass in Gesellschaften, in denen Wissen als Stärke verstanden wird, die Schulen die Idee einbringen sollten, dass das Wissen ein Wert ist; und

• dass in Gesellschaften, die von äußerlichen Motiven geleitet werden, Schule fähig sein sollte, die innere Motivation zu unterstützen und zu entwickeln.

5. Elemente der Professionalisierung und Entwicklung von Sozialpädagogik

Nachfolgend stelle ich die Entwicklung theoretischer Grundlagen, die Forschungsgebiete, sowie die Ausbildung für diesen Beruf und die Gebiete, in denen heute sozialpädagogisch gearbeitet wird, vor. Drei Schlüsselelemente muss ein Fachgebiet erfüllen, damit man es als theoretische und professionelle von anderen unterscheidbare Disziplin erkennt:

• Wissenschaftliche Forschung auf dem Gebiet, Herstellung von Beziehungen und Mitarbeit bei Forschung und Innovation auf dem Gebiet der Berufsausübung;
• Ausbildungsprogramm auf Hochschul- oder Universitätsniveau;
• Berufsverband und Aufstellung eines ethischen Kodexes, der professionell die praktische Arbeit regelt (Kobolt 1999).

Die slowenische Sozialpädagogik sichert diese drei Elemente seit gut 10 Jahren zu, nach mehr als 40 Jahren vorläufiger fachlicher Entwicklung und Bemühungen, die zahlreiche Einzelpersonen in diese Entwicklung eingebracht haben. Das Fachgebiet ist aus der Tradition der Betreuung, Sorge und Erziehung sozial gefährdeter Jugendlicher hervorgegangen und hat sich ausgeweitet auf die Arbeit mit Jugendlichen mit Schwierigkeiten bei der sozialen Integration. Von dort hat die Entwicklung der letzten 25 Jahre zu neuen Feldern geführt – zur Allgemeinbildung, zur Sorge für Jugendliche mit besonderen Bedürfnissen und ihre Integration in geregelte Ausbildungsformen, zur Pönologie, zur Heimerziehung – Internate für MittelschülerInnen.

5.1 Ausbildung – wichtiger Faktor zur Entwicklung des Fachgebietes

Ein wichtiger Meilenstein der Entwicklung ist die Ausbildung eines Hochschulkaders – die Errichtung eines universitären Programms. Im Jahre 1953 wurde das Programm einer Spezial-Pädagogik eingeführt, als eigenständige Richtung, dann im Jahre 1963 das Studium für »Erzieher für Verhaltens- und Persönlichkeitsstörungen – MVO«. 1989 vereinigten sich zwei verwandte Studienprogramme – das Universitätsprogramm »Heimpädagoge« und das Hochschulprogramm »Erzieher für Verhaltens- und Persönlichkeitsstörungen – MVO« zu einem einheitlichen Universitätsprogramm, das wir 1991 in »Sozialpädagogik« umbenannten. Dieses Programm ist europäisch vergleichbar und wir haben damit ein neues Arbeitsfeld entworfen: die präventive, integrative, Entwicklungs-, kompensatorische und korrigierende Arbeit (Skalar u. a. 1991). Die Diplomanden begannen auf Gebieten angestellt zu werden, die zuvor die Sozialpädagogik nicht kannte: in der Arbeit mit unterschiedlichen Altersgruppen, von den Vorschulkindern (in Kindergärten) bis zu den Älteren (in Altersheimen), in unterschiedlichen Institutionen (Grund-, Mittel- und Berufsschulen, Gesundheitseinrichtungen, Jugendzentren, nichtstaatlichen Organisationen). Zupančič Kojič (2000) stellte 1999 mit einer Umfrage unter allen bisherigen diplomierten SozialpädagogInnen fest, dass nur noch 32,9 % in traditionellen sozialpädagogischen Institutionen (Schüler- und Jugendheime, Erziehungsheime und Gefängnisse) beschäftigt sind, während die übrigen in Organisationen

angestellt sind, die wir noch 1991 für völlig uncharakteristisch und unge-
wöhnlich gehalten haben.

5.2 Das Tätigkeitsfeld der Sozialpädagogen heute

Den aktuellen Stand sozialpädagogischer Arbeit illustriere ich mit der Angabe der Themen und Gruppen, die sich im Jahre 2005 auf dem dritten
Kongress der SozialpädagogInnen mit internationaler Beteiligung mit dem
Titel »Modeli dobre prakse v socialnopedagoškem delu – strokovni izzivi v
družbi negotovosti«. [Modelle guter Praxis in der sozialpädagogischen Arbeit – fachliche Herausforderungen und gesellschaftliche Unsicherheiten]
abgespielt haben.

Gemeinsamer Nenner der Beiträge war die Beschäftigung mit sozial
verletzlichen Gruppen. Trotz der Veränderungen bleiben die Ziele sozialpädagogischer Arbeit mehr oder weniger der Tradition treu. Das ist in erster
Linie die Hilfe für Einzelne, die in den postmodernen und globalisierten gesellschaftlichen Prozessen sich in Situationen vorfinden, wo ihre
Auseinandersetzungsstrategien, das erworbene Wissen und die Fertigkeiten
sowie die sozialökonomischen Ressourcen nicht ausreichen für eine persönliche und soziale Zufriedenheit bei der Gestaltung des Lebensweges. Die
Beiträge veranschaulichen die Gebiete der theoretischen Überlegungen und
der praktischen Arbeit: soziale Einbindung, soziales Kapital, Arbeitslosigkeit, Abhängigkeit, präventive Arbeit, Straßenarbeit, Einordnung im Vor-
schul- und Schulbereich, individuelle Arbeit mit SchülerInnen/Gruppen
mit sozialen Integrationsschwierigkeiten, Jugendarbeit, Arbeit mit Familien, Arbeit in Wohngruppen und Heimen, Gefängnisarbeit, Einbindung der
sozialpädagogischen Arbeit in das Gebiet der seelischen Gesundheit.

5.3 Schlüsselveränderungen in der Praxis

Drei Schlüsselveränderungen sind festzustellen, die in den letzten Jahren
die praktische sozialpädagogische Arbeit verändert, bzw. ergänzt und bereichert haben: verstärkte Aktivität der nichtstaatlichen Organisationen,
Durchsetzung der Integration von Kindern und Jugendlichen mit besonderen Bedürfnissen in regelmäßige Schulwesenformen, inhaltliche und räumliche Veränderung der Formen der Jugendhilfe, die Einführung von Krisenzentren in ganz Slowenien. Formen der Halbtagsbetreuung von Kindern
und Jugendlichen, Projektlernen für Jugendliche und die Produktionsschu-
le- Modelle der Jugendarbeit für diejenigen, die aus dem Rahmen der Re-
gelschule fallen, Arbeit mit Obdachlosen (Theaterarbeit, Herausgabe von
Zeitungen). Der weiße Fleck – unverhüllt – bleibt aber die Entwicklung
verschiedener Arbeitsformen mit Familien. Natürlich können wir mit der
erreichten Entwicklung nicht im Ganzen zufrieden sein, doch schnelle ge-

sellschaftliche Veränderungen und die Reorganisation sozialer Strukturen
und die Sozialpolitik bringen Neues hervor und wecken neue Bedürfnisse.
Daher gibt es nicht die Befürchtung, dass das Fachgebiet stagnieren
könnte, wenn nur genügend Frische und Motivation, Eifer und Gesell-
schaftskritik auf der einen und gute Praxis auf der anderen Seite bewahrt
wird.

6. Schluss

Die slowenische Zivilgesellschaft, soviel davon noch übrig ist, steht nach
zwanzig Jahren neoliberaler turbokapitalistischer Entwicklung Auge in Auge mit den ernsten fachlichen, politischen und vor allem sozialen Fragen.
Es sieht so aus, dass die Politik mehrheitlich das neoliberale Entwicklungs-
konzept fortsetzen will. Angesichts des Ernstes der Fragen formen sich zunächst noch zu schwache Stimmen, als dass die Entwicklung in die Richtung der Festigung des Wohlstandes des Sozialstaates gewendet würde. Mit
den Entmischungsprozessen, deren wir in den letzten zwanzig Jahren Zeugen wurden, ist nämlich die gesellschaftliche Konfliktträchtigkeit gewachsen. Wir müssen immer mehr Gruppen von StaatsbürgerInnen in die verwundbaren Gruppen einordnen – nichtausgebildete Arbeitskräfte, deren Arbeitsplätze wie Dominos umfallen, Menschen, die nach Überqualifizierung
keine Arbeit finden. Nicht zu sprechen von der Masse der Jugendlichen, die
mit den Schulen vor allem deshalb weitermachen, um das Trauma der Arbeitslosigkeit aufzuschieben. Und in diesem Kontext können wir abschlie-
ßend sagen, dass die Ausbildung zwar fortgeschritten, aber nicht den Fallen
der übertriebenen Bürokratisierung aus dem Weg gegangen ist. Daher ist es
eine Herausforderung für die Zukunft, dass wir die Richtung der Entwicklung darauf richten, dass die Schule ein Ort sein soll, an dem sowohl Wissen als auch Erfahrung geschätzt werden, sowohl Vergleichen als auch Mitarbeiten. Wenn ich nun am Ende versuche auf die Frage zu antworten, ob
die Sozialpädagogik es schafft, der Gesellschaft den Spiegel vorzuhalten, so
denke ich, dass sie das nur in konkreten Kontexten des Alltags, sei es der in
den Schulen, Spezialeinrichtungen, geschafft hat. Unsere Sozialpädagogik
ist noch nicht so offensiv, dass sie es schaffen würde, die Gesellschaft täglich auf ihr Verhältnis zu den verwundbaren Gruppen hinzuweisen.

Literatur

Beck, U. (1986): Risikogesellschaft. Auf dem Weg in eine andere Moderne. Frankfurt a. M.

Erčulj, J. (2009): Pogledi na učiteljev profesionalizem. Vzgoja In: izobraževanje. [Blick auf die Professionalisierung des Lehrers] XL. 41-47. Ljubljana.

Laval, C. (2005): Šola ni podjetje. Neoliberalni napad na javno šolstvo, [Die Schule ist kein Unternehmen. Neoliberaler Angriff auf das öffentliche Schulwesen] Ljubljana.

Ivelja, R. (2009, 28. marec). Našemu šolskemu sistemu manjka predvsem zdrave pameti. [Unserem Schulsystem fehlt vor allem gesunder Verstand] Dnevnikov objektiv, S. 14-17.

Kobolt, A. (1999): Mladostnikova samorazlaga In individualno vzgojno načrtovanje. [Jugendliche Selbsterklärung und individuelle Erziehungsplanung] Socialna pedagogika, let. 3. št. 4, S. 323-347.

Kobolt, A. (2001): Mediji v socialnopedagoški teoriji in praksi. [Medien in sozialpädagogischer Theorie und Praxis] Socialna pedagogika, let. 5, št. 3, S. 231-236.

Rapuš-Pavel, J. (2005): Delo je luksus: mladi o izkušnjah brezposelnosti. [Arbeit ist Luxus: Junge Menschen über Ihre Erfahrungen von Arbeitslosigkeit] Ljubljana.

Razpotnik, Š. (2006): Izziv socialni pedagogiki: biti glasnica družbenega obrobja. [Herausforderung der Sozialpädagogik: die Stimme des gesellschaftlichen Randes zu sein.] In: Sande, M./Dekleva, B./ Kobolt, A./ Razpotnik, Š./Zorc-Maver, D.(ur.). Socialna pedagogika : izbrani koncepti stroke. [Sozialpädagogik: Ausgewählte Konzepte des Faches.] Ljubljana, S. 23-35.

Rener, T. (2000): Ranljivost, mladi in zasebno okolje. [Verwundbarkeit, Jugendliche und das persönliche Umfeld.] V M. Ule, T. Rener, M. Mencin Čeplak, B. Tivadar (ur.) Socialna ranljivost mladih. [Soziale Verwundbarkeit Jugendlicher] Ljubljana.

Skalar, V. u. a. (1991): Zasnova programa socialni pedagog. V P. Zgaga (ur.): Za univerzitetno izobraževanje učiteljev: zbornik razprav in poročil. [Für die Universitätsausbildung von Lehrern: Sammelband über Diskussionen und Nachrichten.] Ljubljana, S. 61-65.

Ule, M. (2000): Mladina: Fenomen dvajsetega stoletja. [Jugend: Das Phänomen des zwanzigsten Jahrhunderts.] In: Miheljak/Mladina: Slovenska mladina na prehodu v tretje tisočletje [Jugend 2000. Slowenische Jugend auf dem Übergang in das dritte Jahrtausend.]. Maribor, S. 24-38.

Ule, M./ Kuhar, M. (2002): Sodobna mladina: Izziv sprememb. [Die heutige Jugend: Die Herausforderung der Veränderungen.] In.: Miheljak/Mladina 2000. Slovenska mladina na prehodu v tretje tisočletje [Jugend 2000. Slowenische Jugend auf dem Übergang in das dritte Jahrtausend.]. Maribor, S. 39-77.

Ule,M., Rener, T., Mencin Čeplak, M., & Tivadar, B. (2000). Socialna ranljivost mladih, [Die soziale Verwundbarkeit Jugendlicher], Ljubljana: Ministrstvo za šolstvo in šport, Urad Republike Slovenije za mladino.
Ule, M. (2009): Za vedno mladi? Socialna psihologija odraščanja, [Für immer jung? Sozialpsychologie des Heranwachsens], Ljubljana.
Zadnikar, D. (2003): Šola pod neoliberalizmom. [Die Schule unter dem Neoliberalismus.] In: Mojca, V P/Razdevšek Pučko, C. (ur.): Uspešnost in pravičnost v šoli, [Erfolg und Gerechtigkeit in der Schule], Ljubljana.
Zupančič Kojič, A. (2000): Področja delovanja socialnih pedagogov. Bilten Združenja za socialno pedagogiko. [Tätigkeitsgebiet der Sozialpädagogen. Mitteilungsblatt für Sozialpädagogen,] št. 1-4, S 14-31.

Istifan Maroon

Sozialarbeit in einer multikulturellen Gesellschaft: Ansätze, Modelle und Interventionen[1]

1. Forschungsstand

Die Welt ist ständig großen demographischen Wandlungen unterworfen (Guadalup und Lum 2005; Hodge 2005; Jordan 2008). Diese Veränderungen erhöhen die Mannigfaltigkeit, mit der Sozialarbeiter bei ihrer täglichen Arbeit konfrontiert werden. Die Komplexität der kulturellen Vielfalt berührt alle Aspekte der professionellen Sozialen Arbeit. SozialarbeiterInnen müssen sich bemühen, einer stets wachsenden Bandbreite von Klienten eine kulturell kompetente Dienstleistung anzubieten. (vgl. Hodge 2005; Lawrence u. a. 2009; Madsen 2007; Pedersen 1991; Sue 2006)

Richmond (1917), eine der ersten Theoretikerinnen der Sozialarbeit, stellte fest, dass die Eingliederung von Immigranten in die westlichen Gesellschaften, vor allem in die der Vereinigten Staaten, wo das Konzept des »Schmelztiegels« dominierte, zum Scheitern verurteilt war, weil die kulturelle Vielfalt und das Element der Ethnizität ignoriert wurden. Ihrer Meinung nach beeinflusste die Schmelztiegelpolitik die Praxis der Sozialarbeit, indem bei allen die gleichen erzieherischen und therapeutischen Standards angewendet wurden.

Studien bestätigen die besondere Schwierigkeit beim Umgang mit den vielfältigen Bedürfnissen von schwachen Minderheiten, die von den verfügbaren Dienstleistungen und von der dominanten Gesellschaft isoliert sind. (vgl. Organista 2009; Spratt/Devaney 2009) Die Angehörigen ethnischer Minderheiten sind ärmer geworden, die meisten finden sich in den untersten Einkommensgruppen, sie sind weniger gebildet, leben weniger gesund, haben eine kürzere Lebenserwartung. Außerdem werden häufig ihrer

---

[1] Aus dem Englischen von Georgette Liedtke.

Kinder zur Adoption freigegeben oder wachsen in Heimen auf. Kulturelle Vielfalt wurde in der Sozialarbeit der westlichen Welt vorwiegend mit Rasse und Ethnizität in Verbindung gebracht. (vgl. Landy/Menna 2006; Lawrence u. a. 2009; Sue 2006) In unserer Zeit bekommt Vielfalt jedoch eine weitere Bedeutung, indem die sozio-kulturellen Erfahrungen der Menschen aus unterschiedlichen sozialen Schichten und Religionen einbezogen werden.

Laut Hodge (2005) stellen die Unterschiede zwischen den zahlreichen ethnischen Gruppen einen fruchtbaren Boden für Stereotypen, Vorurteile und Diskriminierung dar, sowohl in der allgemeinen Öffentlichkeit als auch unter Dienstleistern.

Ku und Waidmann (2003) stimmen dem zu und bemerken, dass jeder Mensch seine eigene Kultur um sich herum braucht: zu Hause, in der Schule und in der unmittelbaren Umgebung. Erst später findet man heraus, dass auch andere Muster existieren, bis dahin hat man jedoch internalisiert, dass die eigene Kultur die beste ist (Pedersen 1991). Auch TherapeutInnen sind nicht frei von ihren eigenen Werten, sie bringen ihre individuellen Überzeugungen und Erwartungen in ihre Arbeit ein, sie leben in einer »Kulturblase«, so dass sie ihre eigene Kultur der ihrer Klienten vorziehen. Dies beeinträchtigt eine warme, empathische Beziehung und die Möglichkeit, den Klienten bei deren Zielsetzungen zu helfen (Landy/Menna 2006; Sue 2006).

TherapeutInnen, die Ignoranz, Gleichgültigkeit und Mangel an Bewusstsein gegenüber der Kultur des/der Klienten an den Tag legen, haben wenig kulturelles Feingefühl (Hodge 2005). Dadurch riskieren sie, das Leben der Klienten falsch wahrzunehmen, zu vereinfachten Schlussfolgerungen zu gelangen und somit unpassende Interventionen anzuwenden. Dies wiederum führt dazu, dass sich die Klienten missverstanden fühlen und die Therapie vorzeitig abbrechen. So beschrieben US-amerikanische Ureinwohner ihre Sozialarbeiter als aufdringlich, rassistisch, machtsüchtig und der indianischen Kultur gegenüber ignorant (Ross 2008; Waites 2009).

Aufgrund der Sozialpolitik hat in den 1970er Jahren die Zahl der Publikationen über Sozialarbeit in den multikulturellen Gesellschaften erheblich zugenommen. 1973 hat das Council of Social Work Education (Verband amerikanischer Sozialarbeiter) den Aspekt der kulturellen Vielfalt denjenigen Kategorien hinzugefügt, die eine besondere Ausbildung und Kompetenz sowie eine spezielle Berücksichtigung an den Universitäten erfordern. Diese Studien spiegelten das Bewusstsein dafür wider, dass die herkömmlichen Methoden nicht mehr ausreichten und für die eingewanderten Minderheiten im Westen manchmal sogar schädlich waren (De Anda 2002; Lawrence u. a. 2009; Wong 2008). Unter anderem wurde die Bedeutung der Kultur für das Verständnis der Klientenbedürfnisse und für die Interventionsstrategien hervorgehoben.

In letzter Zeit wurden die Bemühungen deutlich, Lehrpläne zu entwickeln, um diejenigen, die mit Immigranten und Minderheitengruppen arbeiten, in sozialer Kompetenz zu schulen (Hodge 2005). Bedeutsam erschien dabei:

• zu untersuchen, ob Techniken und Ansätze, die ursprünglich für einen allgemeinen Klientenkreis entwickelt worden waren, auch für ethnische Minderheiten relevant sind,
• zu ergründen, warum Angehörige von Minderheiten ihre Behandlung abbrechen und
• Minoritäten soziale Dienstleistungen nicht in erforderlichem Maße in Anspruch nehmen,
• zu beachten, dass kulturelle und ethnische Sensibilität in Diagnostik und Intervention einfließen sowie
• ein freundlicher Rahmen für die interkulturelle Begegnung geschaffen wird und,
• kultursensible Fertigkeiten, Kenntnisse und Methoden entwickelt werden können.

2. Kultursensible Sozialarbeit: Ansätze und Modelle

Trotz universeller Aspekte, die allen Kulturen gemeinsam sind, betonen die meisten ForscherInnen, dass TherapeutInnen versuchen sollten, Verhaltensweisen aus ihrem kulturellen Kontext zu verstehen und entsprechende Therapien für die verschiedenen ethnischen Gruppen anzubieten (vgl. Ross 2008; Sue 2006; Wong 2008).

Laut Devore und Schlesinger (1999) führen sechs Ebenen des Verstehens zu einer kompetenten, kultursensiblen Sozialarbeit. Die erste Komponente betrifft die Werte der Sozialarbeit, die die Grundlage des Berufes darstellen, nämlich das Engagement der SozialarbeiterInnen, das Leben ihrer Klienten zu verbessern. Die zweite Komponente beinhaltet die grundlegende Kenntnis über menschliches Verhalten in Bezug auf individuelle Bedürfnisse und in der Beziehung zu Familie und den Gruppierungen im kommunalen Nahraum, aber auch über die Wechselbeziehungen der physischen, sozialen, kulturellen und psychischen Strukturen im Leben der Klienten. Ein weiterer Punkt sind die Kenntnisse über Sozialpolitik und soziale Dienstleistungen. Der vierte wichtige Aspekt ist die Bewusstmachung der eigenen Ethnizität und das Verständnis dafür, wie sie die eigene Professionalität beeinflusst. Diese Fähigkeit, sich selbst sowie die eigenen Vorurteile und Stereotypen zu erkennen und zu beurteilen, ist ein essentielles Element der Therapie im Allgemeinen und insbesondere der von unterschiedlichen ethnischen Gruppen. Die fünfte Ebene bezieht sich auf die Auswirkung der ethnischen Realität im Alltag der Klienten. SozialarbeiterInnen sollten diese Einflüsse auf das Familienleben, auf gesellschaftliche Bindungen und auf das Gefühl, benachteiligt zu werden, kennen. Die letzte Ebene ist die Angleichung und Modifikation von Fertigkeiten und Techniken als Antwort auf die ethnische Realität. Das Bestreben, die Arbeit mit unterschiedlichen kulturellen Gruppen effektiv zu gestalten, führte zur Umgewichtung und neuen Wegen der Forschung. Pedersen (1999) und Dominelli u. a. (2002) beschäftigen sich mit der multikulturellen Perspektive. Devore und Schlesinger (1999) richten den Blick auf ethnische Sensibilität in der Praxis. Green (1999) betont das Kulturbewusstsein in den sozialen Dienstleistungen, während Guadalup und Lum (2005) das Prozess-Phasen-Konzept anwenden, das den kulturellen Gemeinschaftsgrad und die kulturspezifischen Ausprägungen berücksichtigt.

2.1 Der multikulturelle Ansatz

Nachdem die Bedeutung der Kultur in der Therapie erkannt worden ist, entwickelte sich der multikulturelle Ansatz zur vierten Säule neben den drei grundlegenden Theorien menschlichen Verhaltens: der psychodynamischen, der behavioristischen und der humanistischen (Dominelli u. a. 2002; Pedersen 1999).

Die VertreterInnen des neuen Ansatzes erkennen die soziale Komplexität an und schlagen einen neuen Weg zur Entwicklung einer klientenzentrierten Beziehung ein. Dieser Weg gründet sich auf allgemeine und universelle Aspekte der Profession, bezieht jedoch die kulturelle Einzigartigkeit des Klienten ein – wissend, dass die Kultur das Verhalten prägt. Darüber hinaus ermutigt der multikulturelle Ansatz die respektvolle Akzeptanz der kulturellen Andersartigkeit, unter dem Vorbehalt, dass die ethnische Identität des Klienten nicht zur Begründung für eine Intervention werden darf. Der Ansatz gründet sich auf pluralistische Elemente, er soll die Eliminierung von Ungerechtigkeit und Unterdrückung bewirken, die aus der Zugehörigkeit zu einer bestimmten Minorität erwachsen.

2.2 Der ethnisch-sensible Ansatz

Kulturelle Sensibilität, die auch mit den Begriffen interkulturelle Kompetenz, interkulturelle Effektivität und kulturelle Wirksamkeit bezeichnet wird, umfasst drei Ebenen (Green 1999):

• Das Kulturbewusstsein. Es bezieht sich auf die Art, wie SozialarbeiterInnen ihre eigene ethnische Herkunft, ihre Werte und persönliche Lernge-

schichte wahrnehmen und wie dadurch ihre Sichtweise auf die Klienten
und die therapeutische Beziehung beeinflusst wird.
- Das kulturelle Wissen. Als die kognitive Komponente bezieht es sich auf
die Fachkenntnisse des/der Sozialarbeiters/in über Rasse, Repression und
Ethnizität.
- Die kulturellen Fähigkeiten eröffnen den SozialarbeiterInnen breitere
Therapieoptionen durch die Anwendung von speziellen interkulturellen
Interventionen. Bei der Wahl dieser Interventionen müssen die Therapeu-
ten Kreativität und Flexibilität an den Tag legen.

Der ethinisch-sensibleAnsatz wurde als Reaktion auf die ethnozentrische
Auffassung entwickelt. (vgl. Devore/Schlesinger 1999) Es sollten Techniken konzipiert werden, die den Bedürfnissen von ethnischen Minderheiten
entgegen kommen, im Hinblick darauf, dass in multikulturellen Gesellschaften TherapeutInnen andere Kulturen kennen lernen und ihr Wissen in
der Einzel- und Gruppentherapie anwenden müssen. Solche Entwürfe, die
für eine gemischte Gesellschaft angelegt sind, können spezifisch oder isoliert sein, aber auch als besondere therapeutische Interventionsmethode dienen, die zum jeweiligen kulturellen Hintergrund des Klienten passt.

Kultursensible TherapeutInnen sind in der Lage, die eigene Kultur mit
den Augen eines Lernenden zu beobachten. Ihr Bestreben ist es, von anderen zu lernen; auch nötigen sie ihnen keine fertigen Formeln auf und können sowohl verbal als auch non-verbal angemessen auf das Leben und die
Kultur der Klienten reagieren – kurz: sie kommen mit Andersartigkeit gut
zurecht. Außerdem haben sie die Fähigkeit, die eigenen falschen Vorstellungen und Stereotypen zu ändern und die Klienten durch deren kulturelle
Brille zu betrachten (Organista 2009; Waites 2009; Yan/Wong 2005).

Es gibt jedoch auch verschiedene Barrieren, die SozialarbeiterInnen
»kulturell einkapseln«. (a) Sie definieren Realität gemäß den eigenen Annahmen und Stereotypen. (b) In der Annahme, dass nur die eigenen Vorstellungen richtig sind, verhalten sie sich den kulturellen Unterschieden der
Klienten gegenüber unsensibel. (c) Sie definieren die eigene Arbeit nach
technischen Gesichtspunkten und berücksichtigen nicht die Möglichkeit,
dass Rassismus, Armut und ungenügende Schulbildung das Verhalten und
die Anpassung von Minderheitengruppen beeinflussen. (d) Sie machen sich
nicht die Mühe, andere Sichtweisen zu untersuchen, da sie überzeugt sind,
schon alles zu wissen (Hodge 2005).

2.3 Das kulturelle Kompetenzmodel sozialer Berufen

Dieses Modell entwickelt die Grundidee des ethnisch-sensiblen Ansatzes,
dass kulturelle Kompetenz die Basis für eine kultursensible therapeutische
Intervention ist, weiter (Green 1999). Kulturelle Kompetenz ist die Fähig-

keit, Bedingungen zu schaffen, die eine optimale Entwicklung des Klientensystems gewährleisten. Kulturkompetente Sozialarbeit wird als effektive Funktion in einer pluralistisch-demokratischen Gesellschaft definiert. Sie umfasst die Fähigkeit zu kommunizieren, zu interagieren, zu verhandeln und im Interesse von Klienten mit unterschiedlichem Hintergrund zu handeln. Auf der organisatorisch-gesellschaftlichen Ebene bedeutet sie die Förderung und Entwicklung von neuen Theorien, Methoden, Strategien und Strukturen, die auf die Bedürfnisse aller Gruppen reagieren (Hodge 2005; Organista 2009; Sue 2006). Das Modell enthält eine Reihe von kulturellen Aspekten:

• Wie definiert und versteht die einzelne Gruppe ihren Hintergrund und ihre Probleme? In jeder Kultur werden Probleme erklärt, indem die Symptome und der Verlauf erkannt werden.
• Die Identifizierung von »natürlichen« Behandlungsstrategien und deren große Bandbreite kultureller Interventionen wie etwa Hilfe durch die Familie und von Freunden, das Konsultieren des Familienoberhauptes, einer religiösen Autorität oder eines Heilers.
• Kulturelle Kriterien zur Problemlösung bedürfen einer ausgeprägten Effektivität bei der Arbeit mit anderen Kulturen (kulturelle Sensibilität und Kompetenz im Umgang mit den speziellen Bedürfnissen und der kulturellen Andersartigkeit des Klienten). Dazu braucht man systematische, organisierte und vergleichende kulturelle Daten, man darf sich nicht auf Verallgemeinerungen und Halbwissen verlassen. Eine Methode, um solche Daten zu erheben, ist das ethnographische Interview. Hier wird der Versuch unternommen, Minderheitengruppen durch deren eigene Sichtweise zu verstehen, von ihnen zu lernen, statt sie als Studienobjekte zu betrachten. Als Impulsfrage kann dienen: »Erzählen Sie bitte über Dinge in Ihrer Kultur, die gut sind und die sie bewahren möchten« So können SozialarbeiterInnen herausfinden, wie die Menschen Probleme in ihrer Gemeinschaft lösen und welche Ergebnisse sie dabei erzielen möchten.

3. Diskussion

In der heutigen Welt muss die Sozialarbeit multikulturell, sensibel, flexibel und vor allem effektiv sein. Wo nötig, muss auch die Gemeinschaft einbezogen werden.

Migration und Globalisierung sowie die daraus folgenden kulturellen Begegnungen machen es notwendig, Fachwissen, Ansätze, Rollen und Modelle der Sozialarbeit umzuformulieren. Deshalb sollten verstärkt internationale und interkulturelle Inhalte in die Ausbildungscurricula aufgenommen

werden und entsprechend spezialisierte Kurse und Programme angeboten werden.
   Als SozialarbeiterIn müssen wir uns stets fragen, ob wir fähig sind, unsere eigenen Annahmen zu reflektieren, vor allem wenn sie sich auf andere Kulturen, Ethnien, Rassen und Schichten beziehen. Auch müssen wir uns darüber klar werden, auf welche Weise diese Annahmen unsere Arbeit als HelferInnen beeinflussen. Wie offen und flexibel sind wir bei der Anwendung von Techniken bei unseren Klienten? SozialarbeiterInnen dürfen sich nicht nur um einzelne Klienten oder Familien kümmern, sondern müssen auch den Makrokontext einbeziehen. Sie müssen proaktiv sein bei ihrer Arbeit für Gleichheit und soziale Gerechtigkeit, in ihrem Bemühen, schwache Gruppen zu verteidigen, für deren Rechte einzutreten sowie für neue sozialere Gesetzgebungen und die Abschaffung von diskriminierenden Regelungen zu kämpfen.

Literatur

De Anda, D. (2002): Social Work with Multicultural Youth. Journal-of-Ethnic-and-Cultural-Diversity-in-Social-Work, 2002, Vol. 11, p. 15-20.
Devore, W./Schlesinger, E. (1999): Ethnic sensitive social work practice. New York.
Dominelli, L./Lorenz, W./Soydan, H. (Eds.). (2002): Beyond racial divides. ethnicities in social work practice. Hampshire.
Guadalup, K./Lum, D. (2005): Multidimensional contextual practice: Diversity and transcendence. Belmont.
Hodge, D. (2005): Social Work and the House of Islam: Orienting Practitioners to the Beliefs and Values of Muslims in the United States. Social Work, 2005, Vol. 50, p. 162-173.
Jordan, B. (2008):. Social work and world poverty. International Journal of Social Work, 2008, Vol. 51, p. 440-452.
Ku, L./Waidmann, T. (Eds.): How race/ethnicity, immigration status, and language affect health insurance coverage, access to care and quality of race among the low-income population. Washington.
Landy, S./Menna, R. (2006): Early intervention with multi-risk families: an integrative approach. Baltimore.
Lawrence H/Gerstein, P/Heppner, P./Aegisdottir, S./Leung, S. (2009): International Handbook of Cross-Cultural Counseling: Cultural Assumptions and Practices Worldwide. Los Angeles.
Madsen, W. (2007): Collaborative therapy with multi-stressed families. New York a. London.
Organista, K. (2009): New practice model for Latinos in need of social work services. Social Work, 2009, Vol. 4, p. 297-306.
Pedersen, P. (1991): Multiculturalism as a generic approach to counseling, Journal of Counseling & Development, 1991, Vol. 70, p. 6-12.

Pedersen, P. (Ed.). (1999): Multiculturalism as the fourth force. New York.

Richmond, M. (1917): Social diagnosis, New York.

Ross, E. (2008): The intersection of cultural practices and ethics in a rights-based society: Implications for South African social workers. International Social Work, 2008, Vol. 51, p. 384-395.

Spratt, T./Devaney, J. (2009): Identifying families with multiple problems: Perspectives of practitioners and managers in three nations. The British Journal of Social Work, 2009, Vol. 39, p. 418-434.

Sue, D. (2006): Multicultural social work Practice, New York.

Waites, C. (2009): Building on strengths: intergenerational practice with African American families. Social Work, 2009, Vol. 3, p. 278-287.

Wong, L. (2008): Multiculturalism and ethnic pluralism in sociology: an analysis of the fragmentation position discourse. Canadian Ethnic Studies Journal, 2008, Vol. 1, p. 11-32.

Yan, M./Wong, Y. (2005): Rethinking self-awareness in cultural competence: Toward a dialogic self in cross-cultural work. Families in Society, 2005, Vol. 86, p 181-188.

Dursun Tan

Migration als Bewältigungsaufgabe

*Kann die Soziale Arbeit einen Beitrag zur Bewältigung
der Migration leisten?*

1. Zum gesellschaftlichen Hintergrund der Bewältigungskonstellation

Die moderne Gesellschaft hat sich durch Globalisierung und Wanderungs-
bewegungen sukzessive zu einer »pluriformativen Gesellschaft« (Leiprecht
2000, 2005) entwickelt. Infolge des Wandels der klassischen Industrige-
sellschaften zur »Informations- und Wissensgesellschaften« (Castells 2003)
ist zudem erstmalig in der historischen Betrachtung eine Situation aufgetre-
ten, die die Akteure vor neue Bewältigungsaufgaben stellt: Die Bewältigung des Übergangs von einer Gesellschaft in eine andere durch ihre Mitglieder ist gepaart mit der Bewältigung einer dauerhaft zu leistenden Integ-
rationsaufgabe durch den Staat als Folge der modernen, risikobehafteten Informationsgesellschaft. Eine gelungene Lebensbewältigung wird dadurch
untrennbar mit Lernen als fortlaufenden Prozess und der Bereitschaft, sich
auf neue Lernarrangements einzulassen, verbunden. Zwar war auch in vorangegangenen Perioden Lernen ein lebenslanger Auftrag und Voraussetzung für eine gelungene Lebensbewältigung, doch konnten bestimmte
Lerninhalte als Erfahrung gespeichert, tradiert und als implizites Erfah-
rungswissen weitervermittelt werden. Auch war die Menge und Umlaufge-
schwindigkeit des zirkulierenden Wissens erheblich langsamer und die
Halbwertzeit des erworbenen Wissen länger als heute. Zwar basierte auch
die klassische Industriegesellschaft auf Wissen, doch Information und Wissen sind in der »Informations- und Wissensgesellschaft« zu primären Pro-
duktionsfaktoren geworden, Lernen und Lernprozesse zu einer Produktions-
form (vgl. Castells 2000). Der Charakter von Lernen hat sich dadurch

grundlegend geändert: Lernen bleibt lebenszyklisch immer weniger auf das Kindes- und Jugendalter fixiert und institutionell nicht auf pädagogische Lehranstalten beschränkt. Lern- und Bildungsprozesse verlaufen vielfach informell und unintendiert, vor allem sind sie nie abgeschlossen und umfassen alle Lebensalter.

Infolge dessen hat sich auch der Charakter von Arbeit grundlegend verändert. Arbeit differenziert sich in der Wissensgesellschaft immer stärker aus, teilt sich in Erwerbsarbeit und Eigenarbeit auf. Die Produktketten werden immer länger und verteilen sich auf die gesamte Welt. Einfache Industrietätigkeiten wandern in kostengünstigere Standorte ab, um die höher qualifizierten Arbeitskräfte hingegen existiert ein weltweiter Wettbewerb. Zugleich gibt es eine Wanderungsbewegung von Menschen in den Niedriglohnsektor. Die Wissensgesellschaft organisiert sich gegenwärtig in der Logik eines neoliberalen Wirtschaftssystems. Vor diesem Hintergrund muss auch Erwerbsarbeit durch die Mitglieder der Gesellschaft immer wieder neu errungen werden. Sie ist ein knappes Gut geworden. Der Bildung fällt auch aus dieser Perspektive eine zentrale Rolle zu. Nicht nur weil die Aufgabe der Bewältigung des Wandels sich auf alle Bevölkerungs- und Altersgruppen ausgedehnt hat, sondern auch, weil die Subjekte sich für die Produktion verfügbar und verwertbar halten müssen, wollen sie einer Exklusion entgehen. Zu der vertikalen Schichtung innerhalb und der horizontalen Schichtung zwischen den Gesellschaften des klassischen Industriekapitalismus tritt als dominierendes Merkmal das Schichtungsprinzip des »in« und »outs«; d. h. neben einer Hauptgesellschaft existieren subordinate Parallelgesellschaften.

Insofern hat Kultur zum einen eine Verteiler-, zum anderen eine Legitimationsfunktion, indem dass zur Sicherung der politischen Hegemonie der Hauptgesellschaft kulturelle Distinktionsmittel herangezogen werden können. Kultur dient in diesem Fall dazu, die »Eigenen« zu erkennen und sich von »Anderen« abzugrenzen. Kultur stellt somit neben Einkommen und Verfügungsgewalt über Produktionsmittel die wichtigste Quelle von sozialer Stratifikation dar. Die in der Öffentlichkeit vieldiskutierten Parallelgesellschaften sind so gesehen keine Randphänomene, sondern haben konstitutiven Charakter. Innerhalb der Systemlogik jeder einzelnen Parallelgesellschaft wiederum entwickelt sich bzw. setzt sich eine bestimmte kulturelle Praxis durch, weil sie nicht nur Identität vermittelt, sondern darüber hinaus sowohl für die Individuen als auch für die Gesellschaft Ordnung stiftet und somit Orientierung bietet.

Das wirksamste Bindemittel dieser Gesellschaftsformationen scheint viel weniger eine für alle geltende Werteordnung, als vielmehr das Konsumverhalten zu sein. Wenn es in einer pluriformativen Informationsgesellschaft eine Leitkultur gibt, dann ist es das Konsumverhalten, bzw. die Orientierung an ihm. Der Konsum suggeriert für alle gesellschaftliche Teilhabe und erlebte Individualität gleichermaßen. Doch der Konsum kann aus zwei wesentlichen Gründen heraus das Problem der Lebensbewältigung in der Migrationsgesellschaft nicht beantworten: »...die Menschen können zwar die Folgen sozialer Desintegration konsumptiv überspielen, sind aber umso mehr sozial ausgesetzt und hilflos, wenn die Konsumillusion abnimmt bzw. die Selbstwertstörungen sich soweit entwickelt haben, dass sie konsumtiv nicht mehr ausbalanciert werden können« (Böhnisch 2005a, S. 27).

Die Aufgaben der Lebensbewältigung bleiben somit weiterhin bestehen. Sie erfordern die ständige Aneignung neuer Fähig- und Fertigkeiten. Diese »Entgrenzung« (Böhnisch 2005b) der Bewältigungsaufgaben ist allerdings nicht erst durch Migration entstanden. Sie erfährt durch Migration lediglich eine besondere Färbung bzw. wird dadurch potenziert. Einmal erworbene Bildungsgüter können durch Migration verloren gehen, auf- oder abgewertet werden. Migration erfordert eine Neujustierung, Anpassung und Erweiterung der mitgebrachten Qualifikationen, besonders der beruflichen. Diese Situation erfordert aber auch die Aneignung von interkulturellen Fähig- und Fertigkeiten, um in einer pluriformativen Gesellschaft zu recht zu kommen.

2. Zum Wandel des Migrationsregimes

Angesichts der zunehmenden Bedrohungsszenarien, die zum Wechsel des Diskurses von einer positiv konnotierten Vision des »Multikulturalismus« zum »Diskurs der inneren Sicherheit« in Begriffen der »Parallelgesellschaft« führte, kam es auch zu einem Wechsel des Paradigmas des Migrationsregimes. Der Migrationsdiskurs wird in allen Einwanderungsgesellschaften weitestgehend bestimmt durch einen Sicherheitsdiskurs, der sich entlang des Selektionskriteriums »Integration« und »Nichtintegration« organisiert. Integration wiederum wird zu einem erheblichen Teil an die Sprachfähigkeit der Dominanzsprache gebunden und in den pädagogischen Kontext transformiert. Soziale Arbeit wird so zum einen in ihrem Bildungsauftrag herausgefordert, zum anderen aber zum Instrument der Ordnungs- und Sicherheitspolitik umfunktionalisiert. Wenn es ihr nicht gelingt, einen eigenen Zugang zu den Problemen und Bewältigungsstrategien zu entwickeln, läuft sie Gefahr, ihrem Auftrag in der Gesellschaft nicht gerecht zu werden.

Vor diesem Hintergrund ist die Thematisierung von Bildung im Kontext von Sozialer Arbeit als Bestandteil der allgemeinen Funktionsbestimmung, durch Rückblick und Neupositionierung längst fällig. (vgl. Bonß 2003; Böhnisch 2005b; Sünker 2005)

3. Der historische Bildungsauftrag der Sozialen Arbeit

Soziale Arbeit entstand als eine institutionelle Reaktion auf psychosoziale
Folgeprobleme und Desintegrationsrisiken der arbeitsteiligen, westlichen
Industriegesellschaft. Die funktional differenzierte Industriegesellschaft
legte den Menschen dauerhafte Bewältigungslasten auf, die ihre individuellen und lebensweltlichen Ressourcen übersteigen konnten, und die sich
nicht durch Rückgriff auf tradierte und routinierte Formen bewältigen ließen (vgl. Böhnisch 2005a). Doch gelang es den meisten europäischen Gesellschaften, generalisierbare und routinierte Reaktionsmöglichkeiten auf
diese dauerhafte Bewältigungslast zu entwickeln und sie sozialpolitisch zu
vergesellschaften. Obgleich der Sozialen Arbeit und Sozialpädagogik als
Teil der Sozialpolitik von der Gesellschaft neben der Daseinsvorsorge und
Fürsorge auch ein Bildungsauftrag übertragen wurde, hat sie es lange versäumt, einen eigenständigen und tragfähigen Bildungsauftrag für alle Lebensphasen auszuformulieren und gesellschaftlich durchzusetzen (vgl. Thole 2005). Sie blieb weitgehend den »generalisierten« Reaktionsmöglichkeiten der Gesellschaft verhaftet. Diese können in Anlehnung an Böhnisch
(2005a) wie folgt zusammengefasst werden:

* Unterdrücken durch verschiedene Formen der Repression, Verdrängung
  und Tabuisierung,
* Eindämmen, Kompensieren und Bearbeiten durch Familie, soziale Netzwerke, Tradition, Sitte und Brauch,
* Individualisieren der Folgeprobleme,
* »nachhaltige Hilfe« zur individuellen Lebensbewältigung durch Aktivieren bestehender individueller und sozialer Ressourcen; das Ausstatten mit
  Kompetenzen, um mit den »Zumutungen« fertig zu werden (Lebenstüch-
  tigkeit),
* Auffangen, Pflegen und Verwalten in und durch sozialpolitisch begrün-
  dete(n) Einrichtungen, wenn die individuelle Lebensbewältigung nicht
  gelingt oder nicht gelingen kann und
* Transformieren ins (Sozial)Pädagogische.

4. Zur (Sozial)Pädagogisierung der Migrationspolitik in der Gegenwart

Der gegenwärtig dominierenden politischen Vorstellung von Integration
liegt die Annahme zugrunde, dass die Existenz von kultureller oder ethnischer Vielfalt einen Zustand des Chaos, der Unordnung, der Unangepasst-
heit – oder allgemeiner gesprochen – einen Mangel darstellt, den es so

schnell wie möglich zu beheben gilt. Darüber hinaus wird der Mangel am
Einzelnen festgemacht und zu bearbeiten versucht. MigrationsexpertInnen
fordern zwar bereits seit längerem zur Ressourcenorientierung in der Mig-
rationspolitik auf, dennoch dominiert in der Politik weitestgehend eine De-
fizitorientierung. »Integration ist zu einem Begriff geworden (...), um den
sich lediglich Defizitzuschreibungen gruppieren: nur die sollen langfristig
bleiben können, welche ihre Defizite in deutscher Sprache, deutscher Kultur und Sozialverhalten auszugleichen bereit sind (...) Die neue, mit den
Problemen des globalisierten Kapitalismus eng verbunde komplexe Migrationsrealität wird damit an den Einzelnen stigmatisiert« (Böhnisch 2005a,
S. 44/45). Je komplexer die Migrationsrealität wird, je stärker neigt die Politik dazu, die Migrationsfrage der Eigenverantwortung des Einzelnen, aber
auch der Gruppe zu übertragen. Die Soziale Arbeit und in der Ausführungs-
ebene der Institutionen, die pädagogischen Einrichtungen, bekommen eine
politische Arbeit übertragen: Die Soziale Arbeit bzw. Pädagogik sollen eine
Art zweite Sozialisation initiieren, die die Individuen durchlaufen sollen,
um »sich« zu integrieren.

Da Integration strukturell schwer gelingt (bzw. niemals zufrieden stellend gelingen kann), muss sie nach Böhnisch (ebd.) kulturell transformiert
auf das Individuum übertragen und pädagogisch behandelbar gemacht werden. Und damit auch das gelingen kann, muss sie ordnungspolitisch durch
repressive Maßnahmen flankiert werden. Die Spannung von Repression
und Pädagogik gleicht sich der zu Anfang des 20sten Jahrhunderts an. Desintegration der arbeitsteiligen Gesellschaft wirkt sich in ihren Folgen am
Einzelnen aus. (vgl. Böhnisch 2005a, S. 24) Das pädagogische Handeln als
vorgeschriebene Lösungsoption legitimiert letztendlich den Ausschluss des
Individuums aus dem System und weist ihm die Verantwortung für das
Scheitern zu. Pädagogik wird zur (Ersatz-)Sozial- und Wirtschaftspolitik.
Das Scheitern der Integration wird geradezu zu einem Vorwurf gemacht,
der Ausschluss zur Ursache für den Ausschluss erklärt. Fehlende Sprach-
kompetenz und unterschiedliche kulturelle Praktiken werden herangezogen,
um der nicht gelungenen Integration eine empirische Evidenz zu verleihen.

»Für die Sozialpädagogik wird dieser verdeckende Zugehörigkeitsdis-
kurs deshalb zum Problem, weil ihre Einrichtungen zum Auffangbecken
von MigrantInnen werden, denen die Zu- und Übergänge in die Arbeitsgesellschaft und innerhalb des Bildungs- und Sozialsystems verwehrt bleiben.
So entsteht die Gefahr, dass das Ausgegrenztsein hier nur konserviert wird.
Auch wenn sich die Sozialpädagogik den unterschiedlichen Lebenslagen
der MigrantInnen öffnet, gerät sie – will sie das herkömmliche Integrati-
onsmodell realisieren – in eine Interventionsfalle. Denn dann werden die
Bewältigungsprobleme der MigrantInnen in personale Integrationshürden,
die unterschiedlichen Bewältigungsversuche in Formen abweichenden Verhaltens umdefiniert« (Böhnisch 2005a, S. 45). Das hat zur Folge, dass der

sozialen Ausgrenzung die gesellschaftliche Stigmatisierung durch das Konstrukt »Parallelgesellschaft« folgt.

5. Rückschlüsse für die Profession

Für das sozialpädagogische Handeln sind jedoch nicht die Probleme, die der Klient »macht« relevant, sondern, die er »hat«. Für die Gesellschaft ist es dagegen genau umgekehrt. (vgl. Böhnisch) Für das Individuum stellt die Migration und das Leben unter pluriformativen Bedingungen ein Bewältigungsproblem, für die Gesellschaft dagegen ein Integrationsproblem dar. Dieser in den genetischen Code der Sozialen Arbeit eingeschriebene Doppelcharakter kann durch eine einseitige Ausrichtung an staatlichen Vorgaben oder gesellschaftlichen Integrationserwartungen nicht umgangen werden. Er kann aber auch nicht dadurch umgangen werden, in dem die Soziale Arbeit eine Kumpanei mit ihren Klienten eingeht. In beiden Fällen bleiben die Schauplätze gleich: Eine im Kern politische Aufgabe wird in eine sozial(pädagogisch)e umdefiniert und an die Individuen delegiert, die sich dann mit ihren »individuellen Problemen« an die Institutionen der Sozialen Arbeit wenden und um Hilfe bitten können. Jedoch ist die Soziale Arbeit mit diesem Auftrag überfordert. Die eigentlich notwendige Systemintegration gelingt ihr immer weniger. Und weil ihr es nicht gelingt, konzentriert sie sich zusehend auf die Integration der Akteure in die kleinräumige Lebenswelt. Lebensbewältigung unter Bedingungen von Desintegrationsrisiken auf der Systemebene kann durch diese Auffassung von Sozialer Arbeit aber letztendlich nicht vollends gelingen, es sei denn ihr gelingt es, über Bildungsangebote auch Systemzugänge zur ermöglichen.

6. Zur notwendigen Synthese von Sozialer Arbeit und Interkultureller Pädagogik

Somit entsteht eine Lücke, die den Bildungsauftrag der Soziale Arbeit um die »interkulturellen Bewältigungsaufgaben« erweitert. Lernen und Bewältigen in »pluriformativen« (Leiprecht) Lebenszusammenhängen lassen sich nicht nur nicht mehr trennscharf auseinander halten und auch nicht mehr so leicht normieren. Lern- und Hilfsangebote gehen sukzessive ineinander über und werden biographisiert. Zu den vielfältigen Bewältigungsaufgaben, mit der die Soziale Arbeit traditionell betraut war, sind neue soziale Risiken in Form von kulturell begründeten Ab- und Ausgrenzungen, Abwertungen und Ethnozentrismen, Wertekonflikten, Perspektivendivergenzen und

Adaptionsschwierigkeiten hinzugekommen. Abgesehen von der Perspektivendivergenz und generellen Anpassungsschwierigkeiten, die kommunikativ bewältigt werden können, stellen Asymmetrien in der interkulturellen Begegnung, die »unangenehmen«, bzw. »belasteten« interkulturellen Begegnungen, die als »unteilbar empfundenen« Grundwertekonflikte (siehe z. B. Kopftuchdiskussion) und die nicht-normativen kritischen Lebensereignisse die zentralen Herausforderungen für die Interkulturelle Pädagogik dar. Diese können durch »richtige Informationen«, »persönliche Begegnungen« und »interkulturelle Benimmregeln«, wie sie in interkulturellen Trainingskursen oder klassischen Bildungsangeboten der politischen Bildung vermittelt werden, nicht zufrieden stellend beantwortet werden. Es entsteht viel Raum für die Soziale Arbeit, einen eigenständigen Bildungsauftrag zu formulieren, der diese Aspekte aufgreift und Alternativen jenseits standardisierter Lernangebote zu entwickeln versucht (vgl. Bonß 2003). Schließlich wird Bewältigungshandeln durch Bewältigungserfahrung strukturiert. Lebensbewältigung ist somit biographisch strukturiert. Im Migrationskontext spielt jedoch nicht nur die individuelle Biographie eine Rolle, sondern auch kollektiv tradierte Bewältigungsmuster. Es kommen ältere Bewältigungsmuster dann durch, wenn sie sich in der Vergangenheit bewährt haben. So kommt Tradition, Routine und Kultur in die aktuelle Struktur hinein und formt die Gegenwartsgesellschaft mit. Der Mensch handelt nicht nur reflexiv, sondern in überfordernden und verunsichernden Situationen auch reflexartig, gewohnheitsorientiert und nach ansozialisierten Mustern. Er strebt dazu, biographische Kontinuität herzustellen, auch wenn diese dysfunktional ist. Das bisher Gelebte und Erfahrene kann nicht einfach abgeworfen oder entwertet werden, sondern wird biographisch integriert. »Dieses biographische Integrationsproblem steuert also die Lebensbewältigung« (Böhnisch 2005a, S. 34). Dieser Sachverhalt wird durch die »konstruktivistischen Ansätze der Interkulturellen Pädagogik« allerdings nicht ausreichend berücksichtigt. Sie interpretieren derartige Erklärungsversuche in Begriffen der »allianation« bzw. des »doing ethnicity« bzw. »selfethnicity« und verkennen damit ihren Charakter. Tradition, Geschichte und Glaubenssysteme sind nicht nur Konstrukte aktueller Diskurse und (Selbst-) Ausgrenzungsprodukte, sondern Routine gewordene Erfahrungsschätze, eine Art Kristallisationen kultureller Selektionen, und haben somit eine eigene, realitätsschaffende Kraft, analog der Krümmung des Raumes durch Materie in der Physik. Kultur und Struktur verhalten sich interdependent zueinander. Unterschiedliche strukturelle Gegebenheiten haben zu unterschiedlichen kulturellen Praktiken geführt, die als Erfahrungshintergrund auch in neuen Situationen präformative Kraft haben und sich manchmal als beharrlicher herausstellen, als vorausgesagt. Gerade wenn und weil das Individuum durch die Bewältigungsaufgabe überfordert ist, greift es auf Routine gewordene, kollektiv eingeübte Bewältigungsmuster zurück. (Kollektiv)Kultur taktet Statuspassagen und Lebensrhythmus der Menschen gleich und entlastet damit die Individuen psychisch. Das Individuum kann dann ein Stück weit innerlich abschalten, weil es äußerlich durch (Kollektiv)Kultur mitgetragen wird. Das Leben braucht dann nicht vollständig selbstständig gestaltet werden. Es reicht, wenn sich das Individuum den Standards entsprechend verhält (Entpsychologisierung, Externalisierung). Soziologisch gesehen wird die Entgrenzung damit wieder eingegrenzt, Komplexität reduziert, durchstrukturiert, getaktet und handhabbar gemacht. Die strukturelle Enttraditionalisierung wird retraditionalisiert, das Leben wieder standardisiert und damit kontrollierbar. Die Vernetzung bzw. Zusammenführung der in der Sozialen Arbeit und Interkulturellen Pädagogik entwickelten Ansätze zu einer Synthese in der Wissenschaft drängt sich somit geradezu auf.

7. Schlusswort

Bewältigungsorientierte Soziale Arbeit müsste sich so ausrichten, dass sie neben den klassischen sozialpolitischen Instrumentarien und sozialpädagogischen Bildungsangeboten auch interkulturelle Zwischenwelten mit aufbauen hilft. In diesen müssten sich ihre Klienten in ihren Bewältigungsversuchen eigene Zugehörigkeiten schaffen und neue Bindungen eingehen können. Und zwar in einer Weise, die jenseits stigmatisierender Defizitzugehörigkeiten (Negativintegration) liegen. Mit der Anerkennung solcher Zwischenwelten erhielten die MigrantInnen die Chance, ihre eigene Bewältigungsbrücke zwischen den Herkunftsländern und der Aufnahmegesellschaft zu bauen. Aus dieser Selbstständigkeit heraus können sie Anschluss an die hiesige Gesellschaft und soziale Anerkennung finden. (vgl. Böhnisch a.a.O.) Diese Grundphilosophie bleibt nicht nur auf die Migrationssituation beschränkt, sondern ist für die Kernbereiche der Sozialpädagogik und Sozialarbeit ebenso bedeutsam. Migrationsrisiken betreffen schließlich nicht die Eingewanderten allein, sondern auch die, die schon da sind, die Einheimischen. Auch für diese muss sie Chancen eröffnen, »...ihre eigenen biographischen Umwege, sozialen Zugehörigkeiten und Zwischenwelten gemäß ihres Bewältigungsvermögens zu leben. Nur so können sie aus dem Bannkreis des dauernden Scheiterns an der Normalbiografie herausgehalten werden« (Böhnisch 2005a.).

Literatur

Böhnisch, L. (2005a): Lebensbewältigung. Ein sozialpolitisch inspiriertes Paradigma für die Soziale Arbeit. In: W. Thole (Hrsg.) (2005²): Grundriss Soziale Arbeit. Ein einführendes Handbuch. Wiesbaden, S. 199-214.

Böhnisch, L. (2005b): Sozialpädagogik der Lebensalter. Eine Einführung. Weinheim und München.

Bonß, W. (2003): »Bildung« in der (Arbeits-) und »Wissensgesellschaft«. In: Lindner, W./Thole, W./Weber, J. (Hrsg.) (2003): Kinder- und Jugendarbeit als Bildungsprojekt. Opladen, S.11-32.

Lindner, W./Thole, W./Weber, J. (Hrsg.) (2003): Kinder- und Jugendarbeit als Bildungsprojekt. Opladen.

Thole, W. (Hrsg.) (2009³): Grundriss Soziale Arbeit. Ein einführendes Handbuch. Wiesbaden.

Maria Busche-Baumann

Schulsozialarbeit: Von einer Aushilfsrolle zur Bildungspartnerin?

»Jetzt kommen die K-Gruppen«! So raunte es durch die Pausenhalle als ich mit Studierenden des Projektes Schulsozialarbeit auf dem Weg zur Gesamtkonferenz an einer Berufsbildenden Schule war. Die Schulleitung hatte uns eingeladen, unser geplantes Projekt vorzustellen. Die Lehrerinnen und Lehrer aus unserer Vorbereitungsgruppe schauten uns unterstützend an. Ansonsten war das Klima kühl in der Konferenz. Den Studierenden musste ich später den Begriff K-Gruppen erklären. Das war 1998.

»Wir benötigen eine Zusammenarbeit beim Umgang mit Schulschwänzern. Können Sie mit Studierenden an unsere Schule kommen?« So oder ähnlich lauten Anfragen, die ich heute von Lehrkräften aus allen Schulformen – außer den Gymnasien – erhalte. Unsere Projektarbeit ist nachgefragt, notwendig und geschätzt. Woran liegt diese Veränderung? Führt sie zu nähr-stoffreichen Böden für die disziplinäre und professionelle Kultur im Handlungsfeld Schulsozialarbeit? Entwickelt sich eine Bildungspartnerschaft?

Den aufgeworfenen Fragen möchte ich aus dem Blickwinkel meiner Lehr-, Forschungs- und Praxiserfahrung in Form eines essayistischen Beitrags nachgehen. Dabei spielen mein Lehramtsstudium und meine anschließenden Tätigkeiten an einem Gymnasium und an einem Internat mit der Doppelrolle als Lehrerin und Erzieherin eine Rolle. Als ich 1996 am Fachbereich Sozialpädagogik der FH Hildesheim meine Arbeit aufnahm, beauftragte mich kurze Zeit später der damalige Dekan im Rahmen des Diplom-Studienganges Sozialwesen einen Baustein »Bildung in der Sozialen Arbeit« aufzubauen. Es war für mich nahe liegend, gleichzeitig die Ausbildung für das Handlungsfeld Schulsozialarbeit zu entwickeln und in den Baustein zu integrieren. Skepsis von einigen KollegInnen, ja Proteste von Studierenden gegen den Baustein begleiteten anfänglich meine Arbeit. Man wollte alles sein – aber nicht elitär – und Bildung wurde damals als elitär empfunden. (vgl. Müller 2003, S. 235)

Meine Erinnerungen an die Anfänge dieser Entwicklung gehe ich im nächsten Punkt weiter nach und kombiniere den persönlichen Blick mit Rückgriff auf einschlägige Publikationen. Anschließend skizziere ich den gegenwärtigen Stand und wage einen Blick in die Zukunft.

Meine These lautet: Die disziplinäre und professionelle Kultur im Handlungsfeld Schulsozialarbeit hat sich insbesondere durch politische, rechtliche, soziale, wirtschaftliche und wissenschaftliche Einflussfaktoren gewandelt und weiterentwickelt. Viel ist in den letzten zwanzig Jahren erreicht worden. Die Schulsozialarbeit steht jedoch auch weiter vor großen Aufgaben, um Vision und Realität näher zusammen zu bringen. Dieses kann nur durch ein Zusammenwirken von Hochschulen, Praxis und Politik gelöst werden. Ein notwendiger Schritt ist ein interdisziplinäres und interprofessionelles Studium für das Handlungsfeld Schulsozialarbeit.

1. 1990-2000: Das Jahrzehnt der Ausweitung und Abgrenzung

Die Entwicklung der Schulsozialarbeit bis 1990 bezeichnet Rademacker als eine »grass root Entwicklung« (Rademacker 2009, S. 27). Druckpunkte, Konflikte, Störungen im Schulbetrieb, die von den Lehrern allein nicht gelöst werden konnten, führten zu Initiativen für eine unsystematische Zusammenarbeit mit Jugendhilfe bzw. der Einbeziehung von Schulsozialarbeit. Diese Entwicklung setzt sich im Jahrzehnt nach der Maueröffnung fort und weitet sich durch zunehmende gesellschaftliche und politische Problemlagen aus.

Rechtsextremismus, Ausländerfeindlichkeit und Gewalt werden gesamtdeutsche Themen. In der Öffentlichkeit und Presse wird der Blick zwar stark auf Jugendliche und die neuen Bundesländer gelenkt; empirische Untersuchungen belegen jedoch, dass dieses Phänomen quer durch alle Bevölkerungsschichten, Regionen und Generationen in der Mitte der Gesellschaft festzustellen ist. (vgl. Butterwegge 1990; Decker 2006). Lange hat sich die Jugendarbeit diesem Thema kaum angenommen. Ihre Reaktionsweisen bewegten sich überwiegend zwischen hilflosen Belehrungs- und Bekehrungsbemühungen einerseits und der scheinbar so eindeutigen Forderung »Nazis raus!«

Doch nun öffnete sich die Jugendarbeit diesem drängenden gesellschaftlichen und politischen Problem. Ansätze hierzu wurden u. a. von Krafeld (1993) entwickelt und Praxisprojekte von Vahsen (1996) untersucht. An der letztgenannten Untersuchung habe ich mitgearbeitet (Busche-Baumann 1996). Einige Schulleitungen wurden durch diese Publikationen angeregt, mich anzufragen, ob ich entsprechende Praxisprojekte an ihren Schulen initiieren könnte. Zu diesem Zeitpunkt war es eher die Ausnahme, dass eine Schule von sich aus und ohne entsprechende – in der Öffentlichkeit publik gemachten – Vorkommnisse die Zusammenarbeit mit der Jugendarbeit suchte. Da ich selbst aus der politischen Bildung komme, habe ich die Anfrage angenommen.

So entstand das Projekt SchuSoLe (Schule – Soziale Arbeit – Leben und Lernen). Die Erfahrungen, die Studierende und ich in der fünfjährigen Projektphase gemacht haben, sind sicherlich nicht untypisch für die Schulsozialarbeit in dieser Zeit. Obwohl von der Schulleitung gewollt und in systematischer Zusammenarbeit mit einigen Lehrkräften stießen wir im Lehrer-Kollegium auf Skepsis und Ablehnung. Die Gründe hierfür lagen weniger an den miteinander agierenden Individuen, sondern mehr an der Berufskultur der Lehrerschaft und dem Professionsverständnis der Jugendarbeit. Bei Terhart (1996) findet sich für die erste Gruppe eine mögliche Erklärung: »Das gezielte Nebeneinanderherarbeiten sowie die Nichteinmischung in die Arbeit der Kolleginnen und Kollegen gehört zu den impliziten Normen der Berufskultur der Lehrerschaft, die nur schwer zu durchbrechen sind, da die Befolgung dieser Normen dem einzelnen Lehrer im Gegenzug Schutz vor der Einmischung anderer gewährt. ... Eine Beobachtung oder gar Kommentierung der eigenen Arbeit durch Kollegen wird dann schnell als Einmischung oder Beurteilung der eigenen Person wahrgenommen. Auf diese Weise entsteht Isolation, wo Kooperation geboten wäre« (Terhart 1996, S. 463 f.).

Die Kooperation gestaltete sich jedoch anfänglich auch aus den Einstellungen der Studierenden stolprig. Deutlich nahmen sie Schule und Jugendarbeit als zwei sehr unterschiedliche Partnerinnen wahr, die sich insbesondere an den Prinzipien Zwang/Freiwilligkeit, Selektion/Integration und kognitiver /ganzheitlicher Ansatz zeigten.

Die funktionale Differenzierung von Schule und Jugendhilfe und die damit verbundenen Grundprobleme einer Kooperation wurden in der wissenschaftlichen Literatur breit aufgegriffen. Zunehmend wurden in den west- und ostdeutschen Bundesländern Landesprogramme zum Ausbau der Schulsozialarbeit eingerichtet, wissenschaftlich begleitet und evaluiert (z. B. Elsner 1996; Seithe 1998). Es entwickelte sich dadurch zunehmend eine Fachdiskussion verbunden mit vielfachen Plädoyers zur Kooperation von Schule und Jugendhilfe bzw. Schulsozialarbeit. Weitere wesentliche Gründe für die Ausweitung dieses Handlungsfeldes sind die Veröffentlichung des 8. Jugendberichtes 1990, der unter dem Stichwort Lebenswelten verfasst wurde und das 1990/1991 in Kraft getretene Kinder- und Jugendhilfegesetz (SGB VIII) mit dem im § 81 formulierten Gebot zur Zusammenarbeit mit der Schule. Schulsozialarbeit wird als passendes Instrument gesehen, um gesellschaftsbedingte Veränderungen und veränderten Lebenslagen von Jungen und Mädchen Rechnung zu tragen. In vielen Schulgesetzen der Länder wurden in den darauf folgenden Jahren entsprechende Aufgaben an die Schulen formuliert. In Niedersachsen ist 1994 ein Erlass zur »Zusammenarbeit zwischen Schule, Jugendamt und freien Trägern der Jugendhilfe« (Niedersächsisches Kultusministerium 1994) veröffentlicht worden. Es war der erste Erlass in der Bundesrepublik im Anschluss an das KJHG (vgl. Deiters 2000, S. 149) und enthält die Forderung, in jeder Schule und in jedem Jugendamt einen Ansprechpartner zu benennen, die gemeinsam die Zusammenarbeit zwischen beiden Institutionen anregen und vorantreiben sollen. Ansonsten sieht der Erlass nur Empfehlungen vor. Wenn auch die Umsetzung dieses Erlasses zurückhaltend geschah – knapp die Hälfte der Schulen hatte vier Jahre später noch keinen Ansprechpartner benannt (vgl. Deiters 2000, S. 150), so ist er doch ein wichtiges Signal zur Zusammenarbeit von Schule und Jugendhilfe. Mittlerweile ist die Zusammenarbeit zwischen Schulen und Trägern der öffentlichen und freien Jugendhilfe in das Niedersächsische Schulgesetz (NSchG 2008) eingegangen.

Das Arbeitsfeld Schulsozialarbeit erhält durch zunehmende gesellschaftliche Problemlagen, die Schule nicht allein lösen kann, eine Bedeutungszunahme und Ausweitung. Die beiden Sozialisationsinstanzen Schule und Jugendhilfe finden anfänglich nur schwer zusammen. Fast ein Jahrhundert haben sie in der Abgrenzung ihre professionelle Identität gesucht – nun arbeiten sie am gemeinsamen Ort Schule, aber zumeist mit wenig klaren Konturen und Zielen. Und in dieser Phase der Orientierungssuche ist Abgrenzung und Rückzug auf die eigene Berufskultur auch Schutz vor Vereinnahmung und Identitätsverlust. Erste rechtliche Grundlagen, eine zunehmende Fachdiskussion, eine Ausweitung von Modellprojekten und vor allem auch die positiven Erfahrungen von pädagogischen Berufsrollenträgern im Handlungsfeld selbst bewirken eine zunehmende Öffnung der Kooperationspartner Schule und Jugendhilfe, die im neuen Jahrtausend durch die Bildungsdiskussion in Folge der Pisa-Ergebnisse erheblich verstärkt wird.

2. 2000-2010: Schulsozialarbeit als Bildungspartnerin?

Auslöser der neuen Bildungsdebatte in der Bundesrepublik sind die Ergebnisse der PISA-Studie. In Deutschland besteht danach ein besonders enger Zusammenhang zwischen schulischem Erfolg und sozialer Herkunft (vgl. Baumert u. a. 2001). Soziale Ungleichheit wird durch das Bildungssystem nicht nur reproduziert, sondern verstärkt. Bei der Suche nach Ursache und Lösungen wird in erster Linie im Bereich der formalen Bildung diskutiert:

die Tageseinrichtungen für Kinder und Schulen stehen in der Kritik. Die Kinder- und Jugendhilfe und insbesondere die Kinder- und Jugendarbeit werden in das Neudenken des Bildungs- und Sozialsystems kaum einbezogen. (vgl. Lindner/Thole/Weber 2003, S. 7) Doch warum sollten sie auch einbezogen werden, wenn sie ihren eigenen Standpunkt zur Bildung noch nicht gefunden haben? Die Reflexion und Klärung des Bildungsverständnisses in der Kinder- und Jugendhilfe wird von verschiedenen Seiten gefordert (z. B. Lindner 2003, S. 58; Müller 2003, 2007) und in den letzten Jahren sind wegweisende Veröffentlichungen hierzu erschienen.

»Bildung ist mehr als Schule« – mit dieser pointierten Parole haben das Bundesjugendkuratorium, die Sachverständigenkommission für den 11. Kinder- und Jugendbericht und die Arbeitsgemeinschaft für Jugendhilfe 2002 ihre »Leipziger Thesen zur aktuellen bildungspolitischen Debatte« veröffentlicht. Darin wird klar herausgestellt, dass die Bildung junger Menschen nicht allein Aufgabe der Schule ist. »Gelingende Lebensführung und soziale Integration bauen ebenso auf Bildungsprozessen in Familien, Kindertageseinrichtungen, Jugendarbeit und der beruflichen Bildung auf« (ebd.). Dieser Bildungsauftrag wird im 12. Kinder und Jugendbericht aufgegriffen und weitergeführt. Danach sind Bildungsprozesse von Kindern und Jugendlichen nicht an institutionelle Grenzen gebunden. »Sie erfolgen in der Schule, der Familie, in Einrichtungen und Angeboten der Kinder- und Jugendhilfe, in der Gleichaltrigen-Gruppe, im Gebrauch und in der Nutzung von Medien, aber auch beim Besuch kommerzieller Freizeitangebote und beim Jobben« (BMFSFJ 2005, S. 102). Dieses erweiterte Bildungsverständnis stößt auf breite Zustimmung, ist aber nicht unumstritten. Die Alltagsbildung (Rauschenbach 2007) »Die andere Seite der Bildung« (Otto/Rauschenbach 2008) und die Ganztagsbildung (Coelen/Otto 2008) rücken nach vorne.

Ganztagsbildung geht davon aus, dass formelle, nicht-formelle und informelle Bildung von gleicher Bedeutung sind. Damit ist gemeint, dass sich moderne Bildung nur durch eine neue institutionalisierte Zusammenarbeit von Schule und Jugendhilfe unter Einbeziehung von Eltern und Familien organisieren lässt. Nach dem Grundgedanken der Ganztagsbildung verbinden sich mindestens zwei eigenständige Institutionen (z. B. Schule und Schulsozialarbeit), um gemeinsam und arbeitsteilig ein drittes neues Angebot hervorzubringen. Also nicht wie so häufig in der Praxis anzutreffen: vormittags Schule – nachmittags Schulsozialarbeit, sondern beide Partner machen gemeinsam etwas Neues Drittes. Ganztagsbildung dient als heuristischer Entwurf, mit dem kein exklusiver Theorieanspruch verbunden wird. Er wendet sich nicht gegen irgendetwas, sondern steht für die Bildung und den Abbau von Benachteiligungen aller Kinder und Jugendlichen (vgl. Coelen/Otto 2008, S. 20f.).

Doch die »Kinder- und Jugendarbeit tut sich innerhalb der Jugendhilfe immer noch besonders schwer im Umgang mit dem Thema Bildung. Diesseits und jenseits der Ganztagsschule ringt sie um die richtige Haltung zu diesem Thema – und dies in Anbetracht ihrer eigenen, dezidiert antischulischen Tradition...« (Rauschenbach 2008a). Als Gegenpol zur These »Bildung ist mehr als Schule« ist das Unbehagen in Teilen der Kinder- und Jugendhilfe in der These »Kindheit und Jugend ist mehr als Bildung« zu formulieren. Dahinter steckt die Befürchtung, dass Freiräume von Kindern und Jugendlichen, die selbstbestimmt gestaltet und erlebt werden können zugunsten verwertungsbezogenen Bildungsangeboten aufgefüllt, zurück- und verdrängt werden. Spiel, Kreativität und freies Agieren einen utilitaristischen Zweck erhalten.

Hinzu kommt die Sorge, dass mit dem Ausbau der Ganztagsschulen die außerschulische Kinder und Jugendarbeit in Frage gestellt wird.

Will die Jugendhilfe bzw. die Schulsozialarbeit Bildungspartnerin in einem neu zu entwickelnden Verhältnis von Schule – Jugendhilfe – Familie werden – und der überwiegende Teil der Publikationen argumentiert in diese Richtung – so ist die Entwicklung eines eigenen und daran anknüpfend eines gemeinsamen Bildungsverständnisses mit dem im Setting Schule agierenden Berufsgruppen notwendig. Eine gemeinsame Vorstellung von Bildung zu entwickeln und auf der Grundlage unterschiedlicher Schwerpunkte und Sichtweisen gemeinsam Bildungsprozesse von Kindern und Jugendlichen zu fördern, stellt eine Chance zur Gestaltung von Bildungspartnerschaften im Feld Schule-Jugendhilfe-Familie dar.

3. Zukunft: Bildungspartner durch Professionalisierung

Bildungsforschung ist bislang fast ausschließlich ein Gebiet der Erziehungswissenschaft. Es liegt im Selbstverständnis der Sozialen Arbeit mit ihrer lange geübten Distanz zu Bildung und Schule begründet. Das im 12. Kinder- und Jugendbericht neu formulierte Bildungsverständnis beinhaltet m. E. nun auch einen Auftrag an die Forschung in der Sozialen Arbeit, sich diesem Feld zu öffnen und z. B. der Frage nachzugehen, welche Bildungsorte in der Sozialen Arbeit welche Bildungspotentiale für Kinder und Jugendliche sich eröffnen.

Auch die Forschungen im Bereich der Schulsozialarbeit sind nach einer aktuellen Umfrage der GEW an den Hochschulen mit Fachbereichen für Soziale Arbeit noch recht selten; meist handelt es sich dabei um Evaluationen von lokalen (Praxis)-Projekten (vgl. Köhler 2009, S. 53). Ist die Anzahl der Forschungen auch noch gering, so haben sie doch eine große Schubkraft für die Professionalisierung in der Schulsozialarbeit bewirkt. Zu nennen sind hier z. B. die Publikationen von Hollenstein/Tillmann (1999), Forker/Schwendemann (1999), Braun/Wetzel (2000/2006), Vogel (2006), Speck (2007), Henschel u. a. (2008). Die Forschungsaktivitäten müssen ausgeweitet und vertieft werden, damit sie in das Studium des Handlungsfeldes Schulsozialarbeit einfließen können. Nur durch eine verbesserte Ausbildung ist es möglich, einer Deprofessionalisierung entgegen zu wirken und Fachkräfte in die Lage zu versetzen, als Bildungspartner zu agieren.

Seit Jahren engagiert sich der Kooperationsverbund Schulsozialarbeit für eine verbesserte Ausbildung für das Handlungsfeld Schulsozialarbeit und hat dies in Einzelschriften und auf Tagungen fortwährend gefordert (vgl. Kooperationsverband Schulsozialarbeit 2007).

Ein zentraler Impuls für die Professionalisierung der Schulsozialarbeit kann vom Qualifikationsrahmen für das Berufs- und Arbeitsfeld Schulsozialarbeit (QR SchulSArb) ausgehen. Der Fachbereichstag Soziale Arbeit und der Kooperationsverbund Schulsozialarbeit haben gemeinsam diesen Qualifikationsrahmen in Anlehnung an den Qualifikationsrahmen Soziale Arbeit (Bartosch 2006) entwickelt. In der Veröffentlichung des QR (Kooperationsverband Schulsozialarbeit 2009) liegt eine große Chance: Erstmalig können sich Studierende, Lehrende, Träger der Schulsozialarbeit, PolitikerInnen und HochschulplanerInnen darüber informieren, was ein/e SchulsozialarbeiterIn wissen und können sollte, wenn er/sie erfolgreiche und professionelle Schulsozialarbeit leisten will. Das Qualifikationsprofil ist derart umfangreich, dass die Forderung nach der Entwicklung eines eigenen BA- oder MA Studienganges zur Entwicklung der »Profession Schulsozialarbeit« (Pötter 2009) logisch erscheint. Dagegen positioniert sich der Fachbereichstag Soziale Arbeit mit seinem eindeutigen Bekenntnis zu einer generalistischen BA-Ausbildung und gegen eine Diversifizierung.

Welches Modell für die Akademisierung der Ausbildung für das Handlungsfeld Schulsozialarbeit sich entwickeln und durchsetzen wird, ist noch offen. Schwerpunktsetzungen im BA-Studiengang Soziale Arbeit finden sich mittlerweile an acht von 35 befragten Hochschulen in der Bundesrepublik; 26 gaben an, Schulsozialarbeit im Rahmen anderer Module zu lehren (vgl. Köhler 2009, S. 49). Ein erster BA-Studiengang »Soziale Arbeit – Soziale Dienste an Schulen« wird an der Hochschule Regensburg angeboten. Ein erster Master-Studiengang »Soziale Arbeit und Schule« ist an der evangelischen Hochschule Dresden eröffnet worden.

Da mit einem deutlichen Ausbau des Handlungsfeldes Schulsozialarbeit zu rechnen ist, sind die genannten Ausbildungsentwicklungen notwendig und bedürfen einer weiteren Ausweitung. Gegenwärtig befinden wir uns in einer Übergangsphase. Die lange Zeit vorherrschende Form der Unterrichtsschule wird sich verändern und die Lebenslagen von Kindern und Jugendlichen mehr berücksichtigen müssen. Dieses kann durch eine Zusammenarbeit von unterschiedlichen Professionen am Ort Schule gelingen. In einer interdisziplinären Zusammenarbeit zwischen pädagogischen Berufs- rollenträgern aus Schule, Jugendhilfe und dem Gesundheitswesen liegen große Chancen, eine sozialpolitisch und pädagogisch notwendige Weiter- entwicklung unseres Bildungssystems zu gewährleisten, verbunden mit dem Ziel zur Verwirklichung von Chancengleichheit in unserer Gesellschaft. Die Forderungen nach einer interdisziplinären Zusammenarbeit in der Schule sind alt (Comenius 1657) und aktuell. Multiprofessionelle, interdis- ziplinäre Kooperation wird für die Schule immer intensiver gefordert und hat damit ganz offensichtlich eine ganze Reihe guter Gründe auf ihrer Seite. Sie wird auch vielerorts in unterschiedlicher Intensität praktiziert – hat aber ganz offensichtlich mit einer Reihe von grundlegenden Schwierigkeiten zu tun (vgl. Nieslony 2008; Otto 2008, S. 45; Hollenstein/Nieslony 2009).

Es gilt deshalb, vorsichtig und entschlossen wegzuräumen, was die Zu- sammenarbeit bisher behindert hat oder sie weiterhin behindern könnte, wenn man es nicht beseitigte. Auch hier sind die Hochschulen aufgefordert, die Studienschwerpunkte Schulsozialarbeit bzw. entsprechende Studien- gänge interdisziplinär und interprofessionell anzubieten. Interdisziplinäres und interprofessionelles Arbeiten will gelernt sein und kann erlernt werden. So ausgerichtete Studiengänge bieten die Chance, eine gemeinsame Schnittmenge von Bildung zu entwickeln und auf dieser Grundlage inter- disziplinär und interprofessionell Bildungsprozesse von Kindern und Ju- gendlichen zu fördern. Dann begegnen sich Bildungspartner auf gleicher Augenhöhe.

Literatur

Baumert, J. u. a. (2001): PISA 2000. Basiskompetenzen von Schülerinnen und Schüler im internationalen Vergleich. Opladen.

Bartosch, U. u. a (2006): Qualifikationsrahmen Soziale Arbeit. Verabschiedet vom Fachbereichstag Soziale Arbeit, 31. Mai. Berlin.

Bundesministerium für Familie, Senioren, Frauen und Jugend (BMFSFJ) (2005): Zwölfter Kinder- und Jugendbericht. Bericht über die Lebenssituati- on junger Menschen und die Leistungen der Kinder- und Jugendhilfe in Deutschland. Berlin.

Busche-Baumann, M./Hebel, M. v. (1996): Zum Professionsverständnis von sozialpädagogischen Berufsrollenträgern im Verhältnis zu gewaltbereiten und rechtsorientierten Jugendlichen. In: Arbeitsgemeinschaft für Jugendhil- fe/IFFJ (Hrsg.): Rechtsextremismus als Herausforderung für die Ausbildung im Sozialwesen – curriculare, didaktisch-methodische und organisatorische Konsequenzen. Berlin.

Busche-Baumann, M. (1999): »Jetzt kommen die K-Gruppen« – Soziale Arbeit an einer Berufsschule. In: PÄD Forum, 1999, Heft August, S. 351-357.

Busche-Baumann, M. (1999): Schule - Soziale Arbeit: Chancen und Grenzen der Zusammenarbeit. In: Forum Jugendhilfe. AGJ-Mitteilungen, 1999, Heft 3, S. 35-40.

Bundesjugendkuratorium, Sachverständigenkommission für den 11. Kinder- und Jugendbericht, Arbeitsgemeinschaft für Jugendhilfe (2002): »Bildung ist mehr als Schule – Leipziger Thesen zur aktuellen bildungspolitischen Debatte«. Bonn.

Butterwegge, C. u. a. (Hrsg.) (1990): Rechtsextremismus im vereinten Deutschland. Bremen.

Braun, K.-H/Wetzel, K. (2000): Sozialpädagogisches Handeln in der Schule. Neuwied.

Braun, K.-H/ Wetzel, K. (2006): Soziale Arbeit in der Schule. München.

Christe, G. u. a. (2002): Benachteiligtenförderung und Fachhochschulen. Oldenburg.

Coelen, Th./Otto, H.-U. (Hrsg.) (2008): Grundbegriffe Ganztagsbildung, Wiesbaden.

Comenius, J. (2000⁹): Große Didaktik 1657. Übersetzt und herausgegeben von Andreas Flitner. Stuttgart.

Decker, O. u. a. (2006): Vom Rand zur Mitte. Berlin.

Deiters, F. u. a. (2000): Zusammenarbeit zwischen Schule und Jugendhilfe in Niedersachsen – Analyse und Vorschläge zur Weiterentwicklung, SVBL 4.

Elsner, G, (1996): Schulsozialarbeit in Sachsen. DJI-Arbeitspapier. München, 1996, S. 2-124.

Forker, H./Schwendemann, W. (1999): Kooperation von Schule, Jugendarbeit und Sozialarbeit – Wunschtraum oder Realität? Freiburg.

Henschel, A., u. a. (Hrsg.) (2008): Jugendhilfe und Schule. Handbuch für eine gelingende Kooperation. Wiesbaden.

Hollenstein, E./ Tillmann, J. (1999): Schulsozialarbeit – Studium, Praxis und konzeptionelle Entwicklungen. Hannover.

Hollenstein, E./ Nieslony, F. (2009): Lebenswelt, Jugendhilfe und Schule. Ein Plädoyer für mehr interdisziplinäre Zusammenarbeit. In: neue praxis,2009, Heft 4, S. 372-383.

Holtappels, H-G u. a. (Hrsg.) (2007): Ganztagsschule in Deutschland. Weinheim u. München.

Köhler, B. (2009): Sozialpädagogische Professionalität für die Schule – Ergebnisse zweier Befragungen zur Professionsbildung und Einschätzung der politischen Landschaft. In: Pötter, N./ Segel, G. (Hrsg.): Profession Schulsozialarbeit. Wiesbaden, S. 47-60.

Kooperationsverbund Schulsozialarbeit (2007): Berufsbild und Anforderungsprofil der Schulsozialarbeit. Frankfurt a. M.

Krafeld, F. J. u. a (1993): Jugendarbeit in rechten Szenen. Bremen.

Lindner, W./Thole, W./Weber, J. (Hrsg.) (2003): Kinder- und Jugendarbeit als Bildungsprojekt. Opladen.

Müller, B. (2003): Bildung und Jugendarbeit – Zwischen Größenwahn und Selbstverleugnung. In: Lindner, W./Thole, W./Weber, J. (Hrsg.): Kinder- und Jugendarbeit als Bildungsprojekt. Opladen, S. 235-246.

Müller, B. (2007): Der pädagogische Auftrag der Jugendarbeit und die sozialpädagogische Verantwortung der Schule. In: Zeller, M. (Hrsg.): Die sozialpädagogische Verantwortung der Schule. Baltmannweiler, S. 421-434.

Niedersächsisches Kultusministerium (1994): Zusammenarbeit zwischen Schule, Jugendamt und freien Trägern der Jugendhilfe. In: Schulverwaltungsblatt,
S. 91-92.

Nieslony, F. (2008): Für eine interdisziplinäre Schule – Zur professionellen
Kooperation im Rahmen schulbezogener Sozialarbeit in den Niederlanden.
In: Theorie und Praxis der Sozialen Arbeit, 2008, Heft 3, S. 219 -227.

Otto, H.-U./Rauschenbach, Th. (Hrsg.) (2008[2]): Die andere Seite der Bildung.
Zum Verhältnis vor formellen und informellen Bildungsprozessen. Wiesbaden.

Pötter, N./Segel, G. (Hrsg.) (2009): Profession Schulsozialarbeit. Beiträge zu
Qualifikation und Praxis der sozialpädagogischen Arbeit an Schulen. Wiesbaden.

Rademacker, H. (2009): Schulsozialarbeit – Begriff und Entwicklung. In: Pötter, N./Segel, G. (Hrsg.): Profession Schulsozialarbeit. Wiesbaden, S. 13-32.

Rauschenbach (2008a): Gerechtigkeit durch Bildung? In: nji Bulletin, 81. Jg.,
Heft 1, S. 4-7.

Rauschenbach, T. (2009): Zukunftschance Bildung. München.

Seithe, M. (1998): Landesprogramm »Jugendarbeit an Thüringer Schulen«.
Thüringer Ministerium für Soziales und Gesundheit. Erfurt.

Speck, K. (2007): Schulsozialarbeit – eine Einführung. München.

Terhart, E. (1996): Berufskultur und professionelles Handeln bei Lehrern. In:
Combe, A. u. a.: Pädagogische Professionalität, Frankfurt a .M., S. 448-471.

Vahsen, F. u. a. (1996): Jugendarbeit zwischen Gewalt und Rechtsextremismus.
Hildesheim.

Vogel, C. (2006): Schulsozialarbeit – eine institutionenanalytische Untersuchung von Kommunikation und Kooperation. Wiesbaden.

Zwischen Hilfe, Erziehung und Kultur: Sozialpädagogische Arbeits- und Handlungsfelder im Wandel

Etta Wilken

Pränatale Diagnostik, Schwangerschaftskonfliktberatung und Bewertung behinderten Lebens

Es sollte eine ganz normale Ultraschalluntersuchung sein. Die Mutter war gerade 30 Jahre alt, in der 20sten Woche schwanger und erwartete ihr zweites Kind. Aber dann zog sich die Untersuchung in die Länge. Die Ärztin, die zuvor alles, was sie sah, der Mutter gezeigt und erklärt hatte, wurde still. Dann sagte sie, dass sie den Befund nicht sicher deuten kann, aber da sei eine Auffälligkeit, die nur mit einer Spezialuntersuchung abgeklärt werden könne. Und plötzlich war für die werdende Mutter alles anders. Keine »Gute Hoffnung« und keine normale Schwangerschaft mehr. Und was war jetzt zu tun?

1. Pränatale Diagnostik

Mit der Möglichkeit, mittels Empfängniskontrolle selbstbestimmt Einfluss zu nehmen auf Elternschaft und Anzahl der Kinder, ist Zeugung heute weniger schicksalhaft. Dadurch sind unerwünschte Schwangerschaften insgesamt seltener geworden und Kinder werden häufiger unter Berücksichtigung individueller biographischen Bedingungen geplant. Werdende Mütter sind meistens hoch motiviert, Empfehlungen für eine möglichst günstige Entwicklung ihres ungeborenen Kindes umzusetzen sowohl durch Anpassung ihrer Lebensweise als auch durch das Inanspruchnehmen vorgeburtlicher Untersuchungen.

Mit pränataler Diagnostik werden alle vorgeburtlichen Untersuchungen bezeichnet, die zum Ziel haben, mögliche gesundheitliche Beeinträchtigungen der Mutter oder des Kindes frühzeitig zu erkennen und Risiken zu vermeiden oder zu vermindern. Vorgeburtliche Untersuchungen haben deshalb vor allem eine wichtige präventive Bedeutung.

Bei der pränatalen Diagnostik wird zwischen invasiven (hineingehenden) und nicht-invasiven Untersuchungsmethoden unterschieden.

Die üblichen, während der Schwangerschaft empfohlenen nicht-invasiven Untersuchungen, sind in den so genannten »Mutterschaftsrichtlinien« (Richtlinien des Bundesausschusses der Ärzte und Krankenkassen) beschrieben. Dazu gehören neben den allgemeinen anamnestischen Fragen und gesundheitlichen Untersuchungen auch verschiedene serologische Verfahren zum Ausschluss möglicher Infektionserkrankungen, ein Test auf immunologische Abwehrreaktionen zwischen Mutter und Kind sowie drei empfohlene Ultraschalluntersuchungen in der 10., 20. und 30. Schwangerschaftswoche. Damit kann u. a. abgeklärt werden, ob eine Ein- oder Mehrlingsschwangerschaft vorliegt, wie Lage und Struktur der Plazenta ist, ob die Menge des Fruchtwassers im Normalbereich liegt, ob sich Auffälligkeiten der Organentwicklung zeigen oder ob andere spezielle Risiken bestehen. Sollten sich bei diesen Untersuchungen Hinweise auf eine Risikoschwangerschaft ergeben, so ist der Arzt gehalten, die Schwangere aufzuklären und auf Möglichkeiten der humangenetischen Beratung hinzuweisen.

Während in Deutschland die Inanspruchnahme dieser Vorsorgeuntersuchungen ein Angebot darstellt, dessen freiwillige Annahme den Schwangeren empfohlen wird, gilt in Österreich seit 2002, dass »bei Nichteinhaltung der ersten zehn vorgesehenen Untersuchungen das Kinderbetreuungsgeld ab dem 20. Monat um die Hälfte gekürzt« wird (Mutter-Kind-Pass 2009). Eine Kritik, die diese mit Sanktionen verbundene Mutter-Kind-Pass-Bestimmung als »Pflicht zum gesunden Kind« (Haiden 2009) bezeichnet, verkennt jedoch die mit diesen Untersuchungen tatsächlich angestrebten Ziele und die gegebenen Diagnose- und Behandlungsmöglichkeiten.

Ergänzend zu den allgemein üblichen Routineuntersuchungen werden in Deutschland bei einem altersbedingten Risiko oder anderen Verdachtsmomenten auch speziellere Screening-Verfahren angeboten. So lässt sich in der 16. bis 20. Schwangerschaftswoche der AFP-Wert (Alpha-Feto-Protein-Wert) bestimmen, um im Blut der Schwangeren das vom Fötus ausgeschiedene Eiweiß zu untersuchen. Beim Triple-Test werden neben dem AFP-Wert ergänzend noch zwei weitere Serumwerte kombiniert. Aus den ermittelten Werten können sich unter anderem Hinweise ergeben auf Chromosomenabweichungen oder Neuralrohrdefekte. Beim Integrierten Screening werden das schwangerschaftsspezifische Protein (PAPP-A) und die Nackentransparenz bestimmt. Etwa vier Wochen später wird dann die Konzentration von vier weiteren Substanzen im Blut ermittelt. Mit Hilfe eines speziellen Programms erfolgt anhand der verschiedenen Ergebnisse eine spezielle Risikoberechnung. Allerdings ist die richtige zusammenfassende Interpretation der einzelnen Daten stark erfahrungsabhängig. Zudem gibt es gewisse Unsicherheitsfaktoren und Fehlinterpretationen sind möglich. Deshalb gibt es bei nicht-invasiven Untersuchungen nur eine eingeschränkte Zuverlässigkeit der Vorhersage über die Entwicklung und eventuelle Beeinträchtigungen des Kindes. Für eine sichere Abklärung der tatsächlichen Risiken ist der Einsatz invasiver Verfahren unbedingt erforderlich. Zunehmend können auch immer genauere Ultraschallbilder bei normalen Routineuntersuchungen Erkenntnisse über verschiedene sichtbare organische Veränderungen oder normabweichende Entwicklungen des Kindes geben und Hinweise auf mögliche Behinderungen bieten. Deshalb sind heute oftmals sonografische Verdachtsdiagnosen, die bei der 2. Ultrasschalluntersuchung in der 20. Woche gestellt werden, Auslöser für weitere abklärende invasive Untersuchungen. Aufgrund dieser relativ späten Diagnosestellung entstehen dann schwierige Entscheidungssituationen.

Im Unterschied zu den routinemäßig angebotenen nicht-invasiven Verfahren, sollten alle invasiven pränatalen Diagnoseverfahren aufgrund der möglichen Risiken und Konsequenzen nur bei entsprechenden Indikationen und nach ausführlicher Beratung erfolgen.

Von den verwendeten invasiven Verfahren zur pränatalen Diagnostik wird am häufigsten die Amniozentese (Fruchtwasseruntersuchung) angewendet, überwiegend in der 13. bis 18. Schwangerschaftswoche. Dabei wird aus der Fruchtblase unter Ultraschallsicht durch Punktion Fruchtwasser entnommen. Mit den darin befindlichen kindlichen Zellen werden Langzeitkulturen angelegt. Die Ergebnisse liegen nach ca. drei Wochen vor. Durch die Anmiozentese lassen sich Chromosomenanomalien, Neuralrohr- und Stoffwechseldefekte feststellen. Das Risiko dieser Untersuchung liegt vor allem in einer Fehlgeburtsrate von ca. 0,5 bis 0,9 Prozent.

Die Chorionzottenbiopsie ist ein Verfahren, mit dem zu einem möglichst frühen Zeitpunkt der Schwangerschaft (ab der zehnten Woche) bestimmte Abweichungen erfasst werden. Dabei erfolgt eine Gewebsentnahme (Chorionzotten) durch Scheide und Muttermund. Das Ergebnis dieser Untersuchung liegt bereits nach einem Tag, spätestens nach einer Woche vor. Auch mit diesem Verfahren können u. a. Chromosomenabweichungen festgestellt werden, allerdings mit einer Fehlerwahrscheinlichkeit von etwa 3 Prozent. Das Risiko für eine Fehlgeburt wird mit ca. 2 bis 4 Prozent angegeben.

Nach dem Schwangeren- und Familienhilfeänderungsgesetz vom 21. August 1995 muss eine schwangere Frau, der mitgeteilt wird, dass sie ein Kind mit Behinderung erwartet, von »Fachkräfte(n) mit besonderer Erfahrung in der Frühförderung behinderter Kinder« beraten werden, wenn sie dies wünscht (§ 6,2).

Wenn in Folge der pränatalen Diagnose ein Schwangerschaftsabbruch vorgenommen wird, ist die rechtliche Grundlage dafür seit 1995 der § 218a des Strafgesetzbuchs (StGB). Er gewährt Straffreiheit für einen Schwanger-

schaftsabbruch bis zur 12. Schwangerschaftswoche im Rahmen der Bera-
tungsregelung sowie bei einer kriminologischen Indikation, und ohne zeitli-
che Begrenzung bei einer medizinischen Indikation. Aufgehoben ist dagegen die so genannte embryopathische Indikation, die einen Schwangerschaftsabbruch bis zur 22. Woche ermöglichte. Die Begründung für die
Aufhebung war, dass durch eine verlängerte Abbruchsfrist bei Schädigung
des Embryos das Missverständnis nahe gelegt sein könnte, behindertes Leben sei geringer als nicht behindertes Leben zu bewerten.

Es ist jedoch fraglich, ob durch die neue rechtliche Regelung eine Entscheidung bei einem auffälligen pränataldiagnostischen Befund im Rahmen
der medizinischen Indikation weniger problematisch geworden ist. Denn im
Gegensatz zur alten Regelung gibt es jetzt keine kindbezogene Begrenzung
der Abbruchsfrist mehr. Nach der 22. Woche ist ein Kind bereits bedingt
lebensfähig, so dass eine Entscheidung zum Schwangerschaftsabbruch
möglicherweise zur Geburt eines lebenden Kindes führt, das aber durch die
veranlasste Frühgeburt möglicherweise zusätzliche Schädigungen erleidet
(vgl. Kiliman 2005). Viele Ärzte fragen sich deshalb, wie sie den Eltern den
Befund der Untersuchung in einem solchen fortgeschrittenen Stadium der
Schwangerschaft mitteilen können und welche Beratung dann möglich ist.
Eine verantwortbare Entscheidung unter diesen Bedingungen zu treffen, ist
für die Eltern extrem schwierig.

Aber auch der Arzt gerät in eine problematische Konfliktsituation:
Wenn die Eltern sich für einen Schwangerschaftsabbruch entscheiden, weil
sie ablehnen, ein Kind mit Behinderung zu bekommen, dieses Kind aber le-
bend geboren wird, hat es intensive medizinische Betreuung zu erwarten;
aber eine pränatale Tötung dieses Kindes vorzunehmen, um ein solches Dilemma zwischen Elternwunsch und Fürsorgepflicht zu vermeiden, ist extrem problematisch.

Es ist gesellschaftlich heute zwar meist akzeptiert, dass eine Schwangerschaft beendet wird, wenn Gefahr für das Leben der Mutter besteht. In
der Neufassung von § 218 a werden jedoch mögliche seelische Beeinträchtigungen der Schwangeren, die sich als Folge einer festgestellten Schädigung des Embryos entwickeln könnten, in gleicher Weise gewertet. Deshalb kann ein Schwangerschaftsabbruch auch zu jeder Zeit erfolgen, um
»unter Berücksichtigung der gegenwärtigen und zukünftigen Lebensverhältnisse« der Schwangeren »die Gefahr einer schwerwiegenden Beeinträchtigung des körperlichen oder seelischen Gesundheitszustandes der
Schwangeren abzuwenden« (§ 218a, Abs. 2 StGB).

Problematisch ist dabei, dass mögliche seelische Beeinträchtigungen in
gleicher Weise gewertet werden wie lebensbedrohliche Erkrankungen der
Mutter. Aber nur durch die Gleichsetzung körperlicher und vermuteter psy-
chischer Folgen für die Schwangere ist ein straffreier Schwangerschaftsabbruch nach der zwölften Woche im Rahmen der medizinischen Indikation

möglich, wenn kindliche Schädigungen nachgewiesen sind. Kriterium für den Abbruch ist dabei also nicht die kindliche Erkrankung bzw. Fehlentwicklung selbst, sondern es sind die hypothetisch angenommenen Auswirkungen auf das zukünftige Leben der Mutter und ihre psychische Gesundheit.

Nach Angaben des statistischen Bundesamtes wurden in Deutschland 2008 insgesamt 114 484 Schwangerschaftsabbrüche vorgenommen. Davon erfolgten 111 474 Abbrüche, das sind etwa 97 % aller Abbrüche, ohne Angabe von Gründen nach der »Beratungsregel«. Die Schwangerschaftsdauer zum Zeitpunkt des Abbruchs lag in 112 153 Fällen unter 13 Wochen; zwischen der 13. und 23. Woche erfolgten etwa 2000 Abbrüche. Nach der 23. Woche wurden aufgrund von »medizinischen Indikationen« 231 Abbrüche vorgenommen. Bei 77,2 % der Abbrüche lag das Alter der Schwangeren unter 35 Jahren, bei 15,1 % lag es zwischen 35 und 39 Jahren, und bei 7,7 % bei 40 Jahren und älter. Eine kritische ethische Bewertung dieser Angaben ist jedoch in Relation zu setzen zu den insgesamt 18 % Abbrüchen bezogen auf alle Lebendgeburten in Deutschland. Es ist anzunehmen, dass die insgesamt 2231 »Spätabbrüche« nach der 12. Schwangerschaftswoche aufgrund von diagnostischen Ergebnissen, die überwiegend durch Amniozentense ermittelt wurden, erfolgten. Die dabei vorliegende relativ gleichmäßige Altersverteilung der Schwangeren von 20–40 Jahre, lässt vermuten, dass in diesen Fällen offenbar recht unterschiedliche Risikofaktoren abgeklärt wurden. Somit werden auch die festgestellten Behinderungen des ungeborenen Kindes und die individuellen Gründe für den Schwangerschaftsabbruch durchaus verschieden sein. Deshalb sollten die Entscheidungskriterien gerade dieser 3 % der Frauen, die einen relativ späten Abbruch vornehmen ließen, im Vergleich zu den 97 % Abbrüchen, die nach der Beratungsregel erfolgten, nicht vorschnell undifferenziert stigmatisiert werden.

2. Schwangerschaftskonfliktberatung

Die werdende Mutter bzw. die Eltern, die sich bewusst für eine invasive Untersuchung (meistens eine Amniozentese) entscheiden, weil sie aufgrund von erhöhtem Alter oder genetischem Risiko oder auch aufgrund diffuser Ängste eine Abklärung wünschen, treffen eine solche Entscheidung bewusst und relativ früh. Sie können vor dem Eingriff beraten und über mögliche Konsequenzen und Risiken informiert werden, und zwar zu einem Zeitpunkt, wo noch kein spezieller Verdacht besteht und noch ein positives Ergebnis erhofft wird.

Wenn dagegen bei einer relativ späten Routineuntersuchung ein auffälliger Befund erfolgt, entsteht ein augenblicklicher Entscheidungszwang, der auch durch die seit dem 1. 1. 2010 geltende Einführung einer Bedenkzeit von 3 Tagen »zur Überwindung der Schocksituation« nur wenig abgemildert wird (BMFSFJ, Ergänzungsblatt zur Broschüre Schwangerschaftsberatung § 218). In einen solch kritischen Entscheidungszwang geraten Eltern, wenn im Ultraschall ein bestimmter Herzfehler festgestellt wird, der oftmals bei Kindern mit Down-Syndrom vorkommt; oder wenn in der 20. Schwangerschaftswoche bei der Mutter ein erhöhter Proteinwert im Blut ermittelt wird und sich aufgrund weiterer Untersuchungen die Vermutung bestätigt, dass das Baby Spina bifida und Hydrocephalus haben wird; oder wenn zur Abklärung einer Entwicklungsauffälligkeit bei einem Fötus in der 21. Woche beim Feinultraschall ein Mikrocephalus festgestellt wird – ohne dabei klare Aussagen über das Ausmaß der vorliegenden Behinderung treffen zu können.

Für Eltern, die noch den Schock der Entwicklungsabweichung ihres erwünschten (!) Kindes verarbeiten müssen, ist es in dieser Situation schwer, eine Entscheidung zu treffen und kurzfristig zwischen zwei Alternativen wählen zu müssen, die sie beide nicht gewollt haben: einem Schwangerschaftsabbruch oder einem Leben mit einem behinderten Kind. Deshalb wird im neuen »Gesetz zur Änderung des Schwangerschaftskonfliktgesetzes«, das am 1. 1. 2010 in Kraft trat, eine »umfassende fachübergreifende Aufklärung, Betreuung und Begleitung der Schwangeren und ihres Partners« geregelt (ebd.). Ausdrücklich wird darauf verwiesen, dass »die Schwangere von ihrer Ärztin oder ihrem Arzt unter Hinzuziehung von Fachärzten, die mit der Gesundheitsschädigung bei geborenen Kindern Erfahrung haben, über die medizinischen, psychischen und sozialen Aspekte des Befundes und über Unterstützungsmöglichkeiten bei physischen und psychischen Belastungen beraten werden muss« (ebd.). Zudem sollten – wenn gewünscht – Kontakte zu Selbsthilfegruppen und Behindertenverbänden vermittelt und geeignetes Informationsmaterial zur Verfügung gestellt werden.

Da aufgrund vielfältiger individueller und sozialer Gründe Elternschaft heute zeitlich immer später geplant wird – durchschnittlich sind Frauen bei der Geburt ihres ersten Kindes fast 30 Jahre – besteht eine deutliche Tendenz, dass schwangere Frauen mit einem erhöhten Gebäralter häufiger invasive pränatale Untersuchungen vornehmen, weil sie wissen, dass die Wahrscheinlichkeit für die Geburt eines Kindes mit chromosomalen Fehlverteilungen (Trisomie 21, 18, 13) mit zunehmendem Lebensalter der Mutter kontinuierlich ansteigt. »Je mehr Diagnosemöglichkeiten es gibt, desto mehr erweitert sich auch die Fürsorgepflicht der Eltern. Es ist die Technik, die neu definiert, was ihre Verantwortung ist« (Beck-Gernsheim 1990, S. 157). Ohne dass spezielle Risiken bekannt sind, nehmen Frauen unter 35

Jahren eher selten eine invasive Diagnostik vor, weil im Vergleich zu anderen möglichen Beeinträchtigungen die Wahrscheinlichkeit z. B. für die Geburt eines Kindes mit Down-Syndrom gering ist. Dagegen tendieren viele Frauen, die älter sind dazu, eine Abklärung vorzunehmen. Hier spielt auch eine Rolle, dass die ärztliche Beratung dies dringend empfiehlt – oft unter dem Druck, dass es Verurteilungen von ÄrztInnen gegeben hat, den Basisunterhalt und den Mehraufwand für ein behindertes Kind zu zahlen, dass bei entsprechender Beratung abgetrieben worden wäre (wrongful birth).

Obwohl die meisten Paare sich bei Vorliegen einer erheblichen Beeinträchtigung ihres erwarteten Babys gegen eine Fortsetzung der Schwangerschaft entscheiden, sind es etwa 10 %, die das Leben ihres Kindes auch bei möglicher Krankheit oder Behinderung nicht in Frage stellen. Aber gerade für diese Eltern ist es wichtig, dass sie kompetent beraten und begleitet werden, damit die Diagnose nicht zu unnötigen Ängsten führt und das erwartete Baby nicht zu einem »reparaturbedürftigen Fall« wird sondern ihr Kind bleibt, auf das sie sich einstellen können. Vor allem der Kontakt zu Selbsthilfegruppen und die Möglichkeit, Kinder mit der gleichen Behinderung kennen zu lernen, kann zur positiven Bewältigung und Vorbereitung auf die neuen Herausforderungen hilfreich sein.

Immer wieder berichten Eltern, die ein behindertes Kind bekommen haben, von kritischen Fragen, warum sie denn keine pränatale Diagnostik in Anspruch genommen hätten oder gar von Feststellungen, dass »Behinderungen« doch heute vermeidbar seien. Das ist falsch und ist deshalb nachdrücklich zurückzuweisen. Solche Vorurteile könnten zu der generalisierenden Annahme verleiten, dass Eltern sich bewusst für ihre besondere Familiensituation entschieden haben und zu einer subtilen Zuweisung von Selbstverantwortung führen. Nach wie vor aber werden die meisten Eltern erst nach der Geburt mit der Diagnose einer Behinderung konfrontiert und müssen sich dann damit auseinandersetzen, dass ihr neugeborenes Kind anders ist als sie es erwartet haben. Viele veröffentlichte Elternberichte zeigen deutlich, wie schwer es gerade am Anfang ist, sich dieser unerwarteten Herausforderung zu stellen. Aber unabhängig davon, ob die Eltern von der Behinderung ihres Kindes pränatal wussten oder erst nach der Geburt davon erfahren haben, sind die manchmal erfolgenden Aussagen über eine individuell zu verantwortende Entscheidung oder gar Schuld nachdrücklich abzulehnen. »Es scheint sich beispielsweise subtil zu entwickeln, dass Schwangere dafür verantwortlich gemacht werden, ein gesundes, mit allen Möglichkeiten der Medizin abgeklärtes Baby bekommen zu sollen« und »Nichtwissen ...zunehmend als Schuld oder Haftung betrachtet wird« (Maier 2000, S. 14). Solche oft latent vermittelten negativen Einstellungen im sozialen Umfeld können den Eltern eine positive Bewältigung ihrer Lebenssituation erschweren aber darüber hinaus auch eine Entsolidarisierung von Verantwortung der Gesellschaft bewirken, weil von falschen Annahmen ausgegangen wird.

3. Bewertung behinderten Lebens

Oftmals wird die Vermutung geäußert, dass durch die zunehmende Inanspruchnahme der pränatalen Diagnostik und dem bei entsprechendem Befund meistens vorgenommenen Abbruch sich langfristig auch eine veränderte Einstellung zu Menschen mit Behinderung ergeben könnte.

Bezogen auf Kinder mit Down-Syndrom ist festzustellen, dass die Einstellungen gegenüber diesen behinderten Menschen und ihre soziale Integration sich in den letzten Jahrzehnten deutlich verbessert hat, obwohl aufgrund verstärkter Inanspruchnahme von pränataler Diagnostik und Schwangerschaftsabbruch bei entsprechendem Befund wahrscheinlich insgesamt weniger Kinder mit Down-Syndrom geboren werden – was zur Vermutung führen könnte, Menschen mit dieser Behinderung würden verstärkt abgelehnt. »Signifikant weniger Kinder mit Down-Syndrom kommen zur Welt«, stellte Martina Kronthaler von der Österreichischen »Aktion Leben« in einer ORF-Diskussion fest. Worauf die Moderatorin Ingrid Thurnher fragte: »Ist das gut oder nicht gut?« (Fürnschusss-Hofer 2008, S. 6). Die Antwort, die fast alle betroffenen Familien darauf geben würden, ist wahrscheinlich »nicht gut«. Sieht man sich jedoch vorliegende Elternberichte genauer an, wird die bestehende Problematik offensichtlich. So stellen viele Eltern fest, dass sie froh sind, nicht schon pränatal eine Diagnose erhalten zu haben, weil sie zu diesem Zeitpunkt eher einem Abbruch zugestimmt hätten als sich für ihr Kind zu entscheiden. Unsicherheit und Angst, was auf sie zukommen würde, hätte ihre Entscheidung wahrscheinlich bestimmt. Daraus wird deutlich, dass es die Beziehung zu einem besonderen Kind ist, die Liebe, die nur im Miteinander erfahren werden kann, die zu einer positiven Annahme führt. Dagegen erfolgt ein pränataldiagnostischer Befund, der dem ungeborenen Kind plötzlich unerwartete und unerwünschte Eigenschaften zuschreibt, zu einer Zeit, wo zwar eine Beziehung besteht, doch noch eher in einer »erträumten« Weise. Deshalb ist das Bemühen vieler Elternselbsthilfegruppen, ihre positiven Erfahrungen mit ihren Kindern jenen Eltern nahe zu bringen, die aufgrund einer pränatalen Diagnose in eine Entscheidungssituation geraten sind, nur begrenzt hilfreich. Denn Liebe kann man schwer rational vermitteln. Deshalb sind engagierte Eltern oftmals enttäuscht, dass ihre Beratung nicht den erwünschten Erfolg hatte und zur Akzeptanz eines ungeborenen Kindes mit Down-Syndrom führte. In ähnlicher Weise erleben Eltern von Kindern mit Down-Syndrom es als bittere Erfahrung, wenn nahe Familienmitglieder oder gute Freunde »sicherheitshalber« eine Amniozentese vornehmen lassen, damit ihnen »sowas« nicht passiert – obwohl diese Personen durchaus einen positiven Bezug zu dem Kind mit Down-Syndrom haben können. Aber sie erleben eben nicht nur das Kind, sondern sie hören und erfahren auch von den vielfältigen Belastungen, von den Schwierigkeiten im Lebensalltag und von den häufig mühsamen Kämpfen um Hilfen und Maßnahmen, um die Aufnahme in einen wohnortnahen Kindergarten oder um eine angemessene Beschulung.

Werdende Eltern müssen nicht allein das Leben mit einem behinderten Kind akzeptieren, sondern sie benötigen auch Perspektiven für akzeptable Lebensbedingungen sowohl unter sozialen, ökonomischen als auch rechtlichen Aspekten. Die eigentliche Aufgabe besteht deshalb darin, die Familie mit ihrem behinderten Kind begleitend zu unterstützen, damit Eltern und Geschwister nicht in eine belastende Sonderrolle gedrängt werden. Erst die erfahrbaren positiven Lebensbedingungen dieser Familien können zukünftigen Eltern eines behinderten Kindes die Annahme erleichtern – nicht jedoch moralisierende Statements. Die Feststellung, »wenn unsere Gesellschaft im Umgang mit Down-Syndrom das Kriterium der Zumutbarkeit eines Kindes zum Ausschlaggebenden erhebt, kann das nächste Kriterium eine Geschlechtswahl sein« (bv-aktuell, 4/08) greift zumindest in unserem Kulturkreis zu kurz und verwischt das eigentliche Problem. Es ist kaum denkbar, dass eine Frau, die die oft gegebenen Belastungen einer Schwangerschaft in den ersten Monate überstanden und den Termin für den Abbruch einer unerwünschten Schwangerschaft überschritten hat, allein aufgrund des »falschen« Geschlechts ihres ungeborenen Kindes den Abbruch einer gewünschten Schwangerschaft vornehmen lassen wird.

Die Entscheidung für ein behindertes Kind hat weit reichende lebenslange Konsequenzen für die Familie, die sowohl physische und psychische als auch ökonomische Belastungen und besondere rechtliche Auswirkungen betreffen (Versicherungsrecht, Erbrecht). Eine lediglich verbale Solidarität nutzt da wenig, wenn nicht konkrete personelle und finanzielle Hilfen angeboten werden und eine soziale Akzeptanz spürbar vermittelt wird.

Problematisch ist die oft unreflektierte Gleichsetzung von Behinderung und behinderten Menschen und eine generalisierte kritische Einstellung zur pränatalen Diagnostik mit der Begründung, dass damit »Behinderung als etwas gesehen wird, was es auf jeden Fall zu vermeiden gilt« (Hintermair 2008, S. 118). Einer solchen Argumentation muss in dieser Form nachdrücklich widersprochen werden. Wenn Behinderungen sich durch Vorsorge (Schwangerschaftsrisiken) oder durch Impfung (Röteln, Polio) vermeiden lassen, ist es ethisch nicht beliebig, ob entsprechende Maßnahmen ergriffen werden oder nicht. Absolut sinnvoll sind auch aktuelle Bestrebungen, durch Aufklärung und intensive Beratung und Begleitung zu versuchen, dem zunehmenden Problem der pränatal Alkohol geschädigten und Drogen belasteten Kinder zu begegnen. Die Prävention und Bekämpfung solcher vermeidbaren Behinderungen bzw. Erkrankungen – ob prä- oder postnatal – ist ein wichtiges und nicht in Frage zu stellendes humanes Ziel. Das entscheidende Problem ergibt sich jedoch dann, wenn aufgrund der fehlenden Trennung von Prävention von Behinderungen und einem nach pränataler Diagnose erfolgenden Schwangerschaftsabbruch zur Vermeidung der Geburt eines behinderten Kindes nicht unterschieden wird. Einige bekannte Ursachen für mögliche Behinderungen sind zwar vermeidbar, aber beim Down-Syndrom kennen wir z. B. nicht die Ursache der chromosomalen Fehlverteilung. Mit keiner Maßnahme können wir deshalb die Entstehung des Down-Syndroms vermeiden. In diesem Fall ist nur möglich, pränatal zu erkennen, dass sich ein Kind mit Down-Syndrom entwickelt. Durch eine unzulässige Gleichsetzung von Behinderungsprävention und der Verhinderung der Geburt eines behinderten Kindes kann der Eindruck vermittelt werden, es bestünde kein grundsätzlicher Unterschied zwischen diesen Zielsetzungen. Solche undifferenzierte Generalisierung kann dazu führen, dass behinderten Kindern Lebenswert und Lebensrecht abgesprochen wird. Es ist allerdings ebenfalls zu problematisieren, wenn durch moralischen Druck erreicht werden soll, dass werdende Eltern die Geburt eines behinderten Kindes zu akzeptieren haben – während gleichzeitig fast jede fünfte Schwangerschaft (!) trotz gesetzlich vorgeschriebener Beratung beendet wird. Nimmt man aus vorliegenden Armutsanalysen die Feststellung hinzu, dass vor allem allein erziehende Eltern ein besonders hohes Armutsrisiko haben, wird deutlich, dass sozialen und ökonomischen Gründen eine wichtige Bedeutung für die Akzeptanz einer Schwangerschaft zukommt. Das gilt erst recht für das Leben mit einem behinderten Kind.

Durch undifferenzierte moralisierende Einflussnahme pränatale Diagnostik zu verurteilen, geht deshalb an den bestehenden vielfältigen Problemen der schwangeren Frauen in Konfliktsituationen vorbei. »Wir müssen alle als Gesellschaft dafür sorgen, dass einerseits eine elterliche Entscheidung für die Geburt eines Kindes mit Down-Syndrom nicht als unzumutbare Belastung empfunden wird, und dass andererseits eine elterliche Entscheidung gegen die Geburt eines Kindes mit Down-Syndrom nicht als unzumutbarer Egoismus bewertet wird. Beide Sichtweisen wären einseitig« (Stengel-Rutkowski 1990, S. 44). Daraus ergibt sich hinsichtlich einer ethisch verantwortlichen elterlichen Entscheidungsfindung die Notwendigkeit für eine Beratung, die weder professionell noch moralisch dominiert sein darf, sondern »auf der Basis einer persönlich positiven Einstellung zu Menschen mit Behinderungen, eine angemessene und sachgerechte Antwort auf elterliche Fragen und Befürchtungen ermöglicht« (Wilken 1992, S. 189). Ethische Fragen zur pränatalen Diagnostik und zum Schwangerschaftsabbruch erfordern eine differenzierte Auseinandersetzung mit familiären und gesellschaftlichen Entwicklungen. Fachliche Begleitung sollte eine wertgeleitete aber nicht moralisierende Beratung ermöglichen und Freiräume geben für eine individuelle Entscheidungsfindung.

Literatur

Beck-Gernsheim, E. (1990): Alles aus Liebe zum Kind. In: Beck, U./Beck-Gernsheim, E.: Das ganz normale Chaos der Liebe. Frankfurt a. M, S. 107-128.

Bundesministerium für Familie, Senioren, Frauen und Jugend (BFSFJ): Broschüre »Schwangerschaftsberatung § 218«.

Bundesministerium für Familie, Senioren, Frauen und Jugend (BFSFJ) (2010): Ergänzungsblatt zur Broschüre »Schwangerschaftsberatung §218 - Informationen für Frauen, Paare, Familien, Beratungsstellen, Ärzte und Ärztinnen« anlässlich der Änderung des Schwangerschaftskonfliktgesetzes zum 1.1.2010.

Bundesverband für Körper- und Mehrfachbehinderte (2008): Pränataldiagnostik als soziales Tabu: Bloßes »Babyfernsehen« oder Aussonderung unerwünschter Kinder? bv-aktuell, 2008, Heft 4.

Fürnschuss-Hofer, S./Huainigg, F-J. (2008): Das Leben ist schön! Auch mit Behinderung!? In: Leben, Lachen, Lernen, 2008, Heft 34.

Haiden,C. (2009): Das perfekte Neujahrsbaby. (letzter Zugriff: 31.12.09). (http://www.nachrichten.at/nachrichten/meinung/haiden/art13342,315104).

Hintermair, M.: Ethische Fragen der Sonderpädagogik: Diskursarena Hörschädigung. VHN, 77. Jg., S. 110-122. (http://de.wikipedia.org/wik/Schwangerschaftsabbruch)

Kilimann, G. u. H. (2005): Er sollte sterben, doch Tim lebt. Film.

Maier, B. (2000): Ethik in Gynäkologie und Geburtshilfe – Entscheidungen anhand kritischer Fallbeispiele, Berlin u. Heidelberg.

Mutter-Kind-Pass (letzter Zugriff: 29.12.09). (http://www.wikipedia.de).

Stengel-Rutkowski, S. (1990): Das Symptomenspektrum des Down-Syndroms, In: Murken, D.-R.: Down-Syndrom. Starnberg.

Wilken, E. (2004): Menschen mit Down-Syndrom in Familie, Schule und Gesellschaft. Marburg.

Wilken, U. (1992): Professionelle Moral und das Ethos verantwortlicher Elternschaft – Anfragen zu Anthropologie und Ethik der pränatalen Diagnostik. In: Z. f. Heilpäd., 1992, Heft 3, S. 183-190.

Lutz Finkeldey

Im Schatten des Wandels

»... dass Entscheidungen in der Vergangenheit solche Zukunftsauswirkungen gehabt hätten, dann hätten wir vielleicht doch etwas Anderes gemacht.« Rückwirkend betrachtet mag die Spezies »Mensch« – also wir – weiser wirken. Dennoch wiederholen wir Dinge, die wir eigentlich besser wissen sollten. Wir leben, als ob spätere Generationen das Soziale immer wieder neu erfinden könnten, als ob die derzeit Lebenden sich immer nur in ihrem So-Sein reproduzierten und das Neue bekannt sei. Wir beschränken uns mit Gebrauchsanweisungen für etwas, was wir gar nicht kennen. Wir verengen mit unserem derzeitigen Handeln den Spielraum für Zukünftiges: Kriege, Umweltverschmutzung, Technologien mit unkalkulierbaren Risiken, produzieren aberwitzige Schuldenberge und gesellschaftliche Ungerechtigkeit, schaffen diffuse Angstpotentiale über Katastrophen, Kriege. Diffusität ist schon heute zu sehen. Alte Menschen sehen in jungen das Problem, junge in alten, reiche bei den armen, arme bei den reichen, gebildete bei den ungebildeten, ungebildete bei den gebildeten. Solche Situationen bezeichnet der Volksmund als »Hornberger Schießen«, denn das Eigentliche, was es auch immer sein mag, ist konturenlos. Dennoch aber scheinen wir die Zeichen der Zeit nicht zu verstehen und tun so, als ob alles beherrschbar sei, begreifen kaum, dass ein Fortschreiten neue Herausforderungen bedeutet, die bekannten Interpretationen zuwiderlaufen. Menschen interpretieren Geschichte äußerst unterschiedlich. So leben viele von uns mit Privilegien, die sie als »natürlich« betrachten. Diesen Gedanken gehört zunächst kurz die Aufmerksamkeit. Warum interpretieren wir Geschichte und damit auch das Soziale äußerst unterschiedlich? Der Literat Lion Feuchtwanger schreibt in »Das Haus der Desdemona oder Größe und Grenzen der historischen Dichtung«, dass die Triebkraft des Dichters immer das eigene innere Erlebnis sei. So sei auch die Wahl des Stoffes ein mehr oder minder Zufälliges, die aus einer gelegentlichen Bemerkung eines Gesprächspartners, aus einer Zufallslektüre kommen könne, doch man müsse sich hüten, diese Anlässe zu überschätzen (vgl. Feuchtwanger 1986, S. 153). Wenn wir diesem Gedanken folgen wollen, wofür einiges spricht, so können wir festhalten, dass auch die alltägliche Interpretation des »Sozialen« viel Zufälliges aufweist. Wir neigen aufgrund von Erlebnissen, die uns gerade beschäftigen, zu Interpretationen, die morgen schon wieder anders konfiguriert sein könnten, weil eben neue Ereignisse, Erlebnisse oder nur Aspekte hinzugekommen sind. Erlebnisse von jungen Menschen sind gegenüber älteren »anders«, da ihre ureigene Erlebnis- und Ereignisgeschichte einen unterschiedlichen Zeitraum und damit Zeitbegriff umschließt. Das beeinflusst Interpretationen, weil selbst erlebte Geschichte andere Interpretationen hervorbringt als erzählte, ton-, filmisch oder internetbasierte nahe gebrachte oder angelesene. Auch spielt innerhalb einer Generation der »Standort« eine große Rolle: Wie habe ich es erlebt, wie hat es mich betroffen? Ein weiterer Gedanke Feuchtwangers kann ebenfalls zur Erhellung von individueller Interpretation beitragen: Er habe sich in seinen historischen Romanen immer bemüht, das Bild seiner Wirklichkeit bis ins kleinste Detail treu wiederzugeben, aber sich niemals darum gekümmert, ob seine Darstellung der historischen Fakten exakt sei. Er veränderte gar die historisch genau bekannte aktenmäßige Wirklichkeit, wenn sie illusionszerstörend wirkte: Fakten könnten sich nun nicht behaupten gegen gutgefügte, glaubhafte, das Gemüt anrührende, lebendige, lebenfördernde Dichtungen. (vgl. Jaretzky 1984, S. 94) Was Feuchtwanger reflektiert und daher gezielt einsetzt, passiert bei den meisten Menschen unbewusst, denn sie begeben sich nicht auf die Suche nach den Gründen und nach dem Schlüssel für ihre Interpretation. Sehen diese aber dennoch als »objektiv« an. Aber auch der Geschichtswissenschaft weist Feuchtwanger mit dem Historiker Theodor Mommsen keine objektive Position zu, denn die Phantasie sei so aller Poesie so auch aller Historie Mutter. (vgl. Jaretzky 1984, S. 18) Auch der Politiker bekommt bei Feuchtwanger »sein Fett weg«, denn er müsse seine Wahrheit statt mit einer anständigen Lüge immerzu mit der Dummheit der Massen versetzen (vgl. Jaretzky 1984, S. 98).

Was bleibt? Gibt es keine Objektivität? Die gibt es in der Tat nicht, denn dazu ist die »Welt« viel zu unübersichtlich, unerklärbar und in der Folge sehr subjektiv gefärbt. Wir brauchen als Menschen Vor-Urteile, um uns orientieren zu können. Wir können »die Welt« nicht komplett begreifen, doch wir können uns um »Wahrheit« bemühen. Ohne Urteile gibt es kein ichbezogenes Denken, kein Denken überhaupt. Selbst in der abstraktesten Wissenschaft spielt immer das schreibende Subjekt eine Rolle. Auch wenn es nicht benannt wird, »lebt« es zumindest zwischen den Zeilen. Erkenntnis kann nie unabhängig von Menschen sein. Oft denken wir nur, dass etwas objektiv sei, weil andere Menschen auch so denken. Objektivität aber ist nur ein Kunstbegriff.

Wenn Geschichtswissenschaftler und Politiker »ihre subjektive Geschichte« schreiben, was die Masse der Menschen im Alltagsleben ohnehin macht, so bleibt die Frage, ob denn eine soziologische Annäherung an den Wandel des Sozialen über subjektiv Konstruiertes hinauskommt? Eine erste Antwort steckt implizit in dem bisher Geschriebenen: Wenn es sich um ein transparentes Vorgehen handelt, das möglichst wenig oder keine impliziten Werturteile als objektive Tatsachen ausgibt, also die Werte oder Grundlagen darlegt und benennt, um damit argumentativ zu »bauen«, dann handelt es sich um relativ Konstruiertes, das in seiner inhärenten Logik »vernünftig« ist. »Vernunft« bedeutet, logisch aufeinander aufzubauen, was von den am Prozess des »Vernünftigen« Beteiligten als Gemeinsames anerkannt wird. Eine gedankliche Konstruktion bedarf folglich einer gemeinsamen »Vernunft.

Nun gilt es noch den oben aufgeworfenen Gedanken, warum wir unsere Privilegien als »natürlich« betrachten, also die Entstehungsbedingungen des »alltäglich Vernünftigen« in aller Kürze zu beantworten. Der Mensch interpretiert – wie schon angedeutet – die Geschichte über eigene Erfahrungen, denen in der Regel subjektive Maßverhältnisse zugrunde liegen. Identität bildet sich in der Sozialisation über Gemeinsames und Fremdes heraus, formt sich bis zum Lebensende weiter über Gleiches und Ungleiches. Ohne gesellschaftliche Verhältnisse finden keine Sozialisations- und Identitätsprozesse statt. Gesellschaft ist in unseren Breiten nichts Statisches, sondern etwas sich Wandelndes, dass in jüngster Zeit an enormer Beschleunigung gewonnen hat, weshalb Identitäten zunehmend brüchiger werden. Vergleiche von Generation zu Generation, also etwa im Abstand von 30 Jahren, gibt es kaum mehr. Soziale, kulturelle und technische Handlungs- und Wissensbestände haben in sehr vielen gesellschaftlichen Bereichen nunmehr eine Halbwertzeit von sechs Monaten bis zu fünf Jahren. Über diese Kurzlebigkeit gibt es Verschiebungen in Maßverhältnissen. Hatten wir vor rund 50 Jahren noch recht stabile vergleichbare – und in weiten Teilen noch tradierte – gesellschaftliche (Klassen-) Lagen, so ist heute an deren Stelle ein Zwang zur Aushandlung individueller Werte getreten, die auf zu vereinbarenden Äquivalenten basiert. Insofern können wir über Milieuspezifika nicht mehr 1:1 voraussetzen, dass unser Nachbar sich ebenso verhält, sondern vielleicht besser oder schlechter die »Fleischtröge« erschließen kann. Konkurrenz, Missgunst oder Neid bekommen eine andere Note, weil Nachbarn besser oder schlechter wegkommen als »man« selbst. Je weniger tatsächlich vergleichbare Privilegien existieren, umso entscheidender werden sie. Insofern kann beispielsweise ein Kampf um die Rente nur ein Kampf um eigene Privilegien sein. Politiker müssen mehr behaupten, obwohl zukünftige Aussagen mit jedem Tag, der hinzukommt, an Kaffeesatzleserei gewinnen. Platt formuliert: Die alltägliche Auseinandersetzung um Gerechtigkeit ist inhaltlich eine Farce. Aus soziologischer Sicht handelt es sich eher um einen Krampf als Kampf. Eines will ich jedoch in der Flüchtigkeit des gesellschaftlichen Seins als relative Konstante einfügen: Unübersichtlichkeit führt zu Fundamentalismen, die sich aus dem Rückwärtsgewandten nähren, statt sich für Zukünftiges zu öffnen. In der Sozialpsychologie findet sich dieser Gedanke wieder: Situationen, die als krisenhaft erfahren werden, führen eher zu einer Verengung des Blickwinkels, so dass zwar in der Krise eine Chance stecken kann, doch diese in überwältigend vielen Fällen nur einen gern von außen herangetragenen Wunsch statt den einer erlebbaren Realität ausmacht. Das eben herangezogene Bild vom Kampf oder Krampf, ob verdeckt oder offen, beherrscht heute nicht nur die Diskussion um das »Soziale«, sondern ist in der Alltäglichkeit dessen Motor. Was mich dabei jedoch nur am Rande interessiert, ist etwa die Frage um die Finanzierbarkeit der Renten, Krankenkassen oder insgesamt des Sozialsystems. Diese Fragen greifen zu kurz, denn sie unterstellen Generationenverhältnisse, indem das Heutige fahrlässig hochgerechnet wird. Das ist wider besseres Wissens grob fahrlässig. Machbarkeit soll suggeriert werden. Nur wenn auch ethische Grundlagen wie auch Risiken gesellschaftlicher Entwicklung und menschlichen Verhaltens herangezogen werden, kann einigermaßen plausibel gedacht werden. Es ist und wäre gelogen, zu behaupten, Zukunft nahezu oder gar en detail bestimmen zu können. Das geht nicht (mehr).

Eine eindeutige Antwort als konkrete Handlungsanleitung gibt es nicht, kann es nicht geben, weil das Soziale für die Zukunft viele nicht zu benennende Unbekannte aufweist. Wissen bedeutet heute zu verstehen, dass viele Zukunftsfragen nicht beantwortet werden können, weil noch nicht bekannte »Größen« hinzukommen. Insofern ist die Jugend- oder Altersphase zukünftig immer anders, sind allgemein formuliert soziale Lagen nicht bestimmbar, sondern höchstens in Konturen mit allen ihren Vagheiten zu entwerfen. Geschichte als Lernen für die Zukunft verliert immer mehr konkrete Anhaltspunkte, obwohl wir als Menschen gern das Gegenteil glauben. Modelldenken müsste an die Stelle von Fortsetzungsdenken treten. Ein Gedanke zur Rentenversicherung soll diesen Gedanken illustrieren: Die staatliche Rentenversicherung basiert auf einem Rechenmodell, das Einzahler und deren zu erwartende Lebensdauer heranzieht. Individuell hoffen die Einzahler, dass sie möglichst mehr herausbekommen als sie eingezahlt haben. Wenn das bei allen tatsächlich der Fall wäre (…) Solidarität ist der Begriff, der die staatlich organisierte Rentenversicherung aufrecht hält, die schon bei der Einführung offensichtlich »Macken« aufwies. Ich habe gehört, dass bereits Adenauer zu seiner Zeit als Bundeskanzler darauf hingewiesen worden sein solle, dass die Rentenberechnung auf Dauer nicht haltbar sei. Seine Antwort solle gelautet haben, dass er dann schon lange tot sei. Adenauer, wenn denn dieser Gedanke stimmt, war sehr »zukunftsweisend«. Heute lamentieren viele Gutverdienende darüber, dass die Zwangsrentenversicherung ihnen individuelle Profite verwehre, weil sie das Geld nicht selbst anlegen könnten. Die Riester-Rente ist der Versuch einer neuen individualisierten Antwort, die sich sicherlich als ebenso wenig zukunftsträchtig erweisen wird, weil sie ebenfalls Unbekanntes als bekannt verkauft (z. B.: Wer kann die Geldwertstabilität garantieren?). »Nach mir die Sintflut« lautet die postmoderne Antwort, obwohl diese Volksweisheit schon »alt« ist. Wie aber sollte eine Rentenversicherung für die Zukunft stabil sein? Hätte Adenauer mit seinen Rentenspezialisten bereits in den 50er Jahren des 20. Jahrhunderts wissen können, dass etwa zehn Jahre später sich eine »sexuelle Revolution« abzeichne, die Sexualität als Lust und Spaß und immer weniger zur Fortpflanzung massenhaft initiiere, die Antibabypille diesen Prozess noch forciere, dass durch die Frauenbewegung die männliche Vorherrschaft in Frage gestellt werde und damit in der Folge nicht mehr die Familie, sondern das Individuum zum Angelpunkt des Sozialen werde, dass 1989 die Grenzen der DDR fielen usw.

Beck schreibt in seiner »Weltrisikogesellschaft« von Zonen des »Nicht-Wissen-Wollens« oder »Nicht-Wissen-Könnens«. Das bewusste Nicht-Wissen-Wollen aber ist nach wie vor die treibende Kraft in der Politik, das jedoch durch die WählerInnen (oder umgekehrt) erwartet wird. Die suggerierte Planungssicherheit wird gern geglaubt, also als Fakt hingenommen. Das Nicht-Wissen-Können hingegen ist der kategoriale Begriff für Zukünftiges und müsste eigentlich die Planungsgrundlage bilden (vgl. Beck 2007, S. 211 ff.). Der Gedanke der für Individuen, ob in formaler Politik oder im alltäglich Politischen des subjektiven Seins, dahinter steht, lässt sich sozialpsychologisch herleiten: »Während im Privatleben nur ein Wahnsinniger bei der Bedrohung seiner gesamten Existenz untätig bleiben würde, unternehmen die für das öffentliche Wohl Verantwortlichen praktisch nichts, und diejenigen, die sich ihnen anvertraut haben, lassen sie gewähren. Wie ist es möglich, dass der stärkste aller Instinkte, der Selbsterhaltungstrieb, nicht mehr zu funktionieren scheint. (…) De facto geschieht [durch die PolitikerInnen, LF] zwar nichts, was uns wirklich weiterhilft, aber Führer und Geführte betäuben ihr Gewissen, und ihren Überlebenswunsch, indem sie sich den Anschein geben, den Weg zu kennen und in die richtige Richtung zu marschieren« (Fromm 1976, S. 19f.).

Weiter geht Fromm noch auf die Überbetonung des persönlichen Erfolgs bei PolitikerInnen gegenüber dem des Gemeinwohls aus und von dem individuellen Verhalten, dass die sich am Horizont abzeichnende Katastrophe für Menschen weniger bedeutsam sei als die sich in der Zukunft abzeichnende Katastrophe. (vgl. Fromm 1976, S. 19f.)

Einen »Verbündeten« hat der sozialpsychologische Ansatz von Fromm in der neoliberalen Ausrichtung des aktuellen Wirtschaftsgeschehens gefunden, das das Individuum als autonome, fitte und konsumierende Person voraussetzt, die – wie der Volksmund sagt – ihres eigenen Glückes Schmied sei. Der Mensch findet als »Humankapital« Eingang in diese theoretische Ausrichtung. Gelingende Identität aber bedarf materieller Ressourcen, sozialer Integration und Anerkennung, ebenso Eigensinn sowie Ambiguitätstoleranz (vgl. Keupp u. a. 2006, S. 286 ff.). Diese werden über Sozialisation, also soziale, kulturelle und ökonomische Vererbung, jedoch individuell vererbt (vgl. Bourdieu 2001, S. 113f.). Die Humankapitalschule übersieht, dass gesellschaftlich gewünschte Habitusstrukturen (also die emotionalen, sozialen und kulturellen Fähigkeiten, mit der sich Individuen in Gesellschaft einbringen) weitgehend auf milieuspezifische informellunbewusste Lernprozesse zurückgehen. Das »Soziale« kann aber nur gelingen, aus dem Schatten treten, wenn ihm eine zentrale Aufgabe im gesellschaftlichen Wandel zugestanden wird. So kann in der Folge Soziale Arbeit Individuen befähigen, ihnen eine Perspektive geben, wenn sie prinzipiell Handlungsfähigkeit, Persönlichkeitsentwicklung, Bildung und Ausbildung befördert. Nur dann kann sie einen perspektivischen Ansatz liefern, der Ressourcen erschließt, bündelt und erweitert. Allerdings wird sie unter gegebenen Voraussetzungen immer in Ambivalenzen verstrickt bleiben, denn ihr Erfolg wird durch eine mangelnde erwerbsarbeitliche Perspektive zunichte gemacht oder zumindest erschwert. Daher ist neben dem Erarbeiten einer erwerbsarbeitlichen Perspektive auch das Erschließen einer lebensweltlichen Zielfindung unabdingbar. Dadurch dass die in der in der Sozialen Arbeit Tätigen gesellschaftliche Probleme seismografisch über ihre Zielgruppen erfahren, sind sie letztlich auch die ExpertInnen, die wissen, um »was« es geht. Nur über den direkten Kontakt mit Menschen, breiten aktuellen gesellschaftlichen Kenntnissen und mit einem umfassenden Instrumentarium zur realen sozialen Teilhabe eröffnen sich Chancen, die ansonsten verschüttet blieben. Ein managerielles Checken von Fähigkeiten von »Normindividuen«, für die das »Fordern und Fördern« ökonomisch, aber nicht individuell angelegt wird – was gern aus betriebswirtschaftlicher Sicht als Soziale Arbeit verstanden wird – liefe dem entgegen (vgl. Finkeldey/Thiesen 2009, S. 8). Der Mensch tritt nur aus dem Schatten des Wandels, wenn seine Existenz vor wirtschaftlichen Erwägungen steht und nicht umgekehrt.

Literatur

Beck, U. (2007): Weltrisikogesellschaft. Frankfurt a. M.

Feuchtwanger, L. (1986): Das Haus der Desdemona oder Größe und Grenzen der historischen Dichtung. Frankfurt a. M.

Finkeldey, L. (2010): Generationenbeziehungen im gesellschaftlichen Wandel. (noch unv. Ms.).

Finkeldey, L./Thiesen, A. (2009): Einleitung. In: Finkeldey, L./Thiesen, A. (Hrsg.): Case Management in der Jugendberufshilfe. Hildesheim, Zürich u. New York, S. 7-10.

Fromm, E. (1976): Haben oder Sein. Die seelischen Grundlagen einer neuen Gesellschaft. Stuttgart.

Jaretzky, R. (1984): Lion Feuchtwanger. Reinbek b. Hamburg.

Keupp, H. u. a. (Hrsg.) (2006³): Identitätskonstruktionen. Das Patchwork der Identitäten in der Moderne. Reinbek b. Hamburg.

Maria-Eleonora Karsten

Interkurelle Kompetenz, gender-mainstreaming und sozialer Wandel

Das Soziale neu denken, reflektieren, begründen

1. Interkulturelle Kompetenz – gender mainstreaming – soziale Kompetenz

Seit rund fünfundzwanzig Jahren wird in der Sozialpädagogik das Feld der Arbeit mit Migrantinnen und Migranten konzeptionell und pädagogisch theoretisch erarbeitet und diskutiert: von der Ausländerpädagogik bis zum Konzept der ›interkuturellen Kompetenz‹, das auch transkulturelle Perspektiven und z. B. die Prinzipien des Kinder- und Jugendplanes leitet, lassen sich verschiedene Diskurskonjunkturen nachzeichnen. (vgl. Hamburger 2009; Vahsen 2000; Karsten 2000)

Auffällig ist, dass eine systematische Rückbindung zu Fragen der interkuturellen als Soziale Kompetenz nicht durchgängig aufzufinden ist, obschon es die besonderen sozialen Konstellationen, Konstruktionen und sozialen Anforderungen sind, auf die sich interkulturelle Kompetenzen beziehen, bis hin zur Aufforderung der interkulturellen Öffnung deutscher Administrationen und sozialer Organisation. Interkulturelle Kompetenz als professionelle Soziale Kompetenz bleibt weiterhin ein Arbeitsprogramm.

Ganz ähnlich verhält es sich im Feld des gender-mainstreaming in der Sozialpädagogik. Auch hier werden grundlegende Fragen der Sozialen Kompetenz bearbeitet, die soziale Konstruktionen von Frauen- und Männerleben oder sozialen Frauen- und Männerberufen diskutiert und soziale Folgewirkungen von Ungleichbehandlungen als Fragen der sozialen Gerechtigkeit thematisiert. Dennoch lässt sich sogar bilanzieren:

Die sozialpädagogischen Theoriebildungs-, Forschungs-, Empirie-, Methoden- und Praxisansätze kennen langjährig die Diskurse, in denen soziale Ungleichheiten und soziale Gerechtigkeiten als Kern sozialpädagogischer

Theorie-, Alltags- und Praxisgestaltung ausgehandelt werden. Die patriachale Grundfigur und ihre Konkretisierung in sozialen (Frauen)Berufen ist dagegen zwar durchaus Thema in historischen Analysen der Herausbildung von Sozialarbeit und Sozialpädagogik als Berufe, als durchgängiger Struktur- und Analysebereich, jedoch eine bis heute ungelöste Entwicklungsaufgabe. Und obschon die Realisierung von Gender- und Diversity-Analysen und Lehrangeboten in Akkreditierungsprozeduren von Studiengängen insbesondere in der Sozialpädagogik ein zu überprüfendes, anerkanntes Qualitätsmerkmal ist, kann von durchgängigen, vertieften Reflexionen bis heute nicht die Rede sein.

Angesichts der immer neuen Aufforderungen von Netzwerken wie z. B. dem Europäischen DECET: Diversity in Early Childhood Education and Training (2007) oder Veröffentlichungen, auch in 2009, die immer noch die Befassung mit dem Genderthema (Böllert u. a. 2009) einfordern, muss sogar von einer gewissen Widerständigkeit der Sozialpädagogischen Theorie- und Empirieentwicklung ausgegangen werden und davon, dass auch in der Praxis class, race, gender, besonders in ihren vielfältigen wechselseitigen Bedingtheiten und Relationen, immer wieder die Tendenz haben, verdrängt zu werden. Gender-Mainstreaming als spezifisches soziales Kompetenzfeld der Realisierung von Gleichstellung in den Geschlechterverhältnissen bleibt ebenso bis heute ein fortdauerndes Arbeitsprogramm.

Soziale Kompetenz umfasst in den letzten Jahren vielschichtige Bedeutungen von der alltagssprachlichen Verwendung über soft skills, gruppenbezogenen sozialen Kompetenzen bis hin zu Kompetenzmodellen, die seitens der Kultusministerkonferenz für alle lehrend tätigen Menschen vorgesehen sind. Soziale Kompetenz ist damit quasi zum Superslogan und allgegenwärtigen Ziel geworden.

So ist es nur konsequent, dass die derzeit diskutierten Kompetenzorientierungen von nichtakademischer Berufsbildung bis Studiengängen im BA-, MA- bis Ph.D-Format soziale Kompetenzen als Schlüsselkompetenzen der Realisierung bewerten sowie EQR, DQR und auch der für die Sozialpädagogik besonders konkretisierte Qualifikationsrahmen Soziale Arbeit (FBTS 2006) hier einen besonderen Schwerpunkt setzt.

2. Sozialdidaktische Reflexionen

Wenn interkulturelle Kompetenz im Kern soziale Kompetenz ist, gendermainstreaming den Prozess des Hineinarbeitens sozialeren Denkens und Handelns in die Geschlechterverhältnisse und soziale Kompetenzen in formellen, informellen und non formalen Lernprozessen erlernbar sind (Münchmeier/Rabe-Kleberg 2003), dann kann dies als Weg zur Verwirklichung der Lissabon-Strategie des Lebens-langen Lernens, insbesondere im Sozialen und damit im Zentrum der Sozialpädagogik bezeichnet werden.

Umso unerklärlicher ist es, dass eine solche, bedeutungsvolle Kompetenz eher selten sozial-didaktisch reflektiert wird, mithin die Prozesse des Erlernens und Erwerbens sozialer als professioneller Kompetenz geradezu ausgeblendet werden.

Sozialdidaktische Reflexionen werden darüber hinaus durch Professionalisierungsbestrebungen in sozialen Berufen ebenso herausgefordert, wie durch Sozial- und Bildungsmanagementorientierungen, die im Kern beide abzielen, gesellschaftliche Bewertung sozialer Lebensqualitäten auch im internationalen Maßstab und Vergleich (OECD), anzusteuern und zu erzeugen. Es gibt somit gute Gründe, Sozialdidaktik als konstitutive Lehr-Lerngestaltung für die Realisierung sozialer Gerechtigkeit angesichts aktueller sozialstaatlicher Herausforderungen zu stärken und ihr für die sozialere Lebensgestaltung vermehrte Geltung zu verschaffen.

Insbesondere angesichts der aktuellen elementarpädagogischen Engführungen hat der Fachbereichstag Soziale Arbeit im Mai dieses Jahres ein Aufruf verfasst, der ebensolche Reflexionen einfordert. Dieser wird im Folgenden bewusst zitiert, weil dieses Arbeitsprogramm gleichermaßen für die Soziale Arbeit insgesamt, die interkuturelle Bildung und die Realisierung des gender-mainstreaming gilt.

Aufruf auf dem Fachbereichstag Soziale Arbeit in Kiel vom 10. bis 12. Mai 2010: Für eine lebensweltorientierte Ausbildung von pädagogischen Fachkräften für Kindertageseinrichtungen und Schulsozialarbeit: Die Einheit der Kinder- und Jugendhilfe wahren und in Sozialdidaktik elementarpädagogisch entfalten

Elementarpädagogik/Frühpädagogik/Kindheitspädagogikverpflichten sich, in Praxis, Berufsbildungsentwicklung und Studiengängen auf BA- und MA- Ebene die Einheit der Kinder- und Jugendhilfe zu stärken und in ihrem Bildungsdenken und Bildungshandeln zu professionalisieren. Die besondere Stärke von Bildung, Erziehung und Betreuung im Kindesalter von Mädchen und Jungen in Deutschland liegt in ihrer Verankerung im Denk- und Handlungsmodell der Kinder- und Jugendhilfe.

Sie begründet sich:

- in ihrer historischen Herausbildung,
- in den verschiedenen Ausprägungen der Trägervielfalt,
- in den Strukturmaximen des Kinder- und Jugendhilfegesetzes,
- in der sozial- und elementarpädagogischen Fundierung,
- in der Professionalisierungsdiskussion sozialer Frauenberufe,
- in der Berufsausübung in den vielfältigen Praxen der Kinder- und Jugendeinrichtungen und ihrer Organisationen von der kommunalen bis in die Bundesebene.

Sie ist wesentlich gekennzeichnet durch Freiwilligkeit, Eigenaktivität und Selbstbestimmung der Mädchen und Jungen sowie ihrer Mütter und Väter hinsichtlich Zeit und Dauer der Teilhabe, der Intensitäten und Intentionalitäten von Spiel als Weltaneignung, der lebensweltorientierten Bildungs- und Lehr- Lernarrangements sowie deren professioneller Begleitung, Beratung und Unterstützung durch professionelle Fachfrauen und Fachmänner. Dem entsprach eine auf das »ganze Mädchen und den ganzen Jungen« vor dem Hintergrund unterschiedlicher Lebenslagen und Lebenswelten ausgerichtete, spezifische fachliche Sichtweise, die sich deutlich von formalen, schulischen Bildungs- und Zertifizierungsprozessen absetzt.

Die besondere Stärke einer solchen (sozial)pädagogisch fundierten Fachlichkeit, die in den letzten Jahren auf akademischer Ebene (z. B. in den Ausbildungsgängen der Elementarpädagogik/ Frühpädagogik/ Kindheitspädagogik) weiterentwickelt wurde, in den letzten Jahren kritisch diskutiert und z. T. auch diskreditiert. Die Bedingungen und Formen des Lernens und die sozial- und elementardidaktische Weiterentwicklung, wurde erst jüngst in Expertinnen- und Expertenrunden diskutiert. Dabei lässt sich eine Tendenz feststellen, die breite Fachlichkeit in diesem Feld immer stärker auf die Entwicklung von Fachdidaktiken für Kindertageseinrichtungen zu reduzieren. Je mehr sich die Erkenntnis durchsetzt und verallgemeinert, dass und wie Bildung für die Zukunft der Lebensqualität und Wirtschaftsentwicklung in Deutschland weiterentwickelt werden müsste, desto mehr gerät auch die Stärke der Kinder- und Jugendhilfe, Lebensweltorientierung statt eine Vorverschulung als Leitidee zu verfolgen, in Misskredit. Verbunden damit ist die Gefahr, dass schon in Kindestageseinrichtungen Normierungen, Standardisierungen und Angleichungen an schulische Lehr-, Lern- und Bildungsformen vorgenommen werden. Diese Entwicklung zeigt sich u. a. in einer zunehmenden Übernahme schulischer Unterrichtsdidaktik für Kindertageseinrichtungen, d. h. in der Übernahme fachdidaktischer Zugänge z. B. der Mathematik, der Naturwissenschaften oder auch der Sprache in Orientierungs- und Bildungsplänen für die Praxis der Kindereinrichtungen. Diese Entwicklung spiegelt sich auch in den Formulierungen für die Inhalts- und Kompetenzbeschreibungen von Berufsbildungs- und der Studiengängen.

Auf diesem Wege werden aber nicht nur Bildungsstandards »von oben« durchgesetzt, die kindliche Persönlichkeitsentwicklung verdinglicht und vordringlich als Grundlage späterer, beruflicher Qualifizierung instrumentalisiert. So werden auch die Bildungskonzepte z. B. in den Kindertageseinrichtungen, die durch das Primat der Lebensweltorientierung auch die soziale Seite der Bildung in den Blick nehmen (kindliche Bildungsprozesse also immer vor dem Hintergrund sozialer Verhältnisse verstehen) abgebaut. Damit verliert die frühkindliche Pädagogik in Deutschland eine wichtige Fachlichkeit, die gerade einer weiteren Zunahme sozialer Ungleichheiten

entgegenwirken kann. Kindertageseinrichtungen brauchen pädagogische
Fachkräfte, die auch mit Müttern und Vätern bzw. im sozialen Nahraum arbeiten können (wie z. B. in den sich zunehmend entwickelnden Familien-
zentren).

In diesem Zusammenhang ist hervorzuheben, dass zum gleichen Zeitpunkt die übermäßige Selektivität und immer neue Produktion sozialer Ungleichheiten durch das deutsche Schulsystem und die unübersehbaren Fol-
gekosten unzureichender Bildung faktisch als Belastungen für die Zukunft
herausgestellt werden. Die Bearbeitung schicht- und milieuspezifischer Ungleichheiten kann nur durch eine eigenständige Kinder- und Jugendhilfe erfolgen.

Dieses Dilemma kann nur dadurch bearbeitet werden, dass, konsequent
in der Kinder- und Jugendhilfe alle Bildungs- und Lernprozesse für Mädchen und Jungen, ihre BildungsbegleiterInnen und alle Lehrenden und Studierenden im elementar- und sozialpädagogischen Feld sozialdidaktisch erarbeitet, gestaltet, reflektiert und evaluiert werden. Dadurch kann die für eine gebildete, demokratische, sozial engagierte Persönlichkeit notwendige
Selbstbestimmung, der Mut und die Motivation, sich zu bilden – ein Leben
lang – so im Kindesalter begonnen werden, dass diese für Bildung- und Le-
benskompetenz grundlegend und dauerhaft tragfähig ist. Diese Aufforderung kann mit dem Denk- und Arbeitsprogramm der Sozialdidaktik beantwortet werden

3. Ebenen der Sozialdidaktik

Bereits in den achtziger Jahren in Zeiten der Hochkonjunktur der Hoch-
schuldidaktik wurden die nachfolgenden Ebenen sozialdidaktischer Reflexionen für die Ausgestaltung von Studiengängen in der Sozialpädagogik,
sowohl für die Präsenz-, als auch für die Fernstudienlehre entwickelt. Damit
wird, bis heute, in besonderer Weise darauf eingegangen, dass und wie berufliche Sozialisation in der Sozialpädagogik, also in personenbezogenen
Dienstleistungsberufen im Sozialen, und insbesondere deren Spezifika theoretisch und praktisch Berücksichtigung finden.

Als Folge differenzierter Studien zu Lehr-Lernprozessen, ihrer Konsti-
tution, Dauer und ihrer Mehrdimensionalität sind notwendige Dimensionen
zu entfalten.thematische Ebenen der Sozialdidaktik sind:

- die Ebene der je konkreten beruflichen Handlungssituationen mit ihren
  fachlichen und sozialen Anforderungen; von der Kindereinrichtung bis in
  die Hochschule, mithin als je konkrete Kontexte der Realisierung sozialer
  Kompetenzen

- die Ebene des »beruflichen Handlungswissens« als dem übersituativen, in verschiedenen Abstraktionsebenen denkbaren Bestand beruflichen Regel- und Theoriewissens;
- die Ebene der Bezugswissenschaften als dem Zusammenhang je spezifisch konstituierter, fachwissenschaftlicher, hilfswissenschaftlicher und kontextwissenschaftlicher Kenntnisbereiche.

Quer zu diesen thematisch bestimmten Ebenen und mit ihnen verbunden liegen:

- die Ebene der Realisierung und Aufarbeitung von durch die obigen Inhalte ausgelösten
- subjektiven Erfahrungs- und Aneignungsprozesse und
- die Ebene der Aneignung dieser Inhalte im Kontext abschlussbezogenen, formalisierten und nicht zuletzt mit dem Anspruch auf Förderung von Handlungskompetenzen ausgestatteten Lernens (Karsten 2003).
- Diese Ebenen beziehen dabei auch auf die Rahmenbedingungen der Anforderungen, die aus dem gesellschaftlichen Wandel und gesellschaftspolitischen Veränderungen entstehen, denn diese sind gleichermaßen Anforderungen im Sinne von Aufgaben, die sich aus den sozialen Berufspraxen begründen und Anforderungen an den Lehr-Lern-Prozess innerhalb der Ausbildungen.

Zu den Anforderungen aus dem gesellschaftlichen Wandel gehören veränderte Familienformen und Formen des Familienlebens heute, die sich z. B. aus der Pluralisierung der Lebensläufe und durch Wahlmöglichkeit unterschiedlicher Lebensformen (vgl. Brüderl/Klein 2003) begründen, »(Ehe)Paare mit ein oder mehreren Kindern, männliche und weibliche allein erziehende Haushalte, Mehrgenerationenhaushalte, gleichgeschlechtliche Partnerschaften mit oder ohne Kinder, Patch-Work-Familien, bei denen Eltern neue Beziehungen eingehen und ihre Kinder ›einbringen‹, gemischtnationale Familien, Familien mit Migrationshintergrund und/oder Fluchterfahrungen« (Boeckh u. a. 2004, S. 261).

Anforderungen aus dem gesellschaftlichen Wandel in Arbeits- und Familienwelt heute umfassen z. B. die Vereinbarkeit von Familie und Beruf, veränderte Familienformen und neue Arbeitsformen, Flexibilisierung der Arbeitszeiten, sowie Zunahme der Teilzeittätigkeiten (auch bei Männern) und das prekäre Zusammenspiel von Bildungszeiten, Arbeitstätigkeit, Elternzeit, Weiterbildungszeiten (Lebenslanges Lernen) und Phasen der Arbeitslosigkeit.

Anforderungen im Sinne von Aufgaben, die sich aus der sozialen Berufspraxis stellen, sind Betreuung, Bildung und Erziehung als untrennbare Elemente einer (sozial)pädagogischen Sichtweise mit dem ganzen Kind (Mädchen/Junge) zu arbeiten. »Dies sind keine eigenständigen Bereiche, die zusammengefügt werden müssen, sondern zusammenhängende Teile des kindlichen Lebens« (OECD-Bericht, 2004). Dienstleistungsarbeit lässt sich damit weiter begreifen »als Arbeit von geringer Standardisierung und unstetiger Belastung, als eine Arbeit, für die ein Überschuss an Qualifikation in Reserve gehalten werden muss, für die aber auch dauernd neue Kompetenzen generiert werden müssen« (Rabe-Kleberg 1996).

Anforderungen an den Lehr-Lern-Prozess innerhalb der Ausbildungen an die Sozialdidaktik umfassen die Realisierung sozialdidaktischer Ausgestaltungen in den Ausbildungen in Kontexten wie z. B. in Fachdidaktik-Veranstaltungen, Projekt-Studien, Praktika etc. (BFS/FS/BA/MA) unter Einbeziehung sozialdidaktische(r) Perspektiven wie z. B.: Komplexer Lernprozess, Doppelter-Theorie-Praxis-Bezug, Biografisches Arbeiten, Wahrnehmen-Beobachten-Interpretieren, Gender/Diversity-Aspekte, Aushalten von Unsicherheiten in sozialer Arbeit, Forschungsbezug und dementsprechend die Ausarbeitung von Sozialer Kompetenz als fachliche Qualifikation.

Was bereits in den 70er Jahren differenziert beschrieben wurde, entspricht dem, nun auch schon mittlerweile rund 20 Jahre diskutierten, »Professionsbild« in der Sozialpädagogik und wird heute »scheinbar« für die Elementarpädagogik »neu« entdeckt, schon damals ohne die Akteurinnen: Erzieherinnen selbst, sowohl West als auch Ost. Demgegenüber ist zu verallgemeinern: Professionelle soziale Frauenberufe und Frauen wissen, was sie tun, und können dies professionell gestalten. Dies anzuerkennen und durchgängig mitzudenken, ist weiterhin Aufgabe von Wissenschaft und Profession. Und dies gilt es für jeden Bereich der sozialen Kompetenzen auszuarbeiten.

Entscheidend für die forschungs- und damit wissenschaftsbasierte Weiterentwicklung der Elementarpädagogik und der Bildungs- und Studiengänge ist es, dass zum jetzigen Zeitpunkt konzeptionell als gemeinsamer Gestaltungsauftrag verstanden wird, dass das ganze Berufsfeld und alle Bildungsgänge hierfür in einen grundlegend neuen Lernprozess, auch der Organisationsentwicklung, des Bildungs- bis Sozialmanagements eintreten.

Hierzu gehört wesentlich die Subjektsetzung der Mädchen und Jungen in ihrer kokonstruierenden Aneignung der Welt, die im Mittelpunkt steht. Ein Er- und Umlernen dieser grundlegenden Annahmen zu Kindheit und Erlebens-, Erfahrens- und Lernprozessen, das auch und gerade für die koproduzierende Erzieherin, die diese personenbezogene Dienstleistungsarbeiten erbringt, konstitutiv ist, erfordert eine Sozialdidaktik, die für jede dieser Ebenen fachlich, inhaltlich und kompetenzbezogen ausgearbeitet wird.

Dieses Arbeitsprogramm Sozialdidaktik liegt seit den achtziger Jahren vor und wird langjährig in den explizit erarbeiteten mehrfachen Theorie-Praxisbezügen in Forschung, Lehre und Weiterbildung erfolgreich praktiziert. Dies gilt insbesondere auch für all diejenigen, die derzeit die

(Fach)Beratung, die Qualitätsentwicklungsprozesse und die Bildungs- und Studiengänge auf- und ausbauen, realisieren, akkreditieren und sowohl administrativ und berufs- und hochschulpolitisch vertreten, also auch in der Aus-, Fort- und Weiterbildung der AusbilderInnen.

4. Soziale Kompetenz – Sozialdidaktik – Aktive Professionalisierung – anstelle eines Schlusses-

Soziale Kompetenz, wie am Beispiel der Elementarpädagogik in der Kinder- und Jugendhilfe didaktisch auszuarbeiten, stellt einen wesentlichen Beitrag zur aktiven Professionalisierung dar und umfasst das Arbeitsprogramm, professionstheoretische, professionspraktische und professionspolitische Analysen, Befunde und Erkenntnisse zu erarbeiten, diese in fach-, sozial- und bildungswissenschaftlichen, fachsozial- und bildungs- rsp. hochschulpolitischen Arenen zu argumentieren, um damit Professionalisierungspfade aufzuzeigen und zu entwerfen, Professionalisierungssackgassen zu öffnen und offen zu halten, professionalisierungsrelevantes Wissen immer weiterzuentwickeln und in und mit professionellen (Frauen) in der Sozialpädagogik auszugestalten.

Dann besteht die Chance zu erarbeiten, dass und wie soziale Kompetenzen in der Sozialpädagogik ein wesentliches Fundament professionellen Handelns werden.

Literatur

Boeckh, J./Huster, E.-U./Benz, B. (2004): Sozialpolitik in Deutschland. Eine systematische Einführung. Wiesbaden.

Bürderl, F./Klein, T. (2003): Die Pluralisierung der partnerschaftlichen Lebensform in Westdeutschland 1960-2000. In: Bien, W./Marbach, J.H. (Hrsg.). Partnerschaft und Familiengründung. Ergebnisse der dritten Welle des Familien-Survey. Opladen, S. 189-219.

Gängler, H./Wustmann, C. (2004): Die Sozialpädagogik und ihre Didaktik. In: Fegebank, B./Schanz, H. (Hrsg.): Arbeit-Beruf-Bildung in Berufsfeldern mit personenorientierten Dienstleistungen. Band 7. Baltmannsweiler, S. 95-115.

Habel, W./Karsten, M.-E. (1986): Zur Profilierung der sozialpädagogischen Ausbildung: eine eigen-ständige Didaktik sozialen Lernens. In: Rabe-Kleberg, U. (Hrsg.): Qualifikationen für Erzieherarbeit Bd. 3, Beruf oder Privatarbeit – eine falsche Alternative, S. 325-342.

Hamburger, F. (2009): Abschied von der Interkulturellen Pädagogik. Plädoyer für einen Wandel sozialpädagogischer Konzepte. Weinheim u. München.

Karsten, M.-E. (2000): Personenbezogene Dienstleistungen für Frauen. Aktuelle Tendenzen und Entwicklungserfordernisse. In: Friese, M. (Hrsg.): Modernisierung personenorientierter Dienstleistungen. Innovationen für die berufliche Aus- und Weiterbildung. Opladen, S. 74-88.

Karsten, M.-E. (2003): Sozialdidaktik – Zum Eigensinn didaktischer Reflexionen in den Berufsausbildungen für soziale und sozialpädagogische (Frauen-) Berufe. In: Schlüter, A. (Hrsg.): Aktuelles und Querliegendes zur Didaktik und Curriculumentwicklung. Festschrift für Werner Habel. Bielefeld, S. 350-374.

Karsten, M.-E. u. a. (2003): Bildung in Kindertagesstätten. In: verdi-Bundesverwaltung (Hrsg.): 2003, Berlin.

Karsten, M.-E. (2006): Wege in die Zukunft – Anforderungen an ein modernes Ausbildungskonzept. In: Diller, A./Rauschenbach, Th. (Hrsg.): Reform oder Ende der Erziehrinnenausbildung? Beiträge zu einer kontroversen Fachdebatte. Wiesbaden, S. 133-148.

Karsten, M.-E./Karber, A. (2009): Arbeitsgruppe: Elementarpädagogik als Ausbildungs- und Arbeitsfeld der Sozialen Arbeit in der Jugendhilfe denken und gestalten Bundeskongress Soziale Arbeit in Dortmund, 25.09.2009.

Kommission der Europäischen Gemeinschaft (2000): Memorandum »Lebenslanges Lernen«. Arbeitsdokument der Kommissionsdienststellen. Brüssel

Krüger, H./Dittrich, J. (1986): Sozialdidaktik – Ein eigenständiger Ansatz in der Ausbildung für soziale Berufe. In: Rabe-Kleberg, U. (Hrsg.): Qualifikationen für Erzieherarbeit Bd. 3 Beruf oder Privatarbeit – eine falsche Alternative. München, S. 325-342.

Küls, H. (2009): Lernen in Lernfeldern – kritische Anmerkungen zur Weiterentwicklung einer Didaktik der Sozialpädagogik. (letzter Zugriff: 06.05.2009). (www.kindergartenonline.de)

Martin, E. (2005[6]): Didaktik der sozialpädagogischen Arbeit. Probleme, Möglichkeiten und Qualität sozialpädagogischen Handelns. Weinheim u. München.

OECD (2004): Die Politik der frühkindlichen Betreuung, Bildung und Erziehung in der Bundesrepublik Deutschland. Ein Länderbericht der Organisation für wirtschaftliche Zusammenarbeit und Entwicklung (OECD).

Otto, H.-U./Schrödter, M. (Hrsg.) (2006): Soziale Arbeit in der Migrationsgesellschaft. Multikulturalismus – Neo-Assimilation – Transnationalität. In: neue Praxis – Zeitschrift für Sozialarbeit, Sozialpädagogik und Sozialpolitik, 2006, Sonderheft 8, S.1-18.

Rabe-Kleberg, Ursula (1996): Professionalität und Geschlechterverhältnis. Oder: was ist »semi« an traditionellen Frauenberufen? In: Combe, A./Helsper, W.: Pädagogische Professionalität. Untersuchungen zum Typus pädagogischen Handelns. Frankfurt a. M., S. 276-302.

Schlüter, A. (Hrsg.) (2003): Aktuelles und Querliegendes zur Didaktik und Curriculumentwicklung. Bielefeld.

Vahsen, F. (2000): Migration und soziale Arbeit. Konzepte und Perspektiven im Wandel. Neuwied u. Kriftel.

Christian Paulini

Ausbildungs- und Berufskulturen Sozialer Arbeit zwischen Generalisierung und Spezialisierung

In diesem Artikel steht die Frage im Mittelpunkt, wie das Verhältnis Gene-ralisierung oder Spezialisierung zu bestimmten Zeiten in der Berufs- und Ausbildungsgeschichte diskutiert bzw. gelöst worden ist. Der Schwerpunkt des Artikels liegt dabei auf den Veränderungen im Berufssystem und den damit verbundenen Herausforderungen für die Fachkräfte. Exemplarisch wird dies am Beispiel der Arbeit des Sozialdienstes (Außenfürsorge) der Kommunen verdeutlicht. Parallel dazu wird die Entwicklung im Ausbil-dungssystem kurz aufgezeigt.

1. Die Entwicklung der Ausbildung zu Beginn des 20. Jahrhunderts

Zu Beginn des 20. Jahrhunderts sind die Ausbildungsmöglichkeiten be-grenzt. Neben 6-wöchigen Instruktionskursen für soziale Berufsarbeiterin-nen der Inneren Mission ab 1900/01 (vgl. Burckhardt 1914, S. 93) können die Jahreskurse bei den Berliner Mädchen- und Frauengruppen für soziale Hilfsarbeit oder vereinzelte Kurse der Zentralen für private Fürsorge (ab 1903) oder lokale Fortbildungsmöglichkeiten im Rahmen der Armenpflege in Anspruch genommen werden (vgl. Paulini 2001, S. 111). Die Gründung der ersten zweijährigen Sozialen Frauenschule in Berlin 1908 durch Alice Salomon wird allgemein als Beginn der Institutionalisierung der Ausbil-dung in der Sozialarbeit angesehen (vgl. Kruse 2004, S. 32). 1919 gibt es 26 Frauenschulen, auf denen die »Ausbildung zum Sozialen Beruf« erwor-ben werden kann. Salomon erwähnt in diesem Zusammenhang die Entstehung von »Schulen für einzelne Gebiete sozialer Arbeit (...) die aber alle nach kurzer Zeit wieder aufgelöst wurden oder sich in anderer Richtung ausbauten« (Salomon 1927, S. 8f.); führt dies aber leider nicht näher aus. Die in der Konferenz Sozialer Frauenschulen vertretenen Schulen verfolgen unterschiedliche Schwerpunkte, einigen sich aber trotz dieser Gegensätze auf Grundsätze der sozialen Berufsausbildung. Ab 1920 tritt die neue Prüfungsordnung, die u. a. auch die staatliche Anerkennung regelt, in Kraft. Wesentliche Punkte sind die Dreiteilung der Hauptfächer in Gesundheitsfürsorge, Jugendwohlfahrtspflege und allgemeine/wirtschaftliche Wohlfahrtspflege und die jeweils Auflistung der jeweils notwendigen Vorbildungen.

2. Die Entwicklungen im Berufssystems

Die Ausdifferenzierungen der einzelnen Fürsorgebereiche aus der Armenpflege seit Ende der 1890er Jahre führt zur Entwicklung spezialisierter Fürsorgezweige; die Fachkräfte spezialisieren sich analog dazu. Das Auftreten verschiedener Notlagen innerhalb einer Familie führt zum gleichzeitigen oder zeitlich versetzten Einsatz verschiedener Fürsorgerinnen. Diese Situation wird von den Befürworterinnen einer einheitlichen Familienfürsorge d. h. einer generalisierenden Sozialarbeit skandalisiert. Die Familienfürsorge wird als fachlicher Gegenentwurf präsentiert. Die Befürworteten gewichten Vorteile einer einheitlichen Familienfürsorge stärker als deren Nachteile d. h. die Aufgabe der spezialisierten Fürsorge und die damit eventuell verbundenen kurzzeitigen Einbußen fachlichen Handelns. Sie verweisen dabei auf die Erfolge verschiedener Städte (Worms, Düsseldorf, Charlottenburg), die von unterschiedlichen Ausgangspunkten ähnliche Arbeitsprinzipien entwickelt haben (vgl. Baum 1927, Sp. 961f.). Mit dieser Argumentation setzen die Befürworterinnen die entscheidenden Eckpunkte zur Veränderung weg von der Spezialfürsorge hin zur Familienfürsorge. »Bezirksfamilienfürsorge ist die in einem bestimmten geographischen Bereich in der Form der Einheits- und nach den Methoden der Familienfürsorge durchgeführten Wohlfahrtspflege, die je nach Lage des Einzelfalles zu Maßnahmen der Wirtschafts-, Gesundheits- oder Erziehungsfürsorge greifen, offene oder geschlossene Fürsorge vermitteln, vorbeugenden, heilenden oder rettenden Charakter annehmen kann, und die in allen ihren Schritten bewußt auf die Stärkung der in der Familie liegenden Pflege- und Erziehungskräfte abzielt« (Baum 1927, Sp. 963).

Die Einführung der Familienfürsorge trifft in Stadt und Landkreis auf unterschiedliche Ausgangsbedingungen. Die Wohlfahrtspflege auf dem Lande kennt Sonderfürsorgerinnen meist nur in der Gesundheitsfürsorge.

(vgl. Kracht 1926, S. 760, Baum 1928) Die Familienfürsorge setzt sich in den Landkreisen schneller durch als in den Städten, weil sie auf weniger Spezialisierungen der Fürsorge trifft und weil aufgrund der Entfernungen im ländlichen Bereich der Einsatz einer Person wesentlich kostengünstiger und effektiver ist als der Einsatz verschiedener Personen. Die Kluft zwischen den in der Literatur genannten Prinzipien und den tatsächlichen Arbeitsbedingungen der Fürsorgerinnen ist sowohl in den Städten als auch auf dem Land sehr groß.

Die Umstellung verändert die Arbeitsbedingungen der bisherigen Fachkräfte erheblich. Die Übernahme neuer Aufgaben erfordert die Einarbeitung in neue Wissensgebiete, zeitgleich zur Einführung der Familienfürsorge in den 1920er Jahren steigt die Arbeitsbelastung der Fürsorgerinnen durch Personalabbau und Massennot. Die Trennung zwischen Innendienst und Außendienst d. h. zwischen fürsorgerischem Einsatz in der Familie und der Entscheidungskompetenz über Fürsorgemaßnahmen durch Innendienstbeamte verschärft die Arbeitsbelastung der Fürsorgerinnen.

Die einzelnen Kommunen entwickeln unterschiedliche Strukturen zur Umsetzung der Familienfürsorge. Auch die Entscheidung, welche Arbeitsgebiete weiterhin als Spezialfürsorge weiter bestehen oder in die Familienfürsorge eingegliedert werden, wird von den Kommunen unterschiedlich gelöst (vgl. Außenfürsorge 1926, S. 163). Trotzdem setzt sich die Familienfürsorge als fachliches Prinzip durch.

1925 stellt Martha Heynacher fest, dass die Spezialfürsorge gegenüber einer auf mehrere Gebiete sich erstreckende Fürsorge stark zurückgegangen ist. In fast allen Ländern arbeiten über 50 % der Fürsorgerinnen auf allen Gebieten der Fürsorge (Gesundheits-, Wirtschafts-, Erziehungs- und Berufsfürsorge). Die Spezialfürsorge hat nur in der Gesundheitsfürsorge eine größere Bedeutung behalten. Es zeigt sich jedoch ein deutliches Stadt-Land-Gefälle in der Spezialfürsorge, denn in den Städten überwiegt absolut und auch prozentuell die Spezialfürsorge.

Helene Weber stellt 1925 fest, dass die Familienfürsorge das übliche System in der Außenfürsorge der Zukunft sein wird; jedoch die Arbeitsbedingungen (Bezirksgröße, Gehalt, Urlaubsvertretungen etc.) unbedingt verbessert werden müssen. Auch Marie Baum betont die Arbeitsüberlastung der Fürsorgerinnen als Schwierigkeit bei der Durchsetzung der Familienfürsorge. (vgl. Baum 1928, S. XI)

Anhand von zwei Beispielen aus den 1920er Jahren möchte ich zeigen, wie unterschiedlich die Reaktionen der Fachkräfte zur Auflösung ihres Spezialgebietes ausfallen. 1924 tritt Reichsfürsorgepflichtverordnung in Kraft und die Kriegshinterbliebenen- und Kriegsopferfürsorgerinnen werden in die allgemeine Außenfürsorge miteinbezogen. Die Fürsorgerinnen sehen die Entwicklung als nicht veränderbar an, drücken aber ihre Hoffnung aus, dass durch die »Erhaltung der fachlich geschulten Kräfte, ihre

Überführung in die allgemeine Wohlfahrtspflege« (Hirschfeld 1924, S. 6) die Errungenschaften der Kriegsopferfürsorge erhalten bleiben.

Anders verläuft die Entwicklung in der Gefährdetenfürsorge. Hier wehren sich die Fürsorgerinnen nach dem Inkrafttreten des Reichsgesetzes zur Bekämpfung der Geschlechtskrankheiten 1927 teils erfolgreich gegen die Auflösung ihres Spezialgebietes. Die Fachgruppe betont den Charakter der Pflegeamtsarbeit als Spezialfürsorge. »In der Pflegeamtsarbeit ist der Erziehungsgedanke Ziel und Mittelpunkt der Arbeit, auch wenn Fragen der Wirtschaft und der Hygiene in die Arbeit eingreifen« (Zeitschel 1927, S. 1f.).

3. Die Entwicklung Ausbildung nach 1945

Der Aufbau der Schulen nach dem Zweiten Weltkrieg ist geprägt von der Übermacht der sozialen Probleme (Flüchtlingselend, Wohnungslosigkeit, Kinder- und Jugendelend etc.). Die Rekonstruktion der Ausbildung nach 1945 orientiert sich an den alten Prüfungs- und Ausbildungsbestimmungen der Weimarer Zeit, die, geringfügig geändert, bis in die 1960er Jahre verwendet werden (vgl. Knobel 1992, S. 52 ff.; Lange-Appel 1993, S. 217 ff.) und ist geprägt von einem »relativ konzeptionslosen Anfang auf niedrigen Niveau« (Hering/Münchmeier 2000, S. 213). Die Ausbildungsstätten werden aufgefordert in ihrem Curriculum die Notlage der Jugend im öffentlichen Leben wie in der Heimerziehung und die Wiederaufnahme des Prinzips der Familienfürsorge zu berücksichtigen (vgl. Koblank 1961, S. 333). Die Wohlfahrtsschulen entscheiden sich für die bisherige Ausbildungsform, da spezialisierten Fachkräften der Blick für die grundlegenden sozialen Zusammenhänge nicht zugetraut wird (ebenda). Marie Baum kommt bei der Frage der spezialisierten Ausbildung zur Einschätzung, dass auch jetzt bereits die meisten sozialen Frauenschulen die Ausbildung auf die Einheitsfürsorge einstellen. (vgl. Baum 1951, S. 103)

Ab 1959 beginnt die Umwandlung der Ausbildungsstätten in Höhere Fachschulen, die Ausbildung wird auf drei Jahre verlängert, Methodenlehre als eigenständiges Fach eingeführt. (vgl. Schiller 1999, S. 176; Kruse 2004) Die bisherige Dreiteilung der Ausbildung (Gesundheits-, Erziehungs-, Wirtschafts- und Berufshilfe) wird auch offiziell aufgegeben. Als Schwerpunkte werden Einführung in die Sozialarbeit, Art und Organisation der Sozialarbeit, der Sozialarbeiter und Methoden der Sozialarbeit empfohlen (vgl. Die Neuordnung 1961, S. 12 ff.). Das Prinzip der »Einheit der Sozialausbildung« führt nun zur gemeinsamen Vorbereitung aller BerufsantwärterInnen für alle Bereiche der Sozialarbeit (vgl. Koblank 1961, S. 348f.).

Die ab den 1970er Jahren durchgesetzte Gründung von Fachhochschu-
len setzt bei der curricularen Ausgestaltung des Studiums erneut auf eine
Schwerpunktbildung im Hauptstudium und knüpft damit an die ehemaligen
Vertiefungsgebiete der 1920er Jahre an (vgl. Lange-Appel 1993, S. 234).
Begründet wird dies mit der Notwendigkeit speziellen Wissens »zur Problemlösung bei komplexen Fällen« (Kühn 1994, S. 95).
    Seit Einführung der Bachelor- und Masterstudiengänge im Rahmen des
Bolognaprozesses wird die Frage der Spezialisierung/Generalisierung im
Studium der Sozialen Arbeit vertikal gelöst. Während die Bachelorstudien-
gänge mehrheitlich ein generalistisches Profil aufweisen überwiegen bei
den Masterstudiengängen die spezialisierten Angebote. (vgl. Liste der Masterstudiengänge Soziale Arbeit 2008)

4. Die Entwicklung im Berufssystem nach 1945

Nach 1945 wird an die bereits in der Weimarer Zeit gültigen Gesetze
(RJWG, Fürsorgepflichtverordnung, Reichsgrundsätze über Voraussetzung,
Art und Maß der öffentlichen Fürsorge 1924, Jugendgerichtsgesetz 1923)
angeknüpft. Fachlich steht die Auseinandersetzung mit den aus Amerika
kommenden Methoden (Casework) und die Lösung der Frage »Spezialfürsorge oder Familienfürsorge« an. »Es ist notwendig, daß die Familie als
Einheit betrachtet und daß die gesundheitliche und wirtschaftliche Fürsorge
sowie die Jugendhilfe im Außendienst für sie zusammen gefaßt wird« (Bayrische Staatsregierung vom 20.12.1950). Maria Baum veröffentlicht erneut
ein Buch zur Familienfürsorge und schreibt »es berührt mich seltsam, daß
heute, vierzig Jahren nach Begründung der Familienfürsorge, mit der gleichen Einsatzkraft für sie gekämpft werden muß wie damals(…)« (Baum
1951, S. 5). Ein Vortrag von ihr wird folgendermaßen zusammengefasst:
Ziel der Familienfürsorge ist die Stärkung und Stützung der Familie, methodisch ist es wichtig nicht das Individuum für sich zu sehen, sondern die
Familie als Umwelt zu berücksichtigen. Familienfürsorge erfolgt in Form
einer Einheitsfürsorge, die die Spezialfürsorge überwunden hat. (vgl. Familienfürsorge, In: DBS 1951, Nr. 5, S. 6f.) Letztendlich werden die Ansätze
von Casework und sozialer Gruppenarbeit in der Familienfürsorge eingeführt (vgl. Tauche 1997, S. 319).
    Die Implementierung der Familienfürsorge ohne Aufhebung der Tren-
nung von Innen- und Außendienst bestimmt die Arbeit in den
1950er/1960er Jahre. Die »Einheitsfürsorge« bezogen auf den Kontakt mit
den Hilfesuchenden ist bis Ende der 1960er Jahre handlungsleitend; trotzdem werden die Möglichkeit zur Spezialisierung offen gehalten da »es in
dem vielseitigen Bereich beruflicher Sozialarbeit Aufgaben gibt, die einer

eigenständigen Spezialfürsorge zu ihrer Lösung bedürfen« (NDV 1961, S. 389 zitiert nach Kühn 1994, S. 83).

1972 stellt der 3. Jugendbericht zur Verteilung zwischen Spezialdiensten und allgemeinen Diensten fest, dass in 32,2 % aller Jugendämter die Jugendgerichtshilfe als Spezialdienst organisiert ist, weitere größere Spezialdienste sind die männliche Jugendfürsorge (18 %), die Erziehungsbeistandschaft (14,2 %) und die weibliche Jugendfürsorge (11,7 %). Wie in den 1920er Jahren zeigt sich ein deutliches Stadt-Land-Gefälle d. h. kreisfreie Städte über 100.000 Einwohner haben mehr Spezialdienste während Landkreise mit weniger als 50.000 Einwohner nur wenige spezialisierte Außendienste eingerichtet haben (ebd., S. 44).

Der wachsende Modernisierungsdruck auf die kommunalen Verwaltungen in dem sich organisatorische und gesellschaftliche Bedingungen miteinander verbinden, führt u. a. zur Schaffung des Allgemeinen Sozialen Dienstes (ASD) in den 1970er Jahre. Dies hebt die in den 1920er Jahren entstandene Trennung zwischen Außendienst und Innendienst endgültig auf.

Die Antworten auf die Frage wie Soziale Arbeit im Allgemeinen Sozialdienst organisiert werden soll verändern sich zwischen 1970 und 1985 laufend – auch in den Modellprojekten der 1970er/1980er Jahre – und schwanken zwischen einer »generalistischen Zuständigkeit« und Modellen zur Spezialisierung oder Teilspezialisierung. »Das Trierer Modell sah den Sozialarbeiter als Generalisten, der nach kurzer Zeit seinen kleinen Bezirk (6000 E.) genau kannte und Beratungsleistungen auch präventiv anbieten konnte« (Kühn 1994, S. 94). Der Sozialarbeiter trifft hier ebenso die Entscheidung über materiellen Hilfen, die zugeordnete Verwaltungskraft nimmt ihm in den ersten Jahren »die reine Verwaltungstätigkeit« ab. Das Trierer Modell wird ab 1975/76 modifiziert; es werden größere Einheiten gebildet, um u. a. die Einzelkämpferrolle des Sozialarbeiters abzumildern (vgl. 8. JB 1990, S. 185; Roth 1999, S. 231f.; Kühn 1994, S. 94). »Ab hier ist eine umfassende Generalisierung nicht mehr vorfindbar; es dominiert eine Teilspezialisierung, die zwar die volle Fallzuständigkeit des Sozialarbeiters in seinen Bezirk beläßt, aber bei schwierigen Fallen (nach genauer Festlegung) die Teamberatung vorsieht« (Kühn 1985, S. 141).

Andere Reformmodelle z. B. Dortmund folgen ebenso einer Spezialisierung bzw. Teilspezialisierung der Dienste. In Dortmund werden ab 1985 die Aufgaben des Sozialamtes und Jugendamtes zusammenfasst und pro Bezirk (50.000 Einwohner) ein Städtischer Sozialdienst gebildet, der alle Aufgaben wahrnimmt. Die Stadtbezirke werden nochmals in kleinere Bezirke gegliedert, in denen ein Kleinteam – bestehend aus einem Sozialarbeiter und einer Verwaltungskraft – sowohl persönliche als auch materielle Hilfen gemeinsam und gleichrangig verantworten (vgl. 8. JB 1990, S. 187). »Zur Sicherstellung der Fachlichkeit wurden drei bis vier Bezirksteams zu einem soge-

nannten Bereichsteam zusammengefaßt. Die einzelnen Mitarbeiter spezialisieren sich auf unterschiedliche Fachbereiche und sind so in der Lage, die
anderen Bereichsteammitglieder in schwierigen Fragen zu unterstützen«
(ebd.).

Warum sich die Tendenz in Richtung Generalisierung des ASD (Ganzheitlichkeit) – mit nur wenigen Spezialdiensten z. B. Jugendgerichtshilfe,
Adoptionsvermittlung, Pflegekinderwesen – trotz der oben aufgeführten
Modellprojekte – letztendlich durchsetzt ist, aus der Literatur nicht ersicht-
lich; eine wichtige Rolle spielt sicher die Stellungsnahme des Deutschen
Vereins für öffentliche und private Fürsorge von 1983 (Kühn 1985; Kühn
1994; 8. JB 1990; Roth 1999; DV 1983, S. 15 ff.).

1997 beschreibt Ursula Feldmann den ASD von seiner Aufgabenstel-
lung her als den am umfassendsten angelegten sozialen Dienst in der Ge-
meinde, der ganzheitliche Hilfe zielgruppen- und problemübergreifend,
aber auch ämterübergreifend anbietet (vgl. Feldmann 1997, S. 842f.).

5. Spezialisierung und Generalisierung im Kontext der Diskussion der Hilfen zur Erziehung

Mit dem Inkrafttreten des KJHG 1990/91 sind viele der diskutierten Re-
formziele, wie moderne Jugendhilfe aussehen sollte, gesetzlich fixiert worden. Aus den Strukturmaximen der Jugendhilfe leitet sich sowohl für die
Jugendhilfeplanung als auch für die Arbeit direkt an den AdressatInnen
u. a. die Forderung nach einer lebenswelt- und sozialraumorientierten Jugendhilfe ab.

Der in den nächsten Jahren stattfindende Aufbau und Ausbau der Erziehungshilfen nach § 27 ff KJHG erfolgt großenteils analog der vom Gesetz-
geber vorgegebenen Ordnungsthematik. Hier ist die Auffassung handlungsleitend, dass diese Leistungen klar definierte und gegeneinander abgrenzba-
re sozialpädagogische Hilfeformen sind, die jeweils gesondert für sich organisiert werden müssen (vgl. Klatzki 1995, S. 6). Dies führt zu »spezialisierten Angeboten« (Versäulung) und zu einer dementsprechenden Spezialisierung der Fachkräfte. Fachlichkeit wird in diesem Kontext definiert
durch Spezialisierung auf eine bestimmte Hilfe und nicht durch die Art und
Weise der Kontaktaufnahme zu Menschen und dem Einbezug ihres Le-
bensumfeldes. »Die Folge dieser ›Angebotsorientierung‹ (…) ist eine organisierte Unzuständigkeit« (Hamberger u. a. 2004, S. 348). Kinder und Jugendliche durchlaufen die unterschiedlichen, spezialisierten Hilfearten und
sind latent mit Ortswechseln aber auch mit Beziehungsabbrüchen konfrontiert. (vgl. Wolf 2000; Früchtel u. a. 2001; Hamberger u. a. 2004, S. 348f.)

Als fachlicher Gegenentwurf zu dieser Versäulung werden Modelle entwickelt, in denen die Hilfen als flexible und bedarfsgerechte Hilfen, als integrierte oder sozialraumorientierte Hilfen bezeichnet werden (vgl. Wolff 2000; Klatzeki 1995; Früchtel u. a. 2001; Schrapper 1998; Peters/Koch 2004). In diesen Modellen wird der Bezug zur Lebenswelt des Klientels gefordert (Bedürfnisse etc.) und ein Fachlichkeitsbegriff entwickelt, der sich erneut auf eine Entspezialisierung und Ganzheitlichkeit gründet. Dies beinhaltet auch die Entwicklung der Persönlichkeit als Teil der Fachlichkeit (vgl. Wolf 2000, S. 209). Ein Konzept, dass bereits in den Anfängen der Sozialen Arbeit von Alice Salomon in die Ausbildung integriert wurde.

Eine weitere Herausforderung für die Fachkräfte ist die veränderte Zusammenarbeit zwischen öffentlichen und freien Träger in den so genannten Stadtteilteams bei der Fallberatung. Die Ausdifferenzierung des methodischen Handelns in fallspezifische Arbeit, fallbezogene Ressourcenmobilisierung und fallunspezifische Arbeit »bricht« die seit den 1980er Jahren verstärkte Einzelfallorientierung auch im Allgemeinen Sozialdienst wieder auf und eröffnet einen neuen, intensiveren Blick für den Sozialen Raum und seine Ressourcen.

Der Blick in die Vergangenheit und Gegenwart zeigt, dass die Frage einer spezialisierten/teilspezialisierten oder eher generalistischen Sozialen Arbeit im Allgemeinen Sozialen Dienst – und nicht nur dort – eine Fragstellung ist, deren Beantwortung je nach Kontext (Zeit, politische Verhältnisse, Ausbildungsentwicklung, beteiligte Akteure etc.) anders ausfällt. Die Vor- und Nachteile sind seit Einführung der Familienfürsorge bekannt und liegen auf dem »Tisch«. Sie werden jedoch je nach Kontext und den Zielen der Beteiligten anders gewichtet. Unter Berücksichtigung des Konzeptes einer lebensweltorientierten Sozialen Arbeit kann es meiner Meinung nach nur in Richtung einer »generalisierenden Sozialen Arbeit« auch im Allgemeinen Sozialen Dienst gehen bzw. bleiben.

Literatur

Außenfürsorge (1926) In: Mitteilungen des Deutschen Städtetages, 1926, Heft 7, Sp. 163-182.

Baum, M. (1927): Abgrenzung der Familienfürsorge gegen die Spezialfürsorge. In: Soziale Praxis und Archiv für Volkswohlfahrt 36. Jg., Heft 39. September, Sp. 961-965

Baum, M. (1928[2]): Familienfürsorge. Eine Studie. Karlsruhe.

Baum, M. (1951): Familienfürsorge. Berlin u. Hannover u. Frankfurt a. M.

Bayrische Staatsministerium des Innern (20.12.1950): Zusammenfassung und Neuordnung des Außendienstes in der Fürsorge. In: Mitteilungsblatt Deutscher Berufsverband der Sozialarbeiterinnen, 1950/51, S. 4-5.

Burckhardt, J. (1914): Der Lebensgang und das Lebenswerk Pastor Burckhardts. In: Fürsorge für die weibliche Jugend, 23.Jg., Heft 3, S. 83-95.

Der Bundesminister für Jugend, Familie und Gesundheit (Hrsg.) (1973[2]) : Dritter Jugendbericht.

Der Bundesminister für Jugend, Familie, Frauen und Gesundheit (Hrsg.) (1990): Achter Jugendbericht, Bericht über Bestrebungen und Leistungen der Jugendhilfe. Bonn

Deutscher Verein für öffentliche und private Fürsorge (1983): Empfehlungen zur Organisation des kommunalen Allgemeinen Sozialdienstes, mit Erläuterungen von Ursula Feldmann und Walter Schellhorn. Frankfurt a. M.

Die Neuordnung der Ausbildung von Wohlfahrtspfleger(-innen) (1961) In: Der Sozialarbeiter, Mitteilungsblatt des Deutschen Berufsverbandes der Sozialarbeiterinnen und Sozialarbeiter e.V. Düsseldorf, April 1961, Heft 1/2, S. 12-14.

Eine Woche in einem bayerischen Bezirk (1926). In: Soziale Berufsarbeit, März/April 1926, Heft 3/4, S. 5-6.

Familienfürsorge (1951): Ausführungen aus dem Stuttgarter Vortrag von Frau Dr. Marie Baum am 11. Mai 1951. In: Mitteilungsblatt Deutscher Verband der Sozialarbeiterinnen, 1951, Heft 5, S. 6 -7.

Feldmann, U. (1997[4]): Sozialdienst, Allgemeiner (ASD). In: Deutscher Verein für öffentliche und private Fürsorge (Hrsg.): Fachlexikon der Sozialen Arbeit. Frankfurt a. M., S. 842-843.

Früchtel, F. u.a (2001): Umbau der Erziehungshilfe. Von den Anstrengen, den Erfolgen und den Schwierigkeiten bei der Umsetzung fachlicher Ziele in Stuttgart. Weinheim u. München.

Hamberger, M./Köngeter, St./Zeller, M. (2004): Integrierte und flexible Erziehungshilfen. In: Grunwald, K./Thiersch, H. (Hrsg.): Praxis Lebensweltorientierter Sozialer Arbeit. Handlungszugänge und Methoden in unterschiedlichen Arbeitsfeldern. Weinheim u. München, S. 347-374.

Hering, S./Münchmeier, R. (2000): Geschichte der Sozialen Arbeit. Eine Einführung, Weinheim u. München.

Heynacher, M. (1926): Die Berufslage der Fürsorgerinnen, Bearbeitung einer in außerpreußischen Ländern vorgenommenen statistischen Erhebung (Ergänzung zum Vorbericht für den 39. Deutschen Fürsorgetag). In: Deutscher Verein für öffentliche und private Fürsorge (Hrsg.): Verhandlungen des 39. Deutschen Fürsorgetages des Deutschen Vereins für öffentliche und private Fürsorge am 14., 15. und 16. Oktober 1925 in Breslau, 1926, Heft 7, Karlsruhe, S. 152-166.

Hinte, W./Groppe, J./Litges, G. (2002): :Expertise Sozialräumliche Finanzierungsmodelle. Im Auftrag der Regiestelle E&C der Stiftung SPI. erstellt vom Institut für stadtteilbezogene soziale Arbeit und Beratung (ISSAB). Essen

Hirschfeld, D. (1924): Die Verordnung über die Fürsorgepflicht vom 13.2.1924. In: Beerensson Adele: Bericht der 6. Hauptversammlung, Abgehalten vom 29.-31. Mai 1924 in Gotha, Schriften des Deutschen Verbandes der Sozialbeamtinnen, 1924, Heft 3, Berlin, S. 4-10.

Klatzetzki Th. (1995[2]) (Hrsg.): Flexible Erziehungshilfen. Ein Organisationskonzept in der Diskussion. Münster.

Knobel, R. (1992): Der lange Weg zur akademischen Ausbildung in der sozialen Arbeit. Stationen von 1868 bis 1971. Frankfurt a. M.

Koblank, E. (1961): Die Situation der Sozialen Berufe in der Sozialen Reform. Schriften des Deutschen Vereins für öffentliche und private Fürsorge, 1961 Heft 218, Frankfurt a. M.

Kracht (1926): Die soziale Fürsorge in den Landkreisen. In: Stein, C. (Hrsg.): Die deutschen Landkreise. Bd. I. Berlin, S. 725-791.

Kruse, E. (2004): Stufen zur Akademisierung. Wege der Ausbildung für Soziale Arbeit von der Wohlfahrtsschule zum Bachelor-/Mastermodell. Wiesbaden.

Kühn, D. (1985): Kommunale Sozialverwaltung. Eine organisationswissenschaftliche Studie Bielefeld.

Lange-Appel, U. (1993): Von der allgemeinen Kulturaufgabe zur Berufskarriere im Lebenslauf. eine bildungshistorische Untersuchung zur Professionalisierung der Sozialarbeit. Studien zur Erwachsenenbildung Frankfurt a. M.

Liste der Masterstudiengänge Soziale Arbeit zusammengestellt für den Studentenkongress 2008. (letzter Zugriff: 30.03.2010) (www.zukunftsozialwesen.de/.../masterstudiengaenge-studentenkongress-de.pdf.).

Magnus, E. (1953): Zur Ausbildung der deutschen Sozialarbeiter. Frankfurt a. M.

Paulini, Ch. (2001): Der Dienst am Volksganzen ist kein Klassenkampf. Die Berufsverbände der Sozialarbeiterinnen im Wandel der Sozialen Arbeit. Opladen

Peters, F./Koch, J. (Hrsg.) (2004): Integrierte erzieherische Hilfen. Flexibilität, Integration und Sozialraumbezug in der Jugendhilfe Weinheim u. München.

Roth, G. (1999): Die Institution der kommunalen Sozialverwaltung: Die Entwicklung von Aufgaben, Organisation, Leitgedanken und Mythen von der Weimarer Republik bis Mitte der neunziger Jahre. Berlin.

Salomon, A. (1927): Die Ausbildung zum sozialen Beruf. Berlin.

Schiller, H. (1999): Sozialpädagogik im Dialog der Generationen – 1945 bis 1970. In: Homfeldt, H. G./Merten, R./Schulz-Krüdener, J. (Hrsg.): Soziale Arbeit im Dialog ihrer Generationen, S. 168-179.

Schrapper, Ch. (Hrsg.) (1998): Qualität und Kosten im ASD. Konzepte zur Planung und Steuerung der Hilfen zur Erziehung durch kommunale Dienste. Münster.

Stieve, H. (1926): Ausbildungsfragen. In: Soziale Berufsarbeit, März/April 1926, Heft 3/4, S. 2-3.

Stieve, H.: Tagebuch einer Fürsorgerin. Nachdruck der Originalausgabe Berlin. Herbig 1925. mit einem Nachwort von Norbert Preußer. Weinheim und Basel.

Tauche, A. (1997[4]): Familienfürsorge. In: Deutschen Verein für öffentliche und private Fürsorge (Hrsg.): Fachlexikon der sozialen Arbeit, S. 318-319.

Weber, H. (1926): Die Berufslage der Fürsorgerinnen in der öffentlichen Fürsorge in Preußen. In: Deutscher Verein für öffentliche und private Fürsorge (Hrsg.): Verhandlungen des 39. Deutschen Fürsorgetages des Deutschen Vereins für öffentliche und private Fürsorge am 14.,15. und 16. Oktober 1925 in Breslau, 1926, Heft 7, Karlsruhe, S. 125-131.

Wolff, M. (2000): Integrierte Erziehungshilfen. Eine exemplarische Studie über neue Konzepte in der Jugendhilfe. Dresdner Studien. Weinheim u. München

Zeitschel, H. (1927): Erziehungsarbeit in der Pflegeamtstätigkeit. In: Mitteilungen DVS, 1927, Heft 6, S. 1-3.

Tatjana Root

Soziale Arbeit für Frauen: Das Krisenzentrum »Hoffnung«[1]

Die sozialpolitische und wirtschaftliche Entwicklung Russlands Ende des letzten und zu Beginn des 21 Jahrhunderts hat die Lage der russischen Frauen ungünstig beeinflusst. Dazu zählen die hohe weibliche Arbeitslosigkeit, der erschwerter Zugang zu gut bezahlter Arbeit sowie die Teilhabe am politischen und gesellschaftlichen Leben. Der Zerfall der Sowjetunion sowie die starke Veränderung in den rechtlichen und politisch-sozialen Staatsstrukturen traf insbesondere die Familie und deren Umfeld. Familien mussten lernen, sich in der Gesellschaft neu zu organisieren und zu orientieren. Die Soziale Arbeit für und mit Frauen gehörte damit zu neuen professionellen Herausforderungsbereichen.

Das Krisenzentrum »Hoffnung« entstand im Nowosibirsk Anfang der 90er Jahre. Seine Hauptaufgabe besteht darin, die Gleichberechtigungspolitik in allen Bereichen des politischen, sozial-kulturellen sowie des wirtschaftlichen Lebens umzusetzen. Dafür ist es notwendig, ein breites Dienstleistungsnetz aufzubauen, um den unterschiedlichsten Bedürfnissen der Klienten aller sozialen Schichten der Bevölkerung gerecht zu werden. Als besondere Herausforderung sieht das Zentrum die Erhöhung der Konkurrenzfähigkeit der Frauen am Arbeitsmarkt an. Um die Voraussetzungen für die Durchführung dieser und anderer Aufgaben zu schaffen, ist an erster Stelle der Aufbau verlässlicher Netzwerke zwischen den politischen, ökonomischen und sozialen Strukturen notwendig. Die Suche nach den Lösungswegen der Umsetzung wird nicht nur durch die politische und wirtschaftliche Situation, sondern zusätzlich durch die aktuelle ethisch-moralische Disposition der russischen Gesellschaft erheblich erschwert.

Einige der möglichen Auswege aus der prekären Lebenssituation von Frauen sind:

---

[1] Aus dem Russischen vom Olga Busch.

- deren Rehabilitation
- ihre Unterstützung in Krisensituationen
- die Durchführung von Umschulungs- und Qualifizierungsmaßnahmen
- sowie eine unabhängige rechtliche Beratung.

Die Hilfsangebote des Krisenzentrums erstrecken sich demgemäß von psychologischen und sozialen Diensten bis zu umfassender rechtlicher Beratung, Rehabilitation der Familienmitglieder sowie Konfliktberatung im familiären Zusammenhang, verstärkter Kontrolle der zu Gewalt neigenden Familienmitglieder und dem Angebot von Notunterkünften für misshandelte Frauen und deren Familienangehörige. Die Umsetzung dieser Aufgaben ist nur in gut organisierter und aufeinander abgestimmter Netzwerkarbeit zwischen den PsychologInnen, KinderärztInnen sowie SozialarbeiterInnen möglich.

Das Krisenzentrum »Hoffnung« nahm teil an verschiedenen Gender-Projekten wie

- Aktionstag »Tag des Anrufes«
- Konferenzdurchführung »Frauen und Sicherheit«
- Öffentlichkeitsarbeit in Form eines Trauermarsches im Gedenken an die Tschetschenien-Opfer
- sowie mit Filmbeiträgen zur Prävention gegen häusliche Gewalt
- Erstellung eines öffentlichen Briefs an den russischen Präsidenten, um ihn auf die kritische Lage in den Familien aufmerksam zu machen.

Die Fachkräfte des Zentrums hielten regelmäßig Gastvorträge bei der internationalen Organisation »United Nations« und nahmen an verschiedenen internationalen Konferenzen, Seminaren und Veranstaltungen teil. Ein weiteres Aufgabengebiet der Fachkräfte des Zentrums ist die Organisation und Durchführung von Trainingsmaßnahmen für unterschiedliche staatliche Einrichtungen und Institutionen sowie die Beratungstätigkeit in Gründungsfragen von Krisenzentren, Obdachlosenunterkünften und Frauenhäusern. Das Zentrum entwickelt seine eigenen Hilfsprogramme und koordiniert diese mit inländischen und internationalen Aktivitäten wie denen »Von Ohnmacht zur Macht«. Die Öffentlichkeitsarbeit in diesem Bereich wird jedes Jahr mit großer Beteiligung durchgeführt. Im Zentrum sind PsychologInnen in der Beratung sowie der Leitung von Selbsthilfegruppen tätig, sodann AnwältInnen für die Beratung in Rechtsangelegenheiten und Begleitung bei gerichtlichen Prozessen sowie ein Sozialer Dienst für Hilfsangebote und Wohlfahrtsaktivitäten. Eine stationäre Unterbringung ermöglicht den Aufenthalt von einigen Tagen bis zu einem Monat, falls Gefahr im Verzug ist. Trotz Behördenwiderstandes konnte mit Hilfe einheimischer Sponsoren eine kostenfreie Hotline für Jugendliche in Notlagen eingerichtet werden.

Als Folge staatlicher Korruption, die die zu Gewalt neigenden Straftäter vertuscht, ist die Zahl misshandelter Frauen außergewöhnlich angestiegen. Die historische Erinnerung an die Region »Sibirien« – als Land der Unterbringung von Volksverrätern und Schwerststraftätern in den Hochsicherheitsgefängnissen – erzeugt ein Gefühl von ständiger Gefahr. Daher scheint es für einen männlichen Straftäter erwünschter zu sein, nach einer Straftat oder einem Verbrechen möglichst unbestraft davon zu kommen.

Es existierte früher als einzige Möglichkeit für die misshandelnden Frauen, sich Hilfe in staatlichen psychiatrischen Kliniken zuholen, zum Teil über eine Hotline. Die Fachkräfte in diesen Einrichtungen waren aber weder auf diesem Gebiet geschult noch für diese Themen sensibilisiert, so dass der Zustand der Hilfesuchenden mitunter noch verschlimmert wurde. Es gibt nach wie vor die diskriminierende Praxis, dass Opfer sexueller Gewalt, die um Unterstützung und Hilfe nachsuchen, mit dem Verlust des Arbeitsplatz rechnen müssen bzw. ihre Eingliederung in die Arbeitswelt nahezu unmöglich gemacht wird. Ein Russe bzw. eine Russin geht nicht freiwillig zum Psychologen oder zum Psychiater. Bei Inanspruchnahme einer Überweisung zu diesen Fachspezialisten wird das Opfer »Dank« dieser therapeutischen »Hilfe« als Mensch und Bürger in seinen Rechten entmachtet und von der Gesellschaft isoliert. Das Zentrum führt deshalb auf diesem Gebiet Aufklärungsarbeit durch, um die Mythen über das »Selbst-Schuld-Haben« der Opfer zu minimieren. Etliche Fachspezialisten sind allerdings der Meinung, dass das Opfer das Gewaltgeschehen nachgerade selbst provoziert habe. Das Opfer wollte vergewaltigt werden, da es angeblich ungeheure Lust daran empfinden würde. Es habe den Täter mit aufreizender Bekleidung und eindeutigen Blicken regelrecht zu seiner Tat »verführt«. Da der Täter dadurch seinen Trieben ausgeliefert war, könne er für sein Tun nicht verantwortlich gemacht werden. Das Opfer wird dadurch zum Täter gemacht und erhält weder Zuwendung noch Unterstützung. Erstaunlicherweise ist das Männerbild im Rahmen anderer gesellschaftlicher Strukturen oder Situationen völlig anderes. Hier erscheinen Männer als willensstark, kompetent und entscheidungstragend.

Die Wahrnehmung der oben beschriebenen Problematiken führte zu Gründung des unabhängigen Krisenzentrums »Hoffnung« mit den Hilfeangeboten unterschiedlicher Fachkräfte wie MedizinerInnen und PsychologInnen sowie VertreterInnen verschiedener Frauenorganisationen. Bei Gründungsbeginn nahmen die Zentrumsmitglieder an einem Weiterbildungsprogramm »Gewalt gegen Frauen« in den USA teil. Diese Weiterbildung fand in Atlanta im Jahre 2004 statt und dauerte einen Monat. In dieser Zeit konnten sich die Fachkräfte einen Überblick über die Strukturen und Arbeitsabläufe dieser Organisationen verschaffen sowie umfassende Informationen über die methodischen und psychologischen Hilfsangeboten für weibliche Gewaltopfer sammeln sowie Kenntnisse über die amerikanische

Frauenbewegung, die Voraussetzungen zur Gründung solcher Krisenzentren, Frauenhäuser und mögliche Finanzierungswege erwerben.

Im Nowosibirsk erfuhr das Zentrum bislang jedoch keine offizielle Anerkennung. Die russischen Kommunen haben keine finanziellen Mittel für diese sozialen Aufgaben. Politische Vertreter zweifeln im Übrigen an der Notwendigkeit solcher Hilfezentren mit der Begründung, dass es flächendeckend staatliche Hilfsorganisationen gäbe. Allerdings sind die meisten kostenpflichtig und das Fachpersonal ist nicht ausreichen auf diesem Gebiet ausgebildet. Dies baut für die Opfer zusätzliche Hindernisse auf. Die betroffenen Frauen berichteten nach dem Besuch der staatlichen Hilfsorganisationen von Unverständnis, Demütigung, Schuldgefühlen, moralische Unterdrückung. Oft haben sie sich in der Beratungssituation als Tatverdächtige in einem polizeilichen Verhör gefühlt. Teilweise schoben Ärzte die Schuldfrage der hilfesuchenden Frau zu, da sie sich, wie oben dargestellt, zu offen und provokativ den Männern gegenüber verhalten hätten.

In solchen Situationen fühlen sich die Opfer ausgeliefert und hilflos, haben keine Kontrolle über die Situation, können für sich nicht mehr kämpfen, da die Gleichgültigkeit der Gesellschaft und der vorhandenen staatlichen Hilfsorganisationen sie komplett entmachtet. Darum ist es äußerst wichtig, dass die misshandelnde Frauen in solchen Situationen ausreichend Verständnis, Unterstützung und Hilfe erfahren. Leider kann bis heute eine professionelle Sozialarbeiterin während der medizinischen Untersuchung oder dem Gerichtsverfahren dem Opfer nicht Beistand leisten. Aus der Erfahrung ist bekannt, dass weder die staatlichen Institutionen noch die medizinischen Einrichtungen es als ihre Aufgabe sehen, die Interessen der Opfer zu vertreten. Das Krisenzentrum »Hoffnung« fungiert deshalb als Lobbyist in der Judikative von sozialen Diensten, mit dem Ziel, umfassend und neutral ihre Hilfeleistungen für Misshandlungsopfer anzubieten.

Der Prozess der Gleichstellung der Frau in der russischen Gesellschaft hat begonnen. In etlichen Organisationen existieren bereits Gleichstellungsbüros, Zentren für Familienschutz sowie für den Schutz der Mutter und des Kindes. In den Sozialministerien werden zunehmend Strukturen geschaffen, die sich explizit mit »Frauen-Themen« beschäftigen.

Das Aufgabengebiet der öffentlichen Rechtsorgane erstreckt sich auf:

* Erschaffung von Partizipationsstrukturen für Frauen in regierungspolitischen und gesellschaftlichen Lebensbereichen
* Maßnahmen zu ihrer Integration in den Arbeitsmarkt
* Weiterbildungs- und Qualifizierungsmaßnahmen für Frauen
* Zugang zu neuen Berufsbranchen
* Unternehmerische Selbstständigkeit
* Mitwirkung in der Organisation und Gestaltung von Angeboten der sozialen Dienste.

Der/die SozialarbeiterIn ist die Schlüsselfigur für die Umsetzung dieser
Aufgaben. Die internationale Erfahrung beweist, dass erfolgreiche Soziale
Arbeit an das professionelle Wissen im Gesundheitswesen anknüpfen und
spezifische Handlungskompetenz generieren kann. Dabei ist besonders die
professionelle Distanz hervorzuheben. Sie soll SozialarbeiterInnen befähigen, sich angemessen von den Klienten abgrenzen zu können, um nicht von
ihnen manipuliert zu werden. Professionelle Berufserfahrung zeigt aber
auch, dass die Problemlösung gemeinsam mit dem Klienten zu treffen ist.
Erfolgt dies nicht, so stellt sich nicht nur Unmut und gegenseitige Unzu-
friedenheit ein, sondern auf Grund unprofessioneller Arbeit kommt es nicht
zu einer adäquaten Problemlösung. Es sollte deshalb stets zusammen mit
dem Klienten unter Einbezug seiner Ressourcen und persönlichen Zielvor-
stellungen ein Hilfeplan erstellt werden. Er beinhaltet die Zielvereinbarung
mit den Rechten und Pflichten des Klienten und gibt die Zeitplanung mit
den Inhalten des Arbeitsbündnisses wider.

Abhängig von der physischen Reife und der emotionalen Bereitschaft
der Klienten kann sich der/die SozialarbeiterIn bei der Problemlösung unterschiedlicher Methoden bedienen und verschiedene Rollen übernehmen,
z. B. als Vormund, Experte, Instrukteur oder Begleiter. Als eine der wichtigsten Aufgaben des Sozialarbeiters hat sich der Aufbau eines persönlichen
sozialen Hilfsnetzwerkes des Klienten erwiesen, in dem Verwandte, Freunde, Bekannte, aber auch Lehrer und Ärzte sowie weitere Ansprechpartner
unterschiedlich profilierter Organisationen für die Krisenintervention vertreten sind.

Professionalisierung und
hochschulpolitische Herausforderungen:
Die Reform der Reform

Ulrich Bartosch

Warum und zu welchem Ende betreiben wir einen Fachbereichtstag Sozialer Arbeit?

Versuch einer Selbstbestimmung. Eine kleine Variation
für drei Bälle

»Soziale Arbeit im Wandel« könnte man als Hintergrund für die Arbeit des Fachbereichstages Soziale Arbeit (FBTS) in der letzten Dekade überschreiben. Ich bin neun Jahre als Delegierter und sechs davon als Vorstandsmitglied und schließlich als Vorsitzender mit diesem Gremium verbunden. Ich will die Leserin und den Leser auffordern, einige Variationen zum FBTS mit mir zu spielen. Vorab gestehe ich frei, dass ich nicht berufen bin, das gültige Zukunftsszenario der Sozialen Arbeit zu zeichnen. Und angesichts der wissenschaftlichen und professionspolitischen Expertise im vorliegenden Band wäre es schon sehr vermessen, wenn ich auftreten wollte, um zu sagen, wo es langgeht!

Es gibt einige wichtige aktuelle Beiträge zur Zukunftsfrage der Sozialen Arbeit. Ich erwähne das Sammelwerk von Ralph-Christian Amthor »Soziale Berufe im Wandel« von 2008 (Amthor 2008) oder auch den 2004 vorgelegte Band von Bock und Thole »Soziale Arbeit und Sozialpolitik im neuen Jahrtausend« (Bock/Thole 2004) und nicht zuletzt der von meinem Vorgänger im Amt des Vorsitzenden des Fachbereichstages, Peter Buttner, besorgte Band »Das Studium des Sozialen« von 2007 (Buttner 2007). Ich will einiges aus dieser Diskussion belehnen, aber doch keine wissenschaftliche Analyse des Diskurses vorbringen. Stattdessen spiele ich ein paar gedankliche Bälle, die ich aus einer länderneutralen und sozialarbeitsfachlich nicht festgelegten, archimedischen Position entwickeln will.

Meine aktuelle Aufgabe als gewählter Sprecher der Fachbereiche und Fakultäten versetzt mich eigentlich auf einen anderen Stern, in dem eine einheitliche, kooperierende Soziale Arbeit vermeintlich existiert. Es ist ein

Stern, auf dem der Gedanke einer schlagkräftigen, gemeinschaftlich den-
kenden Sozialen Arbeit einsichtig erscheint. Der die Idee einer – auch in
sich selbst streitbaren, differenzierten – selbstverständlich wissenschaftlich
gefestigten und anwendungsorientierten Sozialen Arbeit bestärkt. Ein Stern,
auf dem die besondere Verantwortung der Wissenschaft der Sozialen Arbeit
in ihrer spezifischen Eigenart anerkannt, eingefordert und gefördert wird.
Ein Stern, auf dem die Soziale Arbeit ihre Potentiale und ihre Expertise in
die aktive Gestaltung gelingenden sozialen Gemeinwesens einbringt – ja
einbringen muss. Also kurzum: ein Stern, auf dem Soziale Arbeit wissenschaftlich forschend, innovativ wirkend und einig streitend Soziale Politik
bewirkt, die dem ›guten Leben‹, der ›guten Regierung‹ dient.

Ich muss freilich zugeben, dass ich mich auf dem Stern ziemlich allein
wähne. Manchmal erscheint mir auch selbst diese Sichtweise naiv, luxuriös
und aussichtslos. Unsere Disziplin ist so zerrissen und zersplittert wie andere Sozialwissenschaften auch. Die ökonomische Überformung der Profession und der Ausbildungsstätten verführt dazu, Kooperation oder gar vorteils-
lose Unterstützung anderer durch vermeintliche Wettbewerbs- d. h. Kon-
kurrenzstrategien zu ersetzen.

Zum Glück habe ich einige Freunde auf dem Stern gefunden, die sich
auch auf diesen öden Himmelskörper getrauen. Hierzu darf ich die Mitglieder des Vorstandes zählen und immer wieder Teilnehmerinnen und Kooperationspartner des FBTS.

Ich will einige der Versuche ansprechen, die vom Fachbereichstag und
insbesondere seinem Vorstand ausgehen, die eine ›Grand Strategy‹ für die
Soziale Arbeit implizieren. Wenngleich diese Bemühungen von vielen als
ungebeten und von mindestens ebenso vielen auch kritisch bewertet werden, spiegelt sich doch unsere Wahrnehmung der relevanten Entwicklungen
der Sozialen Arbeit als Disziplin und Profession darin. Meine angekündig-
ten Bälle, mit denen die LeserInnen dann jonglieren müssen, sind:

Bologna, Zersplitterung und Forschung. Oh je, wird man denken, die
Bälle kennen wir alle schon. Dann sage ich: damit musste ich rechnen.
Aber, eine kleine Bemerkung sei erlaubt: Drei Bälle kennen und drei Bälle
gleichzeitig in der Luft in Bewegung halten, das ist noch nicht das Gleiche.
Wenn Sie das schaffen, ist das schon nicht schlecht. Wir verschärfen die
Bedingungen dann und Sie werden bei der Jongelage von freundlichen Kolleginnen und Kollegen kräftig hin- und hergeschubst. Dann wird es interes-
santer und wir liegen ziemlich nahe an der Realität. Mal ganz im Ernst: Wo
wird das alles hinführen? Wie sollen wir uns einrichten? Worauf sollen wir
die Studentinnen und Studenten vorbereiten? Prognostische Fähigkeiten
bräuchte man.

Ich stütze mich auf einen meiner akademischen Lehrer. Er ist für meine
wissenschaftliche und auch persönliche Biographie von besonderer Bedeutung geworden. Sein Name ist Carl Friedrich von Weizsäcker. In einem

Bändchen von 1966 ist ein Text mit dem Titel »Über weltpolitische Prognosen« abgedruckt. Darin heißt es: »Die Prognose ist die letzte Bewährung, sie ist zugleich der Schlüssel zum praktischen Nutzen der Wissenschaft. ... Die Fähigkeit, richtig zu prognostizieren, bedeutet im allgemeinen Macht. Diese Macht, wo sie reell ist, wird sich die Politik nicht entgehen lassen. Die Frage nach dem Nutzen der Wissenschaft für die Politik spitzt sich deshalb am schärfsten in der Frage nach der Zuverlässigkeit ihrer Prognosen zu. Ich sage: sie spitzt sich hier am schärfsten zu. Auch eine Wissenschaft, die es nicht bis zur prüfbaren Prognose bringt, kann Begriffe klären, und klare Begriffe können, so meine ich, dem Politiker nichts schaden« (Weizsäcker 1966, S. 30).

So also Carl Friedrich von Weizsäcker, der in diesem Zusammenhang freilich die Naturwissenschaft und deren praktische Umsetzung in Technik im Sinn hatte. Die Naturwissenschaft kann in besonderer Weise, als empirisch-rationale Wissenschaft, aus der bisherigen Erfahrung auf die Zukunft schließen. So heißt es bei ihm:

»Was ist nun empirisch-rationale Wissenschaft? Sie ist empirisch, das heißt, sie macht, sammelt und ordnet Erfahrung. Sie ist rational, das heißt, sie sucht die Erfahrung zu verstehen. Was ist Erfahrung? ... Ich möchte Erfahrung definieren als das Lernen aus der Vergangenheit für die Zukunft. Das gilt zumal, wo das rationale Verstehen bis zur Aufstellung von Gesetzen vordringt. Der Physiker entwirft hypothetisch Gesetze, mit denen er den vorliegenden Erfahrungsschatz ordnet und zu erklären sucht. Die Probe auf die Richtigkeit des vermuteten Gesetzes ist die richtige Prognose, die Anwendbarkeit auf die Zukunft« (ebd.).

Bitte verlieren Sie noch nicht die Geduld. Auch ich bin leidlich informiert darüber, dass es Unterschiede zwischen Natur- und Sozialwissenschaften gibt und dass die Soziale Arbeit sicher keine Naturwissenschaft sein kann und dergleichen – bei Sinnen – auch nicht anstreben könnte. Ich will folgende Aspekte von Weizsäcker belehnen:

1. Sichere Prognostik verleiht ›technische‹ Macht.
2. Technische Anwendbarkeit erzeugt reale Folgen.
3. Mit diesen verursachten Folgen ist die Verantwortung für die technische Anwendung, mithin für die wissenschaftliche Prognostik verbunden.

Die beiden letzten Punkte sind für Weizsäcker mit der Entwicklung und dem Einsatz der Atomwaffen in besonderer Eindringlichkeit evident geworden. Nimmt man die Begriffe Macht, Technik, Verantwortung und spiegelt sie auf die Wissenschaft der Sozialen Arbeit sieht die Sache freilich ganz anders aus. Ja, es muss lächerlich erscheinen, diesen Vergleichsmaßstab der Physik mit der Menschheitsgeisel Atomwaffe überhaupt an die Soziale Arbeit heranzutragen. Soziale Arbeit ist doch wohl eher durch Ohnmacht, nicht technisierbare Ausführung und – jetzt stocke ich doch ein bisschen – und durch nicht vorhandene, kausal bestimmbare Verantwortung gekennzeichnet? Nun bin ich bei einigen durchaus quälenden Fragen:

- Welche Wirkung könnte aus dieser Ohnmacht der Wissenschaft der Sozialen Arbeit überhaupt angestrebt werden?
- Welche sicheren Einwirkungen in ihre Aufgabenbereiche könnte die Wissenschaft Soziale Arbeit überhaupt beabsichtigen?
- Wofür könnte die Wissenschaft Soziale Arbeit überhaupt Verantwortung übernehmen?
- Noch anders gefragt und dabei das Thema aufnehmend:
- Gibt es einen gestalteten Wandel der Welt durch eine Soziale Arbeit im Wandel?
- Wo wandelt sich denn was? Ich werfe mal den ersten Ball.

1. Der erste Ball: Bologna oder der Wandel der Hochschulwelt als Wandel der Sozialen Arbeit

Die Reform des Hochschulwesens in Europa ist ein komplexer Prozess wahrhaft gigantischen Ausmaßes geworden. Eine Entwicklung, die übrigens die ursprünglichen Initiatoren der Sorbonne- und der nachfolgenden Bologna-Erklärung völlig überrascht hat. Wir sind im zehnten Jahr dieses »Bologna-Prozesses« und fast scheint es so, als sei kein alter Stein mehr auf dem anderen. Augenblicklich sind besonders die Stimmen der Kritikerinnen und Kritiker sehr laut und auch die öffentliche Diskussion schießt sich mit sämtlichen Kanonen auf»Bologna« als Grund und Schuld allen hochschulischen – oder gar schlechthin kulturellen – Verderbens ein. Es gibt messerscharfe, vernichtende Kritiken, wie die des Berliner Politikwissenschaftlers Herfried Münkler, der die ›Bildung in einem umfassenden Sinne hinter arbeitsmarktrelevanten Kompetenzvorgaben verschwinden sieht‹ (Münkler 2008). Andere Prügel für Bologna sind eher konfus. Da ist etwa der bisherige Mainzer Theologie-Ordinarius Marius Reiser, der seinen Lehrstuhl aus Protest gegen die Hochschulreform aufgegeben hat (Reiser 2009). Er erachtete diese Form der ›akademischen Selbstverbrennung‹ als notwendig, weil mit Bologna ›die christlichen Werte unserer Kultur zerstört‹ würden, wie er in einem Vortrag in Eichstätt verkündete, will sagen ›verkündigte‹.

Auch in der Sozialen Arbeit ist von Hochschule wie von Seite der Praxis vielfach der Niedergang des ›Sozialarbeiterischen Abendlandes‹ beklagt worden. Alles war früher besser – so scheint es. Alles wird künftig schlimmer – so tönt es. Ein ausgemachtes Lieblingsopfer der Bologna-Hasardeure ist aus der Sicht der Bewahrerinnen und Bewahrer der reinen Sozialen Arbeitswahrheit die staatliche Anerkennung und das Praxisjahr im Studium.

Lassen Sie uns – unter Wahrung und Pflege unterschiedlicher Positionen – einen Blick auf die Soziale Arbeit nach über 10 Jahren Bologna-Prozess werfen.

Zunächst stellen wir fest: das geliebte Diplom ist verloren worden. In der Tat ist der – und lassen Sie mich ehrlich sagen, der – vermeintlich – einheitliche achtsemestrige Königsweg zum echten, staatlich anerkennbaren Sozialarbeits- bzw. Sozialpädagogikdiplom (FH) unfreiwillig verlassen worden. Von vielen schmerzlich vermisst, sind auch die Rahmenstudienordnungen und -prüfungsordnungen unterwegs verlustig gegangen. Vermeintlich einheitlich war das alles insoweit, als die einphasige und zweiphasige Studienvariante in Deutschland unterschiedlich zur Anwendung kamen. Und dass dies tatsächlich wesentliche Unterschiede in der Studienphilosophie bedeutet, wurde in der späteren Diskussion um die Staatliche Anerkennung ganz offensichtlich. Die vermeintliche Einheitlichkeit vor Bologna war der Berührungslosigkeit geschuldet. Das erzeugt aber keine Einheit. Gesamtdeutsch und aus der Professionsperspektive gesehen, war der Frieden ein Kind der Beliebigkeit. Man konnte es so oder so machen. Es kam schlicht darauf an, wo man studierte (Mit übrigens damals auch bestehenden Schwierigkeiten für Studienort-Wechsler).

Zwischenzeitlich sind fast alle Standorte auf BA und MA Angebote eingeschwenkt. Nun wurden die bestehenden Unterschiede urplötzlich zur fundamentalen Glaubensfrage über Sinn und Unsinn des Studiums der Sozialen Arbeit. Es geht dabei bis heute nicht vordringlich um Fragen der wissenschaftlichen Herangehensweisen, sondern um die Abbildung, Einbeziehung und Zeitdauer von beruflicher Praxis. Lassen wir diesen Glaubenskrieg mal beiseite. Was haben wir, was hat die Soziale Arbeit eigentlich durch den Bologna-Prozess gewonnen?

Auf dem Fachbereichstag von Mönchengladbach vor einigen Jahren hat sich die Versammlung der Dekaninnen und Dekane auf einen Katalog von fachlichen Modulen verständigt. Damit wurde eine Art von Kerncurriculum geschaffen, das aus der Community heraus in fachlicher Autonomie die inhaltliche Rahmensetzung des Studiums der Sozialen Arbeit anzeigen kann. Auf der Folie einer solchen Übereinkunft kann jede StudiengangsanbieterIn (Fakultät) das eigene Angebot mit dem (unverbindlichen) bestehenden fachlichen Konsens abgleichen und ggf. auch synchronisieren. Für die Verfahren der Akkreditierung ist damit eine Grundlage geschaffen, die nicht behördliche Vorgaben oder Wünsche des Arbeitsmarktes exekutiert, sondern die aus dem Selbstverständnis wissenschaftlicher, disziplinärer Autonomie gespeist wird. Ich betone – um dem aufkommenden Generalverdacht gleich zu begegnen – dass es sich selbstverständlich um eine wissenschaftliche Soziale Arbeit handelt, die ihre Anwendungsbezogenheit zum Dreh- und Angelpunkt des Selbstverständnisses macht. Das Bologna-Kriterium »employability« war für die Soziale Arbeit – zumal an den fachhochschul-

ischen Studienorten – eine nach Athen getragene Eule. Ich unterstreiche –
um den nächsten heftigen Widerspruch abzuwehren –, dass die optimale
Umsetzung von sich ständig ändernden Anforderungen der angewandten
Sozialen Arbeit ein permanenter, anspruchsvoller Prozess ist. Ihm müssen
wir uns immer stellen – Bologna hin oder her. Entscheidend für eine Etablierung als wissenschaftliche und gesellschaftlich relevante Disziplin wird
aber sein, dass derlei Anpassungsbemühungen auf der Basis einer integren
und autarken wissenschaftlichen Selbstdefinition geschehen. Wenn die angewandte Soziale Arbeit – immer als »die Praxis« bezeichnet – dem wissenschaftlichen Diskurs die Richtung vorgeben kann und muss, ist aus diesem ein berufliches Ausbildungsprogramm geworden. Dies aber grenzt beide aus der relevanten ›Machtpolitik‹ in der Gesellschaft aus, da die Soziale
Arbeit nicht als Teil eines wissenschaftlichen Fortschrittsprozesses anerkannt würde. In einer Wissensgesellschaft, die sich überwiegend als natur-
wissenschaftlich-technische Welt entwickelt, ist dies eine fatale Option. Also: der Beschluss von Mönchengladbach, der viel Kritik herausforderte –
auch von mir – ist so gesehen ein wichtiger und konsequenter Schritt zur
wissenschaftlichen, disziplinären Konsolidierung.

Ein weiteres Bologna-Tool, das geeignet ist, die wissenschaftliche Position und Autonomie der Sozialen Arbeit zu stärken, ist der Qualifikationsrahmen Soziale Arbeit (QR SArb). Er stellt mittlerweile für die hochschulischen Abschlusslevel BA, MA und Dr. gemeinsam vereinbarte Qualifika-
tionsprofile zur Verfügung. Damit hatte die Soziale Arbeit als erste hochschulische Disziplin – in freier Vereinbarung – die Rahmenwerke des europäischen Hochschulraumes und für das bundesdeutsche Hochschulwesen
konstruktiv den eigenen fachlichen Bedürfnissen angepasst, kompatibel –
aber eigenständig – umgesetzt und als bundesweite Vereinbarung etabliert.
Zugleich ist eine Basis für die Weiterentwicklung von Studienprogrammen
geschaffen, die sich in Lernergebnissen ausdrücken und damit kompetenz-
orientiert angelegt sind.

Der Qualifikationsrahmen wäre prinzipiell ein hervorragendes Argu-
ment, dass die wissenschaftliche Ausbildung für eine Wissenschaft Soziale
Arbeit selbstverständlich in allen hochschulischen Studiumstypen zentral zu
berücksichtigen ist. Dass dies gar nicht selbstverständlich ist, werde ich
gleich noch am Beispiel der Elementarpädagogik ansprechen. Ein wesentliches Merkmal des QR SArb ist also, dass er das hochschulische Studium,
von Beginn des BA an, als wissenschaftliche Ausbildung festlegt. Das heißt
konkret: Die Studierenden werden »vom ersten Tag an« für den kritischen
Umgang mit und die Erzeugung von wissenschaftlichem Wissen mit wissenschaftlichen Methoden ausgebildet. Dies setzt voraus, dass die Erzeugung von wissenschaftlichem Wissen durch wissenschaftliche Methoden
am Ausbildungsstandort stattfindet und Lehre sowie Lernen mit dieser Erzeugung direkt verbunden sind. Das Studium der Sozialen Arbeit unter-

scheidet sich damit fundamental und nicht nur graduell von einer beruflichen oder schulischen Ausbildung. Und das Qualifikationsprofil, das durch
ein entsprechendes Studium der Sozialen Arbeit erworben wird, unterscheidet sich ebenso grundsätzlich von dem einer beruflichen oder schulischen
Ausbildung. Es zeichnet sich durch die Befähigung zur wissenschaftlichen
Analyse und Vorgehensweise aus. Die angewandte Soziale Arbeit wird
demnach nicht nur durch die Verwendung von aktuellem wissenschaftlichen Wissen bereichert, sondern ist selbst der Bereich angewandten wissenschaftlichen Arbeitens. Wenn wir uns an dieser Stelle beim Wort nehmen,
bedeutet dies, dass wir unsere Arbeitsplätze in der Sozialen Arbeit nicht anders charakterisieren als die der Medizin, der Psychologie oder des Rechts-
wesens oder gar der Schule. Die Soziale Arbeit ist dann eine Profession, deren Vertreterinnen und Vertreter selbstverständlich über ein wissenschaftliches Qualifikationsprofil verfügen müssen, da ihre beruflichen Anforderungen nicht weniger komplex, anspruchsvoll und wechselhaft sind und nicht
weniger auf wissenschaftlichem Wissen basieren, als die der erwähnten
Disziplinen. Der QR SArb bildet also die Abschlüsse BA, MA und Dr. auf
die Wissenschaft Soziale Arbeit ab und illustriert damit den formalen
Gleichstand der Sozialen Arbeit im Konzert des wissenschaftlichen Studie-
rens (zumindest bis MA-Niveau). Das hat vor Bologna noch ganz anders
ausgesehen und sollte – wenn es nach den Ministerien gegangen wäre – in
einigen Bundesländern auch prinzipiell gar nicht anders werden. Doch
grundsätzlich alle bieten diese Ebene seit 2008 als generalistisches Studi-
enmodell an.

Einen weiteren Stein im Brett der positiven Bologna-Entwicklung stellt
die Beteiligung der Sozialen Arbeit an der Einrichtung einer eigenen Akk-
reditierungsagentur für Sozial-, Heil- und Pflegewissenschaftliche Studiengänge dar. Damit ist eine länderübergreifende, unabhängige Instanz geschaffen worden, die als Entwicklungsrahmen eigenständiger, disziplinärer,
wissenschaftlicher Studienprofile genutzt werden kann. Im grundsätzlich
unabhängigen Akkreditierungsgeschehen wird die Stimme der Sozialen Arbeit gehört und kann sich Gehör verschaffen. Die Akkreditierung kann ggf.
auch als eine Absicherung von gefährdeter Hochschulautonomie eingesetzt
werden.

Nun komme ich noch zu einer Entwicklung, die allenthalben Grund für
Klagegesänge gibt. Mit der Neuentwicklung von BA- und MA-
Studiengängen haben wir eine ungeahnte Vielfalt von Studienprofilen erhalten. Sicherlich, wir haben dadurch noch einige Probleme der Mobilität
von Studierenden zu lösen, die zwischen den Studienstandorten wechseln
wollen. Ich bin überzeugt, dass diese Schwierigkeiten überwunden werden.
Wichtiger erscheint mir, dass wir die Vielfalt der Sozialen Arbeit als professionellem Arbeitsfeld durch akademische Ausbildungsprofile sichtbar
machen und mit aktiver Entwicklungs- und Forschungsarbeit an unseren

Standorten verbinden können (und müssen). Wir sind damit aufgefordert und bereits auf dem Weg, die Wissenschaft Soziale Arbeit als Dach verschiedenster angewandter Sozialer Arbeit zu etablieren und zu beweisen. Dies könnte uns auch dadurch gelingen, dass wir unterschiedliche Ausprägungen gerade als Ausdruck des gemeinsamen wissenschaftlichen Selbstverständnisses erscheinen lassen. Dies ist mein positiver Blick auf die vorhandene, als Zersplitterung beklagte Diversifizierung. Wenn wir die wissenschaftliche Arbeit und Ausbildung allerdings über eine einheitliche, professionelle Praxis definieren wollten, dann wäre die Verschiedenheit zugleich der Verlust von Identität. Das sehe ich aber nicht so. Soziale Arbeit will und kann keine Berufs- oder Fachschulausbildung sein.

Eine letzte Bologna-Bemerkung gilt dem Doktorat. Freilich ist es für eine Wissenschaft unverzichtbar, ihre Weiterentwicklung in der Forschung über Promotionen voranzutreiben und eine eigene wissenschaftliche Identität auch über die Rekrutierungsmöglichkeiten aus dem eigenen Nachwuchs zu entwickeln. Sicherlich liegt hier noch vieles im Argen. Die Abwehrreaktion aus dem universitären Bereich dominiert wohl noch überwiegend die Szenerie. Der Fachbereichstag hat einige Versuche in dieser Richtung unternommen. Auch für die gemeinsame Formulierung einer fachspezifischen Beschreibung der Promotionsebene war zu einer Runde aus universitären und fachhochschulischen Vertreterinnen und Vertretern eingeladen worden. Die Zeit ist dafür wohl nicht reif. Und Aufrufe zur gemeinsamen Anstrengung werden als »Münsteraner Verklärung« (Bauer 2006) – wie ich finde wunderbar witzig – diskreditiert. Aber das ist nur eine Seite. Auf der Haben-Seite stehen: vermehrte Anstrengungen für Promotionskollegs in Kooperation mit Universitäten, entspannte kooperative Promotionsverfahren in manchen Bundesländern, die intensive Zusammenarbeit mit internationalen Partnern und nicht zuletzt die Möglichkeit mit MA Absolventinnen und Absolventen der Sozialen Arbeit auf formaler Augenhöhe mit Graduierten anderer Disziplinen ins Rennen zu gehen.

Es wird also mehr wissenschaftliche Arbeiten von Absolventinnen und Absolventen der Sozialen Arbeit geben. Es wird mehr Beteiligungen von Hochschullehrerinnen und -lehrern der Sozialen Arbeit an Doktorats-Betreuungen geben. Es wird mehr Forschungs- und Entwicklungsbeteiligung der Wissenschaft Soziale Arbeit geben. Auch hier versucht übrigens der Fachbereichstag die Entwicklungen strukturell zu unterstützen und die dahingehenden Plattformen zu stärken. Zuletzt zeigt sich dies im Versuch die Arbeitsgruppen zur Promotion der Deutschen Gesellschaft für Soziale Arbeit (DGSA) und des FBTS in engem Schulterschluss als gemeinsame Aktion zu organisieren.

Für welches Spiel ist der erste Ball demnach insgesamt geeignet? Ich sehe den Bologna-Ball als die Chance, den Wandel des Hochschulwesens für einen gewünschten Wandel der Sozialen Arbeit in Richtung einer

wissenschaftlichen relevanten Disziplin weiter zu befördern. Das heißt dann
auch, den Status einer ohnmächtigen Disziplin schrittweise zu verlassen,
um verstärkte (auch gesellschaftliche) Wirkung zu entfalten.

2. Der zweite Ball: Zersplitterung – die Diversifikation der Leistungsspektren von Sozialarbeitsfachbereichen

Obwohl mir dieser Ball sehr wichtig erscheint, will ich ihn in meinen Ausführungen jetzt nicht so umfangreich gewichten. Sie jonglieren dann vielleicht bequemer. Ich hatte bereits erwähnt, dass ich in der Fähigkeit zur Di-
versifikation eine Chance und Stärke der Wissenschaft Soziale Arbeit sehen
will. Das Arbeitsfeld ist umfassend und komplex. Die professionellen Anforderungen lassen verschiedene Schwerpunktsetzungen, ja Spezialisierungen zu. Nicht eine Praxis der Sozialen Arbeit bestimmt die Praxis der Sozialen Arbeit. Das ist nicht anders als bei den Juristen oder Medizinern. Und
diesen würde es nicht einfallen, den Steuerrechtler und den Völkerrechtler
nicht als grundsätzlich der gleichen Disziplin zuzuordnen, auch wenn ihre
Wissensbestände und Forschungsansätze sich recht tief greifend unterscheiden mögen. Wenn Soziale Arbeit sich dagegen von ihrer Anwendung
her definiert, müsste sie entscheiden, ob dieser oder jener zu ihr gehört.
Wenn jedoch die Wissenschaft Soziale Arbeit die gemeinsame Basis und
den Rahmen für unterschiedliche Forschungs- und Anwendungsbezüge
stellen könnte, dann würden Diversifikationen gelassen beobachtet, ja geradezu als Indiz für die Leistungsfähigkeit der Disziplin gesehen werden.

Nun, die Realität ist anders. Leider stehen der beachtlichen Leistungsfähigkeit der Disziplin nur unbefriedigende Erfolgsbilanzen gegenüber. Halten Sie sich bitte vor Augen, dass große, bedeutsame disziplinäre Entwicklungen auf dem Nährboden der Fachbereiche für Soziale Arbeit gewachsen
sind. Denken Sie an Pflegewissenschaften, Heilpädagogik oder zuletzt die
Elementarpädagogik. Diese akademischen Ausbildungsfächer haben sich
im Kontext der Forschungs- und Lehraufgaben der Sozialen Arbeit entwickelt. Es ist bezeichnend, dass sie ihre Identität und ihren wissenschafts-
und bildungspolitischen Erfolg umgehend in der Abkehr von der ›schmud-
deligen‹ Sozialen Arbeit suchen (müssen?). In einem gemeinsamen wissenschaftlichen und wissenschafts- wie bildungspolitischen Auftritt würde die
marginale Position der Sozialen Arbeit im hochschul- und bildungspolitischen Diskurs deutlich verändert werden können und damit insgesamt die
Position aller Beteiligten verstärkt.

Die gemeinsam erarbeitete und eingebrachte wissenschaftliche Expertise für die Bearbeitung und Gestaltung der sozialen Aufgaben in der Gesell-

schaft könnte die gezielten Wirkungsabsichten in entscheidender Weise stärken. Es ist sehr bedauerlich, dass die Wissenschaft Soziale Arbeit nicht die ausreichende Kohäsionsenergie entwickelt, um interessante Neuentwicklung als rückbezügliche Stärkung unterstützen zu können. Eine Mutterdisziplin, die selbst den eigenen Sprösslingen zu schmuddelig ist, ist aber vielleicht gar keine Disziplin, sondern eben diffuser Nährboden ohne prägende Gestalt.

Ein Versuch der Gegenbewegung zur Aufsplitterung stellt das SAGE-Projekt dar, das im Vorstand vor allem von Ulrich Mergner formuliert wird. In Anlehnung an die Identitätsbildung der MINT-Fächer schlägt Mergner die Verbündung unter dem Dach Soziale Arbeit, Gesundheit und Erziehung vor. Auf dem FBTS-Plenum im Dezember 2009 in Mainz mahnt er: »Wollen wir möglichen ›Fachegoismus‹ vermeiden, müssen wir eine grundlegendere Frage klären. Sie lautet: Wie wollen wir als unterschiedliche Disziplinen miteinander umgehen und wie wichtig ist es uns, unser kleines, manchmal ja immer noch von Minderwertigkeitsgefühlen und Konkurrenzneid geprägtes Ego zu pflegen? Für mich sind die Antworten klar: Wenn wir gesellschaftlich etwas bewirken wollen, müssen wir – d. h. Disziplin- und ProfessionsvertreterInnen aus dem Bereich der ›personenbezogenen sozialen Dienstleistungen‹ oder, ab jetzt, aus dem SAGE-Bereich – in Gemeinsamkeiten denken, uns disziplinär und professionell über Inhalte definieren und darstellen und nicht über Formalia« (Mergner 2009, S. 14).

Für welches Spiel ist der zweite Ball geeignet? Ich sehe den Diversifikationsball als faktischen Beweis für die Wichtigkeit, Nützlichkeit und Richtigkeit der Wissenschaft Soziale Arbeit, die allerdings bisher versäumt, ihr Spielfeld attraktiv zu umzäunen und genügend Raum für verschiedene Spielformen offensiv auszuweisen. Aber ich betone nochmals, dass die Innovationsleistung der Fachbereiche Soziale Arbeit außerordentlich groß ist und von immenser Bedeutung für die Sozial- und Bildungspolitik der Bundesrepublik. Wie anders könnte man urteilen, wenn man den Aufbau von Sozialmanagement, Pflegewissenschaft, Pflegepädagogik, Heilpädagogik, Physiotherapiestudium und jetzt Elementarpädagogik nüchtern betrachtet? Ohne die Entwicklungsenergie, die Expertise und die Spielfreude der bestehenden Fachbereiche wären diese – zwischenzeitlich tragenden – wissenschaftlichen Netzwerke in Deutschland kaum entstanden. Ganz deutlich gesagt: Die Universitäten sind hier als Nachzügler im Spiel – aber am Ende vielfache Gewinner, aus unterschiedlichen Gründen. Dass die Aufbauleistung unserer Fachbereiche nicht gesehen und gewürdigt wird, ist ein fataler ›blinder Fleck‹ in der öffentlichen, besonders der politischen Wahrnehmung.

3. Der dritte Ball: Forschung – Herausforderungen, die von Gesellschaft mit Hilfe der Wissenschaft Soziale Arbeit bewältigt werden müssen

Wir haben gerade gesehen, dass die Wissenschaft Soziale Arbeit auch in eigenwilliger Art bedeutsamen Einfluss auf die Entwicklung in Deutschland genommen hat und nimmt. Die absehbaren Herausforderungen werden den Bedarf an Innovation, Entwicklung und Forschung sowie an flexible Ausbildungsstrukturen sicher nicht verringern. Die Wissenschaft Soziale Arbeit ist in allen ihren Kerngebieten gefordert. Ich kann die erwartbaren Szenarien nicht vollständig entfalten. Allein der Blick auf das Inhaltsverzeichnis des vorliegenden Bandes mahnt mich zur Bescheidenheit.

Mit der Einrichtung der Förderlinie SILQUA, Sicherung der Lebensqualität im Alter, hat das Bundesministerium für Wissenschaft und Bildung nach langer Abstinenzphase die Forschungsförderung für die Fachbereiche Soziale Arbeit wieder aufgenommen. Viele Fachbereiche profitieren von SILQUA. Ich spanne an dieser Stelle nochmals den Bogen zum FBTS – und auch meinen eigenen Bemühungen. SILQUA ist durchaus auch ein Baby des FBTS. Wir haben uns recht hartnäckig um Gehör im politischen Raum bemüht. Da gab es Sackgassen und Rückschläge. Es gab Erfolge. SILQUA sehe ich als solchen. Und es ist für mich nur konsequent, dass dieser Erfolg sogleich auch in die Bereiche Pflege und Heilpädagogik ausstrahlt. Das bestätigt zumindest die Annahme, dass es eine gemeinsame Interessenlage und Überzeugungskraft geben könnte. Wir sind erst ein kleines Stück vorangekommen.

Worin liegt für mich die besondere Bedeutung der Forschungsanstrengungen in der Sozialen Arbeit? Es gibt zwei Aspekte die ich kurz betonen will: Der erste betrifft die wissenschaftliche Ausbildung, der zweite die prognostische Fähigkeit der Wissenschaft Soziale Arbeit.

Wissenschaftliche Ausbildung: Die aktive Verbindung von Lehre und Forschung in der Hochschule ist für mich die Vorbedingung für wissenschaftliche Ausbildung. »Wissenschaftler werden« bedeutet von Beginn des Studiums an schrittweise mit aktuellem wissenschaftlichem Wissen und dessen Generierung konfrontiert zu werden. Es bedeutet aktiv in den kritischen Umgang mit diesem Wissen und seiner Erzeugung eingebunden zu werden. An dieser Stelle ziehe ich eine kompromisslose Linie zwischen anderen Qualifikationsorten und der Hochschule. Anders als z. B. die Fachschule/Fachakademie für Sozialpädagogik zeichnet sich die Hochschule durch differenzierende Forschung aus. Es muss also Unterschiede zwischen den Studienorten geben, die zwingend verursachen, dass ein Studium »hier« anders ist als »dort«. Hochschulische Lehre muss sich in akademischer Freiheit entwickeln und dabei selbst gesetzte Standards einhalten. Die

HochschullehrerIn exekutiert keinen Lehrplan und sie vollzieht nicht extern formulierte Qualifizierungswünsche. In den missverständlichen Diskussionen um Anerkennung von Qualifikationen, die außerhalb der Hochschule erworben wurden, muss diese Differenz fair berücksichtigt und akzeptiert werden. Sie muss im Interesse und im Sinne eines Auftrags der Wissenschaft Soziale Arbeit eingehalten werden und ganz besonders im Interesse der Bereiche, die durch eine sog. ›Akademisierung‹ Gegenstand wissenschaftlicher Betätigung und Arbeitsfeld wissenschaftlich ausgebildeter Fachleute werden sollen.

Ein anderes Feld ist die Elementarpädagogik. Auch hier sind manche früh in die Entwicklung eingestiegen. Ich sehe es bezüglich der Ausbildung im Bereich frühkindlicher Erziehung als Bestätigung der Bemühungen des FBTS, dass sich die Bosch PIK Gruppe dem QR SArb angeschlossen hat und – nach entsprechender Diskussion – auch die differenzierende Kategorie »Recherche und Forschung« in ihr Konzept eingebaut hat und damit eine klare Unterscheidung zwischen den Phasen fachlicher Qualifizierung möglich macht. Unbestreitbar wird damit die forschungs- und entwicklungsbasierte Lehre als Standard von Hochschulstudium anerkannt. Forschung und Entwicklung an unseren Fachbereichen sind also kein »Surplus«, kein Sahnehäubchen, sondern die Voraussetzung für die angemessene Ausbildung der Studierenden.

Noch ein Wort zu prognostischen Fähigkeiten: Als Pädagoge bin ich mir der Problematik des ›strukturellen Technologiedefizits‹ bewusst. Ich weiß auch um die Verschiedenheit von naturwissenschaftlicher und sozialwissenschaftlicher Erkenntnisgewinnung. Es scheint mir aber unabdingbar, dass die Wissenschaft Soziale Arbeit ihre empirische Forschungstätigkeit intensiviert. Wir müssen – wenn wir Einfluss nehmen wollen – hinreichend sichere Prognostik anstreben und anbieten können. Die derzeitige umfangreiche empirische Neuaufstellung der Erziehungswissenschaft zeigt die Richtung an und wird entsprechende Folgen in der Wissenschaftslandschaft zeitigen. Eine anerkannte Wissenschaft wird qualitative und quantitative Forschungsleistung und -ergebnisse vorlegen müssen. Ein weiteres Mal zeigt sich die Bedeutung von Forschungs- und Entwicklungsaktivitäten der Fachbereiche für die Wissenschaft Soziale Arbeit.

Für welches Spiel ist der Forschungsball geeignet? Auf dem Feld der Wissenschaft und dem Feld der Gesellschaft wird die Soziale Arbeit ohne diesen Ball keine bedeutende Rolle spielen können. Sie wird keine relevanten Ursachen liefern, für deren Folgen sie Verantwortung übernehmen könnte.

Sie haben jetzt drei Bälle zur Jongelage. Wenn Sie nebenher noch Beratungen durchführen, Hausmeistertätigkeiten besorgen und für allen Unmut von Jedermann den Boxsack abgeben, können Sie überall im Lande Dekanin/Dekan werden und dann im FBTS mitarbeiten.

Ich kehre an dieser Stelle zu meinen drei Fragen zurück:

• Welche Wirkung könnte aus dieser Ohnmacht der Wissenschaft der Sozialen Arbeit überhaupt angestrebt werden?
• Welche sicheren Einwirkungen in ihre Aufgabenbereiche könnte die Wissenschaft Soziale Arbeit überhaupt beabsichtigen?
• Wofür könnte die Wissenschaft der Soziale Arbeit überhaupt Verantwortung übernehmen?

Ich denke, dass die Wissenschaft Soziale Arbeit nicht ohnmächtig sein muss, da sie vielfach Wirkungen erzielt, die nicht genügend gesehen werden. Allerdings muss unser Ziel sein, unsere Sichtbarkeit zu verbessern und durch Forschungs- und Entwicklungsarbeit zu verbesserter Prognostik zu gelangen, für die wir dann auch die Verantwortung übernehmen müssen. Es erscheint mir unsere gesellschaftliche Verpflichtung, wissenschaftliches Wissen für eine lebenswerte Zukunft zu erzeugen. Und mit diesem normativen Attribut »Lebenswert« unterstreiche ich freilich sofort, dass die Verantwortung der Wissenschaft Soziale Arbeit auch schon weit vor einer ›technologischen‹ Anwendbarkeit beginnt. Doch die Soziale Arbeit ist im Wandel und verbessert ihre Möglichkeiten am Wandel der Gesellschaft aktiv mitzuwirken.

Unsere Verantwortung besteht bereits darin, dass wir für die soziale Gestaltung der Gesellschaft arbeiten und daran aktiv mitwirken wollen. Soziale Arbeit ist damit eine Wertentscheidung vor der Verantwortung für Wirkung. Das enthebt uns nicht der Mühen um eine Verbesserung der Wirkung, d. h. empirische Forschung, Wirkungsmessung, Folgenabschätzung etc. Es enthebt uns freilich auch nicht der sozialen, politischen, soziologischen Analyse und der Klärung von Bedingungen und Begriffen der Sozialen Arbeit. Ich ende in diesem Sinne mit dem Satz von Carl Friedrich von Weizsäcker, der uns mit dem bisher Erreichten auch versöhnlich stimmen kann:
»Auch eine Wissenschaft, die es nicht bis zur prüfbaren Prognose bringt, kann Begriffe klären, und klare Begriffe können, so meine ich, dem Politiker nichts schaden« (Weizsäcker 1966, S. 30).

Literatur

Amthor, R.-C. (Hrsg.) (2008): Soziale Berufe im Wandel. Vergangenheit, Gegenwart und Zukunft Sozialer Arbeit. Hohengehren.
Bauer, R. (2006): Münsteraner Verklärung. Ein kommentierender Beitrag. In: Sozial Extra, 30. Jg., Heft 1, S. 34 f.
Bock, K./Thole, W. (Hrsg.) (2004): Soziale Arbeit und Sozialpolitik im neuen Jahrtausend. Wiesbaden.

Buttner, P. (Hrsg.) (2007): Das Studium des Sozialen. Berlin.

Mergner, U. (2009): SAGEnhafte Fächer! Soziale Arbeit, Gesundheit und Erziehung in einer gemeinsamen Interessenlage? Oder: SAGE – wir sind MINTestens so systemrelevant! Referat für den Fachbereichstag Soziale Arbeit in Mainz (1.- 3. Dezember 2009). MS 15, S. 14.

Münkler, H. (2008): Struktur und Freiheit. DSW Journal, Heft 4, S. 34 f.

Reiser, M. (2009) Warum ich meinen Lehrstuhl räume. FAZ vom 20. Januar 2009.(letzter Zugriff: 24.April 2010). (http://www.faz.net/s/RubC3FFBF288 EDC421F93E22EFA74003C4D/Doc~E55AD24DD2C5E472A84CA69FCB A13D3ED~ATpl~Ecommon~Scontent.html.).

Weizsäcker, C. F. v. (1966): Gedanken über unsere Zukunft. Drei Reden. Göttingen, S. 30.

Jürgen Ebert

Professioneller Habitus

Rahmenbedingungen der Aneignung im Studium
der Sozialen Arbeit

Die Fachhochschulen stehen zurzeit vor der Aufgabe, die Umstellung der Studiengänge auf das Bachelor- und Mastersystem zu bewältigen. Hiervon sind auch die Studiengänge der Sozialen Arbeit betroffen. Der Umstellungsprozess hat Auswirkungen auf die Profession der Sozialen Arbeit. Diese lassen sich noch nicht in Gänze fassen, einige Problembereiche zeichnen sich jedoch bereits heute ab.

So ist zu befürchten, dass die Einführung der Bachelor- und Masterstudiengänge in ihrer heutigen Form den Professionalisierungsprozess der Sozialen Arbeit gefährdet. Aufgrund der von der Politik geforderten Verpflichtung zur Berufsorientierung der Bachelorstudiengänge wird der Raum für die Vertiefung der erforderlichen Grundlagen und die disziplinäre Einordnung der Studieninhalte in Zukunft fehlen. Beide Aspekte haben jedoch eine hohe Relevanz für das professionelle Handeln und das professionelle Selbstverständnis der Sozialen Arbeit (vgl. Züchner 2008, S. 214f.).

Die Etablierung von Masterstudiengängen an den Fachhochschulen bringt zwar die Chance einer Steigerung der Qualifikationspotentiale und des Qualifikationsniveaus mit sich. Es bleibt aber fraglich, ob diese Möglichkeiten von den Hochschulen auch genutzt werden können. Derzeit gibt es noch wenig konsekutive Studiengänge an den Fachhochschulen. Dagegen sind an vielen Fachhochschulen zunächst weiterbildende und feldspezifische Masterstudiengänge entstanden, deren Verortung in der Disziplin der Sozialen Arbeit nicht immer zu erkennen ist. Ergeben sich die Inhalte und Theorien der Studiengänge primär aus den regionalen Notwendigkeiten oder hochschulpolitischen Interessen, droht die disziplinäre Anbindung an die Soziale Arbeit verloren zu gehen. Dies hätte jedoch weit reichende Folgen für die Professionalisierung der Sozialen Arbeit, denn ein überregionales und handlungsfeldübergreifendes professionelles Selbstverständnis sowie ein geteiltes Berufsethos bilden die Grundlage für eine berufliche Habitualisierung in der Ausbildung (vgl. Züchner 2008, S. 215).

1. Habitus in der Sozialen Arbeit

Fachkräfte in der Sozialen Arbeit müssen über einen professionellen Habitus verfügen, um die Handlungsanforderungen des beruflichen Alltags erfolgreich bewältigen zu können. Ihr Handeln gilt als professionell, wenn es auf wissenschaftlichen Beschreibungen und Erklärungen basiert und an den damit verbundenen wissenschaftsbegründeten Arbeitsweisen und Methoden ausgerichtet ist. Die Praxis verlangt aber nicht so sehr nach einer strikten Befolgung theoretischer Regeln, sondern nach Strategien, die die Bewältigung von sich immer wieder anders gestaltenden Handlungssituationen ermöglichen. Dieses flexible strategische Denken ist Teil eines beruflichen Habitus, den es zu schulen gilt. Zugleich ist professionelles Handeln immer ethisch fundiert. Die ethische Ausrichtung schließt den Bezug auf die Menschenrechte als regulative Idee ein. Die vorgenannten Charakteristika bilden den professionellen Standard der Sozialen Arbeit. (vgl. Staub-Bernasconi 2007, S. 207f.) Die an der beruflichen Sozialisation beteiligten Instanzen (Disziplin und Profession) können sich folglich nicht nur auf die Vermittlung von fachspezifischen Inhalten beschränken. Zentrale Aufgabe der Fachhochschulen ist es, das Studium so zu gestalten, dass die Ausbildung habitueller Grundhaltungen hin zu einem Berufs- oder Professionshabitus gefördert wird. (vgl. Schallberger 2008, S. 14) Zurzeit stehen jedoch die Vermittlung und Weitergabe von theoretischem Wissen, fachlichen Kompetenzen und Schlüsselqualifikationen im Zentrum des Studiums. Die Herausbildung eines Berufs- oder Professionshabitus wird in der Regel vernachlässigt bzw. als Begleiterscheinung der Wissens- und Kompetenzaneignung betrachtet. Curriculare Settings, die die Bildung eines Berufs- und Professionshabitus stützen, sind bisher kaum in das Studium implementiert worden.

Das Habituskonzept Bourdieus

Für die Gestaltung von Curricula ist von besonderem Interesse, auf welche Weise gelenkte Bildungsprozesse einen noch wenig oder gar nicht vorhandenen professionellen Habitus prägen können. Die Habitusbildung kann als lebenslanger Prozess begriffen werden, in dessen Verlauf sich der Mensch die Welt aktiv aneignet. Im Rahmen dieses Prozesses werden sowohl die sozialen Regeln als auch das für den jeweiligen Lebenszusammenhang relevante Wissen verinnerlicht (vgl. Krais/Gebauer 2002, S. 61).

Dem Konzept Bourdieus folgend ist der Habitus ein in den Individuen verankertes System, dass perzeptive und kognitive Prozesse so steuert, dass ihre Performanz den Mustern ihres kulturellen Milieus entspricht (vgl. Bourdieu 1974, S. 143). Die erzeugten Handlungs-, Wahrnehmungs- und Denkmuster sind Gewohnheiten, die sich der soziale Akteur in Lernprozessen angeeignet und aufgrund ihrer Bewährung im alltäglichen Gebrauch beibehalten hat. Der Akteur verfügt so über ein bestimmtes Repertoire an Handlungsschemata, auf das er in konkreten Situationen zurückgreifen kann. Dies erklärt, warum ein sozialer Akteur in wechselnden Situationen und unterschiedlichen Lebensphasen auf eine ähnliche Art und Weise reagiert (vgl. Rehbein/Saalmann 2009, S. 111). Der Habitus des Subjekts ist folglich kein angeborenes Charaktermerkmal, sondern eine erworbene, erfahrungsabhängige Größe, die durch das gesellschaftliche Eingebundensein und soziale Aufeinanderbezogensein der Subjekte von frühester Kindheit an entwickelt wird. Der Habitus kann somit als ein System von strukturierten und strukturierenden Dispositionen bezeichnet werden, die sich die Subjekte im Verlauf ihrer Lebenspraxis aneignen (vgl. Bourdieu/Wacquant 1996, S. 154).

Den Prozess der Aneignung des Habitus bezeichnet Bourdieu als Habitualisierung: Das Individuum »merkt« sich erfolgreiche Handlungsweisen und ruft diese in ähnlichen Handlungssituationen immer wieder ab. Die ständige Wiederholung von erfolgreichen Handlungsstrategien führt zu verfestigten Handlungsmustern bzw. zu gewohnten Handlungsweisen. (vgl. Rehbein/Saalmann 2009, S. 111) Bourdieu bezeichnet diesen Aneignungsprozess als Inkorporation, als eine Form der Verinnerlichung der in einer Gesellschaft zur Geltung kommenden Denk- und Sichtweisen, Wahrnehmungsschemata und Prinzipen des Urteilens und Bewertens. (vgl. Krais/Gebauer 2002, S. 33)

Der Habitus wird in mimetischen Lernprozessen angeeignet. Mimetisches Lernen kann als Prozess der kreativen Nachahmung beschrieben werden. In diesem Prozess orientiert sich der Mensch an den Einstellungen und Überzeugungen sowie den Verhaltens- und Handlungsweisen von Personen, die für ihn bedeutsam sind (vgl. Wulf 2009, S. 9f.). Auch für die feldspezifische Habitualisierung haben mimetische Prozesse eine große Bedeutung. Bourdieu hebt hervor, dass feldspezifische Dispositionen nur auf der Basis anschlussfähiger früherer Dispositionen ausgeprägt werden können. Den Erwerb eines feldspezifischen Habitus beschreibt er als einen langen Weg, der mit kleineren oder größeren Umwegen verknüpft ist (vgl. Bourdieu 2001, S. 210f.). Die Habitualisierung erfolgt mittels der Teilnahme an der kollektiven Praxis des Feldes. Sie geht mit expliziten Handlungsanweisungen der Etablierten an die neu ins Feld eintretenden Individuen einher

und wird begleitet von mehr oder weniger vorgeschriebenen und formalisierten Riten. Die Rituale sorgen für eine kontinuierliche und nachhaltige
Aneignung des feldrelevanten performativen Wissens. (vgl. Bongaerts
2008, S. 121f.)

2. Ausprägung eines feldspezifischen Habitus

Der Eintritt in ein neues soziales Feld erfordert Modifikationen bzw. Veränderungen des in früheren Sozialisationsprozessen entwickelten Habitus.
Um sich in einem sozialen Feld erfolgreich zu etablieren, muss der Einzelne
sich den stillschweigend oder explizit akzeptierten Habitus des Feldes aneignen. Die Voraussetzung hierfür ist, dass der von ihm bereits verinner-
lichte Habitus anschlussfähig bzw. kompatibel ist, zumindest aber genügend Nähe zum Habitus des Feldes aufweist. (vgl. Krais/Gebauer 2002,
S. 61f.)
    Der Kampf um Positionen, Macht und Einfluss in einem Feld geschieht
immer unter Einsatz von Kapital. Die Art des Kapitals, die in den unterschiedlichen Feldern ins Spiel gebracht wird, variiert jedoch. Das feldspezifische Kapital ist eine besondere Ausprägung des symbolischen Kapitals.
Es ist Ergebnis eines Zurechnungsprozesses, der darauf basiert, dass ein
Akteur die Regeln des Feldes beherrscht und sich affektiv an das Feld bin-
det bzw. die Regeln verinnerlicht. Beherrscht der Akteur die Regeln des
Feldes, wird er im Feld akzeptiert und ihm wird symbolisches Kapital zuge-
schrieben. (vgl. Bongaerts 2008, S. 127f.)
    Bourdieu betont die Wechselwirkung zwischen Habitus und sozialem
Feld. Im sozialen Feld entwickelt sich ein bestimmter Habitus, umgekehrt
werden soziale Felder durch den Habitus der Menschen, die in dem Feld
agieren, geprägt. Habitus und Feld beeinflussen und bedingen sich also gegenseitig. Um in einem sozialen Feld Handlungsfähigkeit zu erlangen, bedarf es eines langwierigen Integrationsprozesses. Dieser Integrationsprozess
wirkt sich auch auf den Habitus des sozialen Akteurs aus. Seiner Position
im sozialen Feld entsprechend verfügt er hierbei über mehr oder weniger
Handlungsmöglichkeiten.

3. Aneignung eines professionellen Habitus
an den Hochschulen

Ein professioneller Habitus lässt sich nur auf der Grundlage eines zielge-
richteten Curriculums aneignen. Eine erfolgreich abgeschlossene Hoch-

schulausbildung führt nicht automatisch zu einem professionellen, auf einem verinnerlichten Professionsideal beruhenden Handeln. Die Hochschulen sind also verpflichtet, ihre Curricula so zu gestalten, dass die inhaltlichen Voraussetzungen und Lernarrangements auf die Ausprägung eines professionellen Habitus hin zielen.

Das Anforderungsprofil eines Curriculums der Sozialen Arbeit muss an den Handlungsorientierungen der Studierenden, ihrem Habitus, anknüpfen. Ziel ist eine Transformation des Habitus hin zu mehr Professionalität und Fachlichkeit. Bisher wurde dieser Aspekt in der Professionsforschung vernachlässigt. Peter Schallberger und Alfred Schwendener (2008) sowie Roland Becker-Lenz und Silke Müller (2009) haben hierzu erste Studien vorgelegt, die Anforderungen an das Curriculum der Sozialen Arbeit formulieren.

Schallberger und Schwendner zeigen auf, wie im Studium an die im Rahmen der Sozialisation angeeigneten Habitusausprägungen angeknüpft und begünstigende Anschlussmöglichkeiten oder verhindernde Blockaden erkannt werden können (vgl. Schallberger/Schwendener 2008, S. 627 ff.). Folgende Aspekte sind hierbei besonders zu berücksichtigen: Studierende haben zu Beginn des Studiums nur wage Vorstellungen von professionellem Handeln in der Sozialen Arbeit. Aus diesem Grund muss eine Sensibilisierung erfolgen, deren Kern darin besteht, zwischen Alltagshandeln und professionell ausgeübter Tätigkeit zu unterscheiden. Professionelles Handeln setzt voraus, dass die Fachkräfte in der Lage sind, sich auf die komplexe Lebenswirklichkeit ihrer Klientel einzulassen und sie als solche wahrzunehmen. Da jede Handlungssituation immer mehrere Interpretationsmöglichkeiten eröffnet, ist es wichtig, dass die Fachkräfte untereinander einen Diskurs über unterschiedliche Situationsdefinitionen führen und mögliche Interventionsschritte wissenschaftlich herleiten können. Keine Handlungssituation ist mit einer früheren Handlungssituation identisch, da sie immer in Abhängigkeit von den aktuell handelnden Personen und den im Moment vorfindbaren spezifischen Rahmenbedingungen interpretiert wird. Haben Studierende bereits vor der Aufnahme des Studiums praktische Erfahrungen gesammelt, neigen sie dazu, die erworbenen und erprobten Handlungsmuster zu bevorzugen und ihre Bewährung in der Praxis gegen die im Studium geforderte wissenschaftliche Fundierung von Handlungsweisen auszuspielen. Die Besonderheit des Einzelfalles wird dann in der Regel nicht mehr wahrgenommen. Der Fall wird stattdessen als einer von vielen ähnlichen Fällen eingestuft, dessen Bearbeitung nach einem entsprechenden Schema verlangt. Bei Studierenden, die ausgeprägte Vorerfahrungen mitbringen, muss das Studium auf die Ausbildung einer Grundhaltung zielen, die eine systematische Reflexion und kritische Auseinandersetzung mit Handlungsroutinen in den Vordergrund stellt. Studierende erwarten häufig, dass ihnen das Studium Handlungssicherheit für ihre berufliche

Praxis vermittelt. Richtiges Verhalten und Handlungsstandards sollen vorgegeben werden, an denen das eigene Verhalten ausgerichtet werden kann.
Die Soziale Arbeit ist aber gerade durch die Nicht-Standardisierbarkeit des
Handelns geprägt. Das Studium muss folglich zur Performanz anleiten, also
die Fähigkeit vermitteln, Handlungsformen und Methoden situations- und
personenadäquat anwenden zu können. (vgl. Schallberger/Schwendener
2008, S. 627f.)

Im Verlauf des Studiums gilt es, den Studierenden zu vermitteln, welche
Anforderungen an die eigene Person mit dem methodischen Ansatz »Person
als Werkzeug« verknüpft sind, hinter dem der Grundgedanke steht, dass
sich der professionell Handelnde in der Sozialen Arbeit als ganze Person in
die Beziehungsarbeit einbringt. Darüber hinaus treffen die ausgebildeten
SozialarbeiterInnen/SozialpädagogInnen in ihren Arbeitsbeziehungen auf
Klientinnen und Klienten in schwierigen Lebenslagen oder existentiellen
Krisen, deren Bearbeitung ein komplex angelegtes Handeln erfordert. Das
Studium muss die angehenden Fachkräfte bei diesen Rollenfindungsprozes-
sen unterstützen und sie in die Lage versetzen, widersprüchliche Handlungsanforderungen der Praxis adäquat zu bewältigen. Unterstützungs- und
Hilfsleistungen in der Sozialen Arbeit bergen immer auch die Gefahr, dass
die gut gemeinten Interventionen der professionell Handelnden in Bevor-
mundung, Entmündigung und Übergriffe umschlagen. Der verantwortungs-
bewusste Umgang mit Macht in der Interaktion mit den Klienten ist bereits
im Studium zu thematisieren. Die Studierenden müssen angeleitet werden,
sich frühzeitig mit diesen paradoxen Effekten des professionellen Handelns
auseinanderzusetzen, um für die Gefahren des Machtmissbrauchs sensibilisiert zu werden. (vgl. Schallberger/Schwendener 2008, S. 627)

Becker- Lenz und Müller haben sich mit typischen Handlungsproblemen der fallbearbeitenden Interventionspraxis von BerufsanfängerInnen befasst und habituell verankerte Kompetenzen zur professionellen Fallbear-
beitung analysiert. Sie empfehlen den Hochschulen, strukturelle Aspekte
bei der Gestaltung von Curricula zu berücksichtigen, die für die Herausbildung eines professionellen Habitus hohe Relevanz besitzen. (vgl. Becker-
Lenz 2009, S. 399 ff.)

Ein einheitlich vertretenes Professionskonzept in der Sozialen Arbeit
fördert offenbar die Aneignung eines professionellen Habitus. Weichen
bspw. die innerhalb einer Hochschule vertretenen Professionskonzepte in
Fragen der berufsethischen Fundierung erheblich voneinander ab, so haben
Studierende Probleme, einen professionellen Habitus auszubilden. Ist es
nicht möglich, innerhalb der Hochschule ein einheitliches Konzept zum
Professionsverständnis zu entwickeln, so müssen zumindest divergierende
Professionsvorstellungen klar ausgewiesen werden (vgl. Becker-
Lenz/Müller 2008, S. 39). Im deutschsprachigen Raum haben sich die
Hochschulen und Berufsverbände bisher auf keine einheitlichen Leitlinien

zur Professionalitätsvermittlung einigen können. Im internationalen Rahmen sind die Diskussionen dagegen weitgehend abgeschlossen. Die International Association of Schools of Social Work (IASSW) und die International Federation of Social Workers (IFSW) haben sich nach mehr als zehnjähriger Diskussion auf eine gemeinsame Definition (International Definiton of the Social Work Profession), eine ethische Basis (Ethics in Social Work, Statements of Principles) und auf einheitliche Standards für die Ausbildung (Global Standards for the Education and Training of the Social Work Profession) geeinigt. (vgl. Staub-Bernasconi 2009, S. 28f.)

Reflexive Professionalität setzt die Notwendigkeit zur Relationierung von Wissenschaftswissen und Handlungswissen voraus. (vgl. Dewe 2009, S. 102) Von besonderer Bedeutung für die Ausprägung eines professionellen Habitus ist die Auseinandersetzung mit berufsethischen Konflikten. Fragen der ethischen Positionierung lassen sich anhand von Handlungsdilemmata aus der Praxis diskutieren. Eine eindeutige Haltung der Lehrenden zu den Grundfragen berufsethischen Handelns vermittelt den Studierenden eine klare Orientierung in ihrem beruflichen Sozialisationsprozess. (vgl. Becker-Lenz/Müller 2009, S. 403)

Die »Multiperspektivische Fallarbeit«, die »Fallrekonstruktion« und der »Transformative Dreischritt« als fallrekonstruktive Methoden sind besonders geeignet, um Studierende wissenschaftsbasiert und lösungsorientiert mit Handlungsproblemen der Praxis zu konfrontieren. Hierfür bieten sich Fallwerkstätten an, in denen auf der Grundlage des Professionsverständnisses eine theoriegeleitete Reflexion der betreffenden Handlungssituationen eingeübt werden kann. (vgl. Ebert 2008, S. 128 ff.) Die fachgerechte Anwendung dieser Methoden stärkt die Kompetenz zum Fallverstehen und befördert gleichzeitig die Ausprägung eines professionellen Habitus. (vgl. Becker-Lenz/Müller 2008, S. 40)

4. Schluss

Erste Erfahrungen weisen darauf hin, dass aufgrund der Einführung der Bachleorstudiengänge eine Vertiefung der oben aufgezeigten Aspekte und die disziplinäre Verortung der Studieninhalte, die für die Ausprägung eines professionellen Habitus erforderlich sind, nicht mehr geleistet werden können. Darüber hinaus geht ein großer Teil der Ausbildungsagenturen immer noch davon aus, dass sich ein professioneller Habitus im Verlauf des Studiums aufgrund der Vermittlung von Fachwissen automatisch entwickelt und daher keiner besonderen Berücksichtigung im Curriculum bedarf.

Eine Steigerung des Akademisierungs- und Professionalisierungsgrads der Sozialen Arbeit kann jedoch nur erreicht werden, wenn intensive Anstrengungen unternommen werden, die Grundlagen für die Aneignung eines professionellen Habitus zu schaffen. (vgl. Rauschenbach/Züchner 2004, S. 79) Um Studierende in die Lage zu versetzen, sich dem Ideal eines wissenschaftlich ausgebildeten Professionellen anzunähern, bedarf es jedoch eines Perspektivenwechsels in der Ausbildung. Die bisherige Organisation des Studiums, die von den Studierenden nur eine mehr oder weniger passive Haltung in Bezug auf die Wissensaufnahme verlangt, muss zu einem aktiven Prozess der Wissensaneignung und Reflexion umgestaltet werden.

Die Durchsetzung dieses Perspektivenwechsels bedarf im Rahmen von Bachelorstudiengängen besonderer Anstrengungen. Im Zuge des Bologna-Prozesses hat zwar die Vermittlung von Schlüsselkompetenzen auch an den Universitäten und Hochschulen an Bedeutung gewonnen. Es bleibt jedoch offen, ob sich in den Curricula eher ein einseitiges Verständnis von Kompetenz durchsetzt, dass abfragbares und abprüfbares Wissen in den Vordergrund stellt oder ob es gelingen wird, ein Verständnis von Kompetenz zu implementieren, dass Wissen, Können und Haltung, also den Komplex eines professionellen Habitus umfasst.

Die Aneignung eines professionellen Habitus ist ein Prozess, der sowohl auf Seiten der Hochschulen, als auch auf Seiten der Studierenden ein besonderes Engagement erfordert. Die Ausbildungsagenturen stehen in der Pflicht, entsprechende Module zu berufsspezifischen Haltungen in den Studiengängen einzurichten bzw. stärker zu integrieren. Zwei Aspekte sind in diesem Aneignungsprozess von besonderer Bedeutung: Die Auseinandersetzung mit den zentralen Werten und die berufsspezifischen ethischen Grundhaltungen in den Handlungspraxen der Sozialen Arbeit. Diese Auseinandersetzung erfordert die Bewusstmachung und ggf. auch die Modifikation bestehender eigener Haltungen. Aus diesem Spannungsverhältnis heraus entsteht im Idealfall ein professioneller Habitus, der Handelnde in der Sozialen Arbeit in die Lage versetzt, die von der Praxis gestellten Handlungsanforderungen adäquat zu bewältigen. Die Ausbildungseinrichtungen müssen Lern-Settings entwickeln, in denen diese Fragen bearbeitet werden können.

Darüber hinaus ist es notwendig, in den Lehrveranstaltungen nicht nur über Haltungsfragen zu reden, sondern diese auch in Übungen zu reflektieren. In das Curriculum müssen verstärkt Fallwerkstätten zur theoriegeleiteten Reflexion Eingang finden. Die berufspraktischen Phasen haben nur dann eine wichtige Funktion, wenn die von den Studierenden gemachten Erfahrungen auch bearbeitet werden können. Dies ist zum großen Teil die Aufgabe der Anleitung in der Praxis. Aber auch die Hochschulen sind gefordert, den Studierenden geeignete Instrumente zur Beschreibung, Analyse und Bewertung der Theorien und Methoden sowie der auf ihnen basierenden beruflichen Handlungsvollzüge zur Verfügung zu stellen. Erforderlich ist eine Reflexionskultur in Hochschule und Praxis, die die offene Thematisierung der persönlichen Normen und Werte, die daraus resultierenden Haltungen der professionell Handelnden und die offene Diskussion über die wissenschaftlichen Begründungen von Handlungsoptionen und Interventionsschritten fördert.

Literatur

Becker-Lenz, R./Müller, S. (2009): Der professionelle Habitus in der Sozialen Arbeit: Grundlagen eines Professionsideals. Bern.

Becker-Lenz, R./Müller, S. (2008): Der professionelle Habitus und seine Bildung in der Sozialen Arbeit. In: Neue Praxis, 2008, Heft 1, S. 25-41.

Bongaerts, G. (2008): Verdrängung des Ökonomischen. Bourdieus Theorie der Moderne. Bielefeld.

Bourdieu, P./Passeron, J.-C. (1971): Die Illusion der Chancengleichheit. Untersuchungen zur Soziologie des Bildungswesens am Beispiel Frankreichs. Stuttgart.

Bourdieu, P. (1974): Zur Soziologie der symbolischen Formen. Frankfurt a. M.

Bourdieu, P./Wacquant, L. (1996): Reflexive Anthropologie. Frankfurt a. M.

Bourdieu, P. (2001): Meditationen. Zur Kritik der scholastischen Vernunft. Frankfurt a. M.

Dewe, B. (2009): Reflexive Sozialarbeit im Spannungsfeld von evidenzbasierter Praxis und demokratischer Rationalität – Plädoyer für die handlungslogische Entfaltung reflexiver Professionalität. In: Becker-Lenz, R./Busse, S./Ehlert, G./Müller, S. (Hrsg.): Professionalität in der Sozialen Arbeit. Standpunkte, Kontroversen, Perspektiven. Wiesbaden, S. 89-109.

Ebert, J. (2008): Reflexion als Schlüsselkategorie professionellen Handelns in der Sozialen Arbeit. Hildesheim.

Krais, B./Gebauer, G.(20082): Habitus. Bielefeld.

Rauschenbach, T./Züchner, I. (2004): Der Akademisierungsprozess der Sozialen Arbeit – zwei Wege der Entwicklung. In:Hering, S./Urban, U. (Hrsg.): »Liebe allein genügt nicht« Historische und systematische Dimensionen der Sozialpädagogik. Opladen, S. 68-81.

Rehbein, B./Saalmann, G. (2009): Feld (champ). In: Fröhlich, G,/Rehbein, B.: Bourdieu Handbuch. Leben-Werk-Wirkung. Stuttgart u. Weimar, S. 99-103.

Rehbein, B./Saalmann, G. (2009): Habitus. In: Fröhlich, G,/Rehbein, B.: Bourdieu Handbuch. Leben-Werk-Wirkung. Stuttgart u. Weimar, S. 110-118.

Schallberger, P. (2008): Sozialisation: Rolle und Habitus. (http://peterschallberger.ch/lehre/lehre.html). (letzter Zugriff: 1.12.09).

Schallberger, P./Schwendener, A. (2008): Studienwahlmotive bei angehenden Studierenden der Sozialen Arbeit. In: Neue Praxis, 2008, Heft 6, S. 609-630.

Staub-Bernasconi, S. (2007): Soziale Arbeit als Handlungswissenschaft. Bern u. Stuttgart u. Wien.

Wulf, Ch. (2005): Zur Genese des Sozialen. Mimesis, Performität, Ritual. Bielefeld.

Züchner, I. (2008): Zur Zukunft der Professionalität in der Sozialen Arbeit. In: Bütow, B./Chassé, K. A./Hirt, R. (Hrsg.): Soziale Arbeit nach dem Sozialpädagogischen Jahrhundert. Positionsbestimmungen Sozialer Arbeit im Post-Wohlfahrtsstaat, S. 209-221.

Andreas Geiger

Zur gegenwärtigen und künftigen Rolle der (Fach-)Hochschulen

Der Grundgedanke der Gleichheit von Hochschulen eines Typs oder von einzelnen Studiengängen oder Abschlüssen, der über Jahrzehnte das hochschulpolitische Denken bestimmt hat, ist in den neunziger Jahren aufgegeben worden. Zum einen erwies sich der Gedanke der Gleichheit immer mehr als Fiktion, nachdem tatsächlich bereits ein Differenzierungsprozess eingesetzt hatte, zum anderen setzten Politik und Hochschulen auf Profilbildung und Wettbewerb, um die Leistungsfähigkeit der Hochschulen und ihre Chancen im internationalen Wettbewerb zu steigern.

Die Fachhochschulen bzw. Hochschulen für angewandte Wissenschaften, wie sie sich inzwischen vielerorts umbenannt haben (und im Folgenden synonym benutzt wird), standen und stehen uneingeschränkt zu diesem Reformprozess, der mit einer deutlichen Stärkung der Autonomie der Hochschulen verbunden ist und eine zunehmende Ausdifferenzierung des Hochschulbereichs insgesamt und der angebotenen Studienfächer nach sich zog. In der Kranichsteiner Erklärung der Fachhochschulen aus dem Jahr 2001 heißt es dazu: »Ein stärker wettbewerbsorientiertes Hochschulsystem erfordert ... ein höheres Maß an Flexibilität bei der inhaltlichen Ausgestaltung aller Lehr- und Forschungsangebote der Hochschule. Die Mitgliedergruppe Fachhochschulen spricht sich deshalb für die Ablösung der institutionellen Profildefinition als vorrangiges Unterscheidungsprinzip der Hochschulen zugunsten der Einzelprofilierung aus.«

Wettbewerb und die damit einhergehende Profilbildung führten zu einem Prozess der Diversifizierung im Hochschulsystem, der jenseits der tradierten Trennlinie zwischen den Hochschularten verlief. Die Binnendifferenzierung verlief bzw. verläuft zunehmend innerhalb einer bzw. quer zu den Hochschularten. Denn einerseits haben die Fachhochschulen sich auseinander entwickelt und decken ein breites Spektrum zwischen regionaler Ausbildungseinrichtung, anwendungsorientierter Forschungsstätte und/oder auch international agierender Hochschule ab. Vielerorts stehen sie dabei auf Augenhöhe im Wettbewerb mit benachbarten Universitäten. Andererseits ist aber auch eine Konvergenzentwicklung zwischen den beiden Hochschultypen Fachhochschule und Universität zu beobachten. Universitäten und Fachhochschulen vergeben dieselben Studienabschlüsse Bachelor und Master, die Forschung an Fachhochschulen nimmt einen immer höheren Stellenwert ein. Die Universitäten ihrerseits sind bestrebt, bzw. verpflichtet, ihre Studiengänge praxis- und berufsorientierter zu gestalten (»Employability«). Nach wie vor arbeiten beide Hochschultypen unter sehr unterschiedlichen Bedingungen, aus der Sicht der Fachhochschulen muss man von limitierenden Faktoren sprechen. Als Stichwort sind dabei zu nennen das hohe Lehrdeputat, der fehlende Mittelbau, ein eingeschränktes Fächerspektrum und das fehlende Promotionsrecht. Mit anderen Worten: Von Wettbewerb auf Augenhöhe zwischen den Hochschularten kann nach wie vor nicht gesprochen werden. Die Hochschulen für angewandte Wissenschaften haben hier noch viel Überzeugungsarbeit zu leisten und sie brauchen hierfür Unterstützung. Die Zukunft der Fachhochschulen kann nur unter dem Gesichtspunkt gesehen werden, welche Profilierungsstrategien für die einzelnen Fachhochschulen aussichtsreich erscheinen. Drei solcher Strategien seien hier genannt:

*   Stätten praxis- und anwendungsorientierter Ausbildung
*   Stätten anwendungsorientierter Forschung und regionale Innovationstreiber
*   die Fachhochschule als Hochschule für neue Zielgruppen.

Die Hochschulen bilden die Arbeitskräfte von Morgen aus. Im Angesicht der demografischen Entwicklung und der wirtschaftlichen Krisensituation ist diese Feststellung wichtiger denn je.

Im Hinblick auf die künftige Innovations- und Entwicklungsfähigkeit gibt es, wie der Wissenschaftsrat schon im Jahre 2006 in seinen »Empfehlungen zur zukünftigen Rolle der Universitäten im Wissenschaftssystem« ausführte, einen wachsenden Bedarf an praxis- bzw. anwendungsorientierter Ausbildung. Für diese Art der Ausbildung zeichnen bisher v. a. die Hochschulen für angewandte Wissenschaften verantwortlich. Auch wenn die Universitäten im Zuge der Umsetzung der Employability-Forderung ihre Studiengänge stärker an der beruflichen Verwertbarkeit orientierten, können sie es auf dem Gebiet nicht mit den Fachhochschulen aufnehmen. Die Gründe hierfür sind folgende:

*   Professorinnen und Professoren an Fachhochschulen verfügen über eine mehrjährige Berufserfahrung, die außerhalb der Hochschulen erworben werden muss.

- Studierende an Fachhochschulen verfügen im Durchschnitt schon vor dem Eintritt ins Studium über eine deutlich höhere Berufserfahrung als Studierende an Universitäten. Über die Hälfte der FH-Studierenden hat vor der Aufnahme des Studiums eine Berufsausbildung abgeschlossen, an Universitäten ist es nur ein Fünftel.
- Das Studienangebot der Fachhochschulen mündet in der Regel in ein bestimmtes Berufsfeld. Für eine Vielzahl der Studiengänge an Universitäten gilt dies nicht.

Damit soll eine stärker berufspraktisch orientierte Ausbildung nicht gegen eine stärker theoretisch geprägte Ausbildung oder Bildung ausgespielt werden. Benötigt werden zweifelsohne beide Ausprägungen, um die künftigen ökonomischen und gesellschaftlichen Herausforderungen zu bewältigen. Damit soll nur deutlich gemacht werden, dass die Fachhochschulen die berufsorientierte Ausbildung im besonderen Maße beherrschen und daher auch gut beraten sind, wenn sie sich mit diesem Merkmal weiterhin profilieren.

Bezogen auf die zweite Profilierungsstrategie kann festgehalten werden, dass aus der Verschränkung mit dem Beschäftigungssystem und der Anwendungsorientierung der Fachhochschulen auch ein eigenes Profil der Forschung an Fachhochschulen resultiert. Dieses eigene Profil begründet ihren Erfolg als regionale Innovationsantreiber. Aufgrund des erhöhten Finanzdrucks, denen kleine und mittelständische Betriebe ausgesetzt sind, kommt der anwendungsorientierten (produkt- und prozessnahen) Forschung der Hochschulen für angewandte Wissenschaften im Rahmen der Regional- und Strukturentwicklung eine besondere Bedeutung zu. Dabei folgen die Hochschulen für angewandte Wissenschaften der Einschätzung des Wissenschaftsrates, das leistungsfähige Forschung auch in solchen Bereichen oder Disziplinen erfolgen muss, deren Inhaltsfelder sich immer weniger über Termini wie »erkennungsorientierte Grundlagenforschung« oder »anwendungsorientierte Forschung« trennscharf voneinander abgrenzen lassen, sondern in denen dasselbe Forschungsfeld mit Ansätzen komplementärer Orientierung bearbeitet wird. Insofern unterstreichen die Hochschulen für angewandte Wissenschaften auch die vom Wissenschaftsrat geforderte Kooperation mit Universitäten in Lehre und Forschung, wie sie in Forschungsverbünden und gemeinsamen Graduiertenkollegs zum Ausdruck kommt.

Die Überlegung, die Fachhochschule als Hochschule für neue Zielgruppen zu öffnen, ist neueren Datums. Gerade vor dem Hintergrund der demografischen Entwicklung werden Überlegungen laut, wie die Akademisierungsquote in Deutschland insgesamt gesteigert werden kann. Mittlerweile ist bekannt, dass dies nur gelingen kann, wenn stärker als bisher Männer und Frauen in die Hochschulen geholt werden, die sich im ersten Anlauf nicht für eine akademische Ausbildung entschieden haben.

Hier blicken die Fachhochschulen auf eine lange Tradition zurück. Fachhochschulen waren immer schon auch Hochschulen der »zweiten Chance« und des sozialen Aufstiegs. Menschen, die über den zweiten und dritten Bildungsweg kamen – aus den so genannten bildungsfernen Schichten – erwarben hier einen akademischen Abschluss. Hierzu waren und sind die Fachhochschulen aufgrund ihrer an der Berufspraxis ausgerichteten Lehre und den daraus resultierenden Erfahrungen im Hinblick auf Entwicklungen im Beschäftigungssystem geradezu prädestiniert. Die Hochschulen für angewandte Wissenschaften stehen bereit, wenn die Politik den eingeschlagenen Weg, den Übergang in ein Studium außerhalb der traditionellen Wege zu erleichtern, fortsetzt. Damit ist nicht nur der Handwerksmeister gemeint, der ein Studium aufnehmen will, um sich beruflich weiterzuentwickeln. Auch an andere Zielgruppen muss gedacht werden, z. B. auch und besonders an Menschen mit Migrationshintergrund. Aufgrund fehlender Sprachkenntnisse und mangelnder Förderung während der Schulzeit erwerben immer noch viel zu wenige eine Hochschulzugangsberechtigung. Diese Gruppe wird aber zahlenmäßig immer bedeutender. Die Hochschulen für angewandte Wissenschaften müssen auch hier einen Beitrag zur Gewinnung bisher nicht ausreichend genutzter Bildungspotentiale leisten.

Bereits in den letzten Jahren haben die Fachhochschulen wesentlich dazu beigetragen, dass sie zusätzliche Bildungsbereiche für Berufsfelder erschlossen haben, in denen die Komplexität der Anforderungen auch Konsequenzen für die Ausbildung erfordert. Hier ist vor allem der Sozial- und Gesundheitsbereich zu nennen. Durch die Entwicklung neuer Studiengänge konnten hier auch bereits Personen für ein Studium gewonnen werden, die bisher vorwiegend außerhalb des Hochschulbereichs ausgebildet worden sind. Besonders zu nennen ist in diesem Kontext auch die Rolle, die Fachhochschulen im Bereich der Weiterbildung einnehmen können. Immer schon nah am Beschäftigungssystem tätig, sind sie geradezu prädestiniert, Berufstätige immer wieder auf den neuesten Stand in Wissenschaft und Forschung, aber auch in praktischen Fertigkeiten zu bringen. So werden Fachhochschulen im Rahmen der Struktur- und Regionalentwicklung zunehmen zu einem integralen Bestandteil der Bildungslandschaft.

Wie wird sich nun der Ausbau der Fachhochschulen weiter entwickeln? Lange blieb das Verhältnis von Studienplätzen an Universitäten zu Studienplätzen an Fachhochschulen unberührt. Der Anteil der Fachhochschulen stagnierte bei deutlich unter einem Drittel, auch wenn angesichts der Expansion des Hochschulbereichs vieles für einen stärkeren Ausbau der Fachhochschulen gesprochen hätte, wie sie der Wissenschaftsrat immer wieder gefordert hat, zuletzt 2002. Nun plötzlich kommt Bewegung in die Sache. Im Rahmen des Hochschulpaktes II werden verhältnismäßig mehr Studienplätze im Fachhochschulbereich als im universitären Bereich geschaffen. Das hat zwei Seiten. Zum einen erklären einige Länder, dass sie den notwendigen Ausbau der Fachhochschulen vorantreiben wollen, andere vermuten, dass den Universitäten gar nicht an einem weiteren Aufwuchs der Studienplatzzahlen liegt, weil sie sich ohnehin stärker in der Forschung profilieren wollen. Was auch immer die Beweggründe sein mögen, für die Hochschulen für angewandte Wissenschaften leiten sich vor dem Hintergrund der langfristigen demografischen Entwicklung zwei wichtige Forderungen ab.

1. Es geht nicht an, dass die Fachhochschulen nur kurzfristig für die starken Jahrgänge in die Bresche springen, sie müssen längerfristig planen können.

2. Der Ausbau muss mit einer Erweiterung des Fächerspektrums verbunden sein. Hierbei ist nicht nur an neue Studiengänge gedacht, die sich in Feldern bewegen, die bisher nicht akademisiert waren, sondern auch an Fächer, die bisher allein an Universitäten vertreten sind. Aufgrund ihrer Nähe zum Beschäftigungssystem und den besonderen Erfahrungen in der anwendungsorientierten Lehre und Forschung bietet sich als Einstieg die berufspädagogische Ausbildung an, bei der Hochschulen für angewandte Wissenschaften auch jetzt schon in vielen (gemeinsamen) Studiengängen aktiv beteiligt sind. Weitere Felder müssen folgen.

Natürlich spielt in diesem Kontext auch die Frage des Promotionsrechts eine wesentliche Rolle. Die Diskussion um seine zukünftige Ausgestaltung und Wahrnehmung, die insbesondere der Wissenschaftsrat mit seinen Empfehlungen zur Weiterentwicklung der Universitäten in Deutschland angestoßen hat, wird weitergehen. Kooperative Promotionen im bisherigen Verständnis – obwohl sie den Namen »kooperativ« selten verdienten – als von Fachhochschulen begleitete Promotionsvorhaben an Universitäten sind eine Möglichkeit. Doch waren die Zugangshürden für Fachhochschulabsolventen in der Vergangenheit oft hoch, die betreuenden Dozenten aufgrund der Promotionsordnung der Universitäten von Begutachtung und Prüfung ausgeschlossen und die Doktoranden, da nun an der Universität immatrikuliert, dem Forschungsprozess an der Fachhochschule entzogen. Trotzdem werden die Fachhochschulen sich auch weiterhin bemühen, solche Verfahren im Einzelfall und im Rahmen von gemeinsamen Graduiertenkollegs mitzugestalten. Es ist zu wünschen, dass deren Zahl im Rahmen verstärkter Zusammenarbeit zwischen den Hochschularten steigt, insbesondere wenn der Bund, wie in der Koalitionsvereinbarung der gegenwärtigen Bundesregierung formuliert, diese mit zusätzlichen Fördermitteln unterstützt.

Eine angemessene Antwort auf die wachsende Zahl von Masterabsolventen der Fachhochschulen, die an ihrem Forschungsinstitut promovieren wollen, gibt diese Lösung nicht. Jede Fachhochschule sieht sich, wie andere

Hochschulen auch, vor die Entscheidung gestellt, welche Rolle die Forschung in ihrem Profil spielen soll. Je höher deren Rolle veranschlagt wird, umso dringendere Ressourcenfragen stellen sich. Deshalb sind Fachhochschulen, die Forschung als herausragendes Profilelement für sich identifizieren, aufgrund ihrer Ausstattungssituation gut beraten, sich im Rahmen ihrer Strategiebildung für klare Priorisierungen fachlich exzellenter forschungsintensiver Teilbereiche zu entscheiden und diese im Rahmen ihrer Forschungsstrategie bevorzugt zu fördern.

Es liegt nahe, dass solche Bereiche, die sich als Institute, Exzellenzzentren, Kompetenzplattformen, Forschungsschwerpunkte oder Cluster darstellen können, bei entsprechender Entwicklung die institutionelle Eignung für die Durchführung von Promotionsverfahren erlangen und anhand von überprüfbaren Kriterien nachweisen können und auch beanspruchen. Fachhochschulen, die sich auf diesen Weg begeben, erwarten von der Politik, dass sie nach Lösungen sucht. Darauf haben nicht zuletzt die Absolventinnen und Absolventen von Masterstudiengängen einen Anspruch, die an der von Ihnen gewählten Bildungseinrichtung eine weitere wichtige Qualifikationsstufe erlangen wollen. Und ihre Zahl steigt und wird weiter steigen.

Helga Kanning

Förderung von regionalen Innovationen und Wissenstransfer mit Hochschulen

1. Einleitung – Innovationen für gesellschaftlichen Wandel

Voraussetzung für gesellschaftlichen Wandel ist die Fähigkeit von Gesellschaften kontinuierlich Innovationen zu entwickeln und umzusetzen. Soll es dabei um die Gestaltung nachhaltiger Entwicklungen gehen – wie es als Leitvorstellung international für das 21. Jahrhundert vereinbart ist – ist der Innovationsbegriff dabei in einem ganzheitlichen Sinne zu verstehen. Theoretische Fundierungen liefern insbesondere die Beiträge der Ökologischen Ökonomie, einer etwa Ende der 1980er Jahre in den USA entstandenen heterodoxen, transdisziplinären Disziplin mit der bisher am weitesten entwickelten Nachhaltigkeitstheorie, die Wirtschaft und Gesellschaft – bzw. das sozioökonomische Teilsystem – als Teilsystem des ökologischen Systems auffasst, das die Lebensgrundlagen für gesellschaftliche Entwicklungen liefert. Mit diesem ganzheitlichen Nachhaltigkeits- und Ökonomieverständnis umfasst der Innovationsbegriff nicht nur technische Innovationen, sondern in besonderem Maße auch institutionelle bzw. soziale und politische Innovationen.

Wenngleich kontrovers darüber diskutiert wird, ob und wie sich Innovationsprozesse gestalten lassen, finden sich doch verschiedene Ansätze insbesondere im regional- und raumwissenschaftlichen Diskurs, die regionale Innovationsmuster erklären helfen und Hinweise für Gestaltungsansätze im regionalen Kontext bieten. Hierauf stützt sich der vorliegende Beitrag. Zwar fokussieren die Beiträge vornehmlich auf die Innovationsfähigkeit von Regionen im Zusammenspiel mit Wirtschaftsakteuren. Mit einem weitgefassten Ökonomieverständnis, das im Sinne einer Lebensweltökonomie auch die vielen Formen unentgeltlicher Arbeit umfasst, wie die hauswirtschaftliche Eigenarbeit, die Versorgungs- und Betreuungsarbeit, bürgerschaftliches Engagement etc., schließt dieses auch die Akteure der Sozialen Arbeit ein.

Auf der Basis dieses weit gefassten Innovations- und Ökonomieverständnisses stellt der vorliegende Beitrag wesentliche Merkmale und Prozesse von regionalen Innovationssystemen dar, die im übertragenen Sinne allgemein auch für Akteure und Institutionen im Bereich der Sozialen Arbeit herangezogen werden können. Vor diesem Hintergrund werden wesentliche Instrumente skizziert, die das Niedersächsische Ministerium für Wissenschaft und Kultur (MWK) zur Förderung des Wissenstransfers allen Hochschulakteuren bietet. Hierbei wird ein besonderer Fokus auf die Fachhochschulen gelegt, die für den Bereich der Sozialen Arbeit besonders bedeutsam sind.

2. Konzepte zur Erklärung regionaler Innovationsmuster und Bedeutung der Hochschulen

Regional- und raumwissenschaftliche Diskussionen befassen sich etwa seit den 1980er Jahren intensiv mit neuen Mustern vernetzter Ökonomien und regionalen Innovationsprozessen. Dabei hat sich das Verständnis von Innovationen vom ursprünglichen Schumpeterschen Verständnis bis heute grundlegend gewandelt. Innovationsprozesse werden heute weniger als individueller schöpferischer Akt eines Unternehmens sondern als evolutionäre, systemische Prozesse verstanden, die in der Regel durch ein hohes Maß an arbeitsteiligen Interaktionen gekennzeichnet sind, an denen eine Vielzahl von Personen und Institutionen beteiligt sind . Die neuere Innovationsforschung versucht deshalb möglichst ganze Innovationssysteme zu betrachten, die alle wesentlichen Akteure und deren Beziehungen zueinander erfassen.

Im Folgenden seien facettenartig einige zentrale, auf empirischen Untersuchungen basierende Erklärungs- und Gestaltungsansätze skizziert, die sich mit ihren Beiträgen ergänzen. Der wohl bekannteste Ansatz ist die ursprünglich aus der Betriebswirtschaft stammende, von Porter entwickelte Cluster-Theorie, die mit Hilfe empirischer Untersuchungen geografisch konzentrierte Ansammlungen untereinander verbundener Unternehmen innerhalb des selben oder verwandter Wirtschaftszweige nachweist und der räumlichen Nähe daher eine besondere Bedeutung beimisst. Während das Konzept auch als Basis für politische Förderstrategien verwendet wird, ist seine Bedeutung mit dem wachsenden Stellenwert der Informations- und Kommunikationstechnologien wissenschaftlich zunehmend umstritten und wird um Ansätze aus anderen Bereichen erweitert.

Konzept	Wesentliche (zusätzliche) Erkenntnisse / Beiträge
Cluster-Theorie	➤ Geographische Konzentration untereinander verbundener Unternehmen innerhalb desselben oder verwandter Wirtschaftszweige ➤ Räumliche Nähe
Netzwerk-Ansatz	➤ Soziale Beziehungen ➤ Face-to-Face-Kontakte
Innovative/ Kreative Milieus	➤ Komplexes Gefüge informeller, sozialer Beziehungen (Netzwerke) innerhalb einer Region
Endogene Regionalentwicklung	➤ Regionale endogene Potenziale aktivieren, regionale Identitäten schaffen
Regionale Innovationssysteme	➤ Regionales Zusammenspiel aus Industriebetrieben, unternehmensnahen Dienstleistungen, Forschungs- und Ausbildungseinrichtungen
Lernende Region	➤ Zeitliche Dynamiken, lebenslange Lernprozesse
Wissensregionen	➤ Basisstrukturen: Wissensproduzenten, -vermittler und -nutzer ➤ Komplementärstrukturen, z.B. Infrastruktureinrichtungen, Arbeitsmarktstrukturen etc.
Regional Governance	➤ Kollektive Gestaltung reg. Entwicklungsprozesse durch Staat, Wirtschaft und Zivilgesellschaft

Abb. 1: Leitkonzepte innovations-/wissensorientierter Regionalentwicklungen

Allgemein lassen sich dazu insbesondere die Erkenntnisse der Netzwerkforschung nennen, die besonders die sozialen Beziehungen und Faceto-Face-Kontakte als weitere wesentliche Merkmale von Innovationsprozessen hervorheben. Letztere werden auch in dem in den 1980er Jahren von Ökonomen und Sozialwissenschaftlern (Groupe de Recherche Europeen sur les Milieux Innovateurs – GREMI-Groupe) entwickelten Konzept der innovativen bzw. kreativen Milieus herausgestellt. Hierunter wird ein komplexes Gefüge vorwiegend informeller sozialer Beziehungen innerhalb einer bestimmten Region verstanden, durch die Innovationsaktivitäten und kollektive Lernprozesse stimuliert werden. Das Milieu resultiert aus dem mehr oder weniger synergieerzeugenden Zusammenspiel von Unternehmen, politischen Entscheidungsträgern, Arbeitskräften und den sonstigen vorhandenen Institutionen.

Das Milieu-Konzept weist zudem darauf hin, dass die endogenen Potenziale – d. h. die in den Regionen vorhandenen Potenziale der Menschen, die dort leben – eine besondere Bedeutung für die Entwicklung von Innovationen haben. Letzteres entspricht dem insbesondere für den ländlichen Raum entwickelten Konzept der endogenen Regionalentwicklung, das darauf abzielt, die regionalen Potenziale zu aktivieren.

Das Konzept der regionalen Innovationssysteme (RIS), das als qualitative Weiterentwicklung des Cluster-Konzepts gilt, stellt eine Art Rahmen zur Erklärung und Analyse regionaler Innovationsaktivitäten dar. Hierein lassen sich insbesondere das Konzept der Innovativen Milieus und der Netzwerkansatz integrieren. Dieser Ansatz ist für die Hochschulen von besonderer Relevanz, da er neben den Industriebetrieben und unternehmensnahen Dienstleistungen zusätzlich die Bedeutung von Forschungs- und Ausbildungseinrichtungen in der Region herausstellt. Zugleich ist auch die europäische Strukturpolitik, auf die sich die Fördermaßnahmen des MWK stützen, am Konzept der regionalen Innovationssysteme orientiert.

Ergänzend lässt sich in diesem Kontext noch der auch vom Bundesministerium für Bildung und Forschung (BMBF) unterstützte Ansatz der »Lernenden Region« anführen, der zusätzlich noch die dynamische Komponente und die ständigen Lernprozesse hervorhebt, die von besonderer Bedeutung sind, um ständig Innovationen entwickeln zu können.

Neuere Diskussionen, die einen Fokus auf wissensintensive Dienstleistungen und Produkte legen, finden sich zudem in den Bereichen Wissensökonomie bzw. Wissensregionen. Hierbei wird Wissen als wichtige Ressource der Regionalentwicklung betrachtet, für die hochqualifiziertes Personal und permanente Fortbildung zentrale Einflussgrößen sind. Die Besonderheit von Wissensregionen liegt insbesondere in der interdisziplinären Verknüpfung, bei der Wissen durch Austausch und Vernetzung entsteht und gefördert wird. Als Basisstrukturen von Wissensregionen gelten Wissensproduzenten (Hochschulen, Forschungseinrichtungen etc.), Wissensvermittler (Fortbildungs- und Beratungseinrichtungen, Medien, Messen etc.) und Wissensnutzer (Unternehmen, Politik, Verwaltung), die durch Komplementärstrukturen wie Infrastruktureinrichtungen, Arbeitsmarktstrukturen, Dienstleistungen für Finanzierungs- und Existenzgründungen etc. unterstützt werden.

Zur (Selbst)Steuerung von regionalen Innovationsprozessen und Wissensregionen sei zudem das Konzept der Regional Governance ergänzt, das auf die kollektive Gestaltung regionaler Entwicklungsprozesse durch vernetzte Akteuren aus den drei Bereichen Staat, Wirtschaft und Zivilgesellschaft verweist.

Zusammenfassend lässt sich festhalten, dass Hochschulen als Wissensproduzenten unbestritten ein wichtiges Element eines jeden Innovationssystems bzw. -netzwerks sind, wie es explizit insbesondere im Konzept der regionalen Innovationssysteme und der Wissensregionen herausgestellt wird. Geht es dabei um anwendungsorientiertes, regional bedeutsames Wissen, wird Fachhochschulen eine größere Bedeutung als Universitäten zugesprochen, weil sie allgemein stärker regional und auf Ausbildung sowie anwendungsorientierte Forschung und Entwicklung ausgerichtet sind. Gerade im handlungsbezogenen Kontext der Sozialen Arbeit kommt den Fachhochschulen damit nach wie vor eine besondere Bedeutung zu.

3. Formen und Instrumente zur Gestaltung des Wissenstransfers mit Hochschulen

Im Kern stellt die Innovationstätigkeit die Anwendung vorhandenen Wissens und die Genierung neuen Wissens dar, so dass arbeitsteilige Innovationsprozesse den Transfer von Wissen zwischen den beteiligten Akteuren erfordern. Ein Schwerpunkt der Innovationsforschung liegt daher bei den Formen sowie Möglichkeiten und Problemen des Wissenstransfers.

Wissenstransfer zwischen Hochschulen und wirtschaftlichen bzw. gesellschaftlichen Akteuren kann direkt und indirekt stattfinden. Zu den Formen des direkten Wissenstransfers wird jede Art von Kooperation gezählt, beispielsweise der informelle Erfahrungsaustausch, die temporäre Arbeit von Studierenden in Unternehmen bzw. Institutionen, die Zusammenarbeit im Rahmen von Studien- oder Abschlussarbeiten, die Erbringung von Dienstleistungen oder die Durchführung gemeinsamer FuE-Projekte. Letztere stellen die häufigste Kooperationsform und gleichzeitig auch eine Einnahmequelle für die Hochschulen dar.

Dabei ist der Prozess der Entstehung und des Transfers von Wissen keine Einbahnstraße. Vielmehr stehen die Akteure in einem gegenseitigen Abhängigkeitsverhältnis, durch das permanente Veränderungs-, Such- und Lernprozesse angestoßen werden. So stellt die akademische Forschung nicht den alleinigen Ausgangspunkt für neue Ideen und Problemlösungen dar, auch umgekehrt wirken gemeinsam mit Praxispartnern verwirklichte Projekte befruchtend auf Forschung und Lehre. Der Bedarf an spezifischen Problemlösungen führt vielfach zu neuen Ideen und häufig auch zu interdisziplinären Forschungsansätzen.

Darüber hinaus belegen Ergebnisse aus einer HochschulprofessorInnenbefragung, dass Kooperationsbeziehungen und somit der Wissenstransfer in der Regel auf persönlichen Kontakten beruhen. Häufig wird auf bewährte und etablierte Beziehungen zurückgegriffen, da persönliche Bekanntschaften wesentlich zur Reduktion der Transaktionskosten und des Risikos eines FuE-Prozesses beitragen können. Voraussetzung ist eine persönliche Vertrauensbasis zwischen den Akteuren.

Eine weitere wesentliche Form des direkten Wissenstransfers ist die Spin-off-Gründung eines privaten Unternehmens durch MitarbeiterInnen bzw. Studierende öffentlicher Forschungseinrichtungen. Für eine Spin-off-

Gründung wird in der Regel ein Standort in räumlicher Nähe zu der betreffenden Inkubator-Organisation gewählt. Häufig entwickelt sich eine enge Zusammenarbeit zwischen Spin-off-Gründung und Inkubator-Organisation insbesondere aufgrund der bestehenden persönlichen Kontakte durch die frühere Tätigkeit der Gründer in der Forschungseinrichtung. So können Spin-off-Gründungen gleichzeitig als Kooperationspartner für weitere Projekte fungieren und langfristig insgesamt wesentlich dazu beitragen, die absorptive Kapazität einer Region für spezielle Problemlösungen zu erhöhen.

Neben dem direkten Wissenstransfer findet indirekter Transfer von Wissen im Wesentlichen über die Aus- und Weiterbildung von Studierenden, WissenschaftlerInnen und Arbeitskräften sowie über wissenschaftliche Publikationen und Vorträge statt. Durch die Bereitstellung hochqualifizierter AbsolventInnen leisten die Hochschulen insofern einen grundlegenden Beitrag zur Innovationsfähigkeit der Gesellschaft. Eine weitere Form des »Transfers über Köpfe« kann beispielsweise durch zeitweiligen Austausch von Personal aus den Forschungseinrichtungen in die Partnereinrichtung und umgekehrt erfolgen.

Charakteristisch für den indirekten Wissenstransfer ist allerdings eine nur sehr eingeschränkte Steuerbarkeit durch die Politik und in der Regel eine zeitverzögerte Wirkung. Deutlich gezielter und kurzfristiger steuern lässt sich der direkte Wissenstransfer. Wichtige Instrumente hierfür sind insbesondere die Förderung von FuE-Vorhaben sowie von Spin-off-Gründungen.

Jedoch lassen sich die Wirkungen des Wissenstransfers insgesamt schlecht messen, da abgesehen von den indirekten Effekten viele Wirkungen erst längerfristig eintreten. Allgemein wird die entscheidende positive Wirkung darin gesehen werden, dass die regionale Wissensbasis und damit die Innovationskraft in einer Region durch Hochschulen gestärkt wird. Letztlich wird der reale Nutzen aber immer auch vom Eigenengagement der jeweiligen Akteure abhängen, so dass sich an dieser Stelle nahtlos die Fördermöglichkeiten für die Hochschulakteure anschließen lassen, die vielfältige Gestaltungsperspektiven bieten.

4. Förderung des Wissenstransfers mit Hochschulen in Niedersachsen

Die Förderung der angewandten Hochschulforschung hat in Niedersachsen eine lange Tradition. Bereits seit 1991 fördert das Niedersächsische Ministerium für Wissenschaft und Kultur (MWK) als eines der wenigen Bundesländer gezielt die angewandte Forschung an Fachhochschulen. Als forschungsfördernde Institution ist die beratende Arbeitsgruppe Innovative

Projekte mit ihrer Geschäftsstelle (AGiP) an der Fachhochschule Hannover institutionalisiert. Durch ein qualifiziertes Begutachtungs- und Auswahlverfahren sichert diese den hohen Standard der praxisbezogenen Projekte.

Mit Unterstützung durch Mittel aus dem Europäischen Fonds für regionale Entwicklung (EFRE) wird die Förderpalette für die angewandte Hochschulforschung in der Förderperiode 2007-2013 weiter ausgebaut. Im Zeichen der so genannten Lissabon-Strategie, die ursprünglich im Jahre 2000 auf der namensgebenden Frühjahrskonferenz der EU-Staats- und Regierungschefs in Lissabon vereinbart und im Jahre 2005 neu justiert wurde, sind Wissen und Innovation zentrale Bestandteile der europäischen Strukturpolitik. Prioritäres Ziel zur Entwicklung des europäischen Wirtschaftsraums ist die Förderung von nachhaltiger wirtschaftlicher Entwicklung und Beschäftigung, was in erster Linie durch Innovation und Förderung der Wissensgesellschaft in regionalen Innovationssystemen erreicht werden soll, so dass letztlich die Regionen selbst dazu befähigt werden, eigene, proaktive Anpassungsstrategien an die Globalisierung zu entwickeln und umzusetzen .

Netzwerkstrukturen für den Transfer
2.1.1 Forschungsnetze der Fachhochschulen
2.1.2 Transferbereiche
2.1.3 Innovationsverbünde
Innovative FuE-Projekte Wissenschaft - Wirtschaft
2.2.1 Kooperationsprojekte mit KMU
2.2.2 Kooperationsprojekte Fachhochschulen mit KMU
2.2.3 Transferassistent/in
Existenzgründungen aus Hochschulen und Forschungseinrichtungen
2.3.1 Verwertungs-spin offs
2.3.2 Kompetenz-spin offs
2.3.3 Unterstützung Existenzgründung (Gründercampus+)
2.3.4 Weiterbildung Existenzgründung
Berufsbezogene Bildungsstrukturen
2.4 Unternehmensorientierte Weiterbildung
2.5 Modellprojekte Graduate Schools
2.6 Kooperationsprojekte Einrichtungen Erwachsenenbildung / Hochschulen
2.7 Modellprojekte berufsbezogene wissenschaftliche Weiterbildung
Projektvorbereitende und begleitende Maßnahmen
2.8 Pool-Projekte
2.9 Forschungsinfrastruktur
2.10 Bedarfs-, Machbarkeits- und Projektstudien

Abb. 2: Förderlinien der EFRE-Richtlinie des MWK (die Ziffern entsprechen den Punkten der EFRE-Richtlinie)

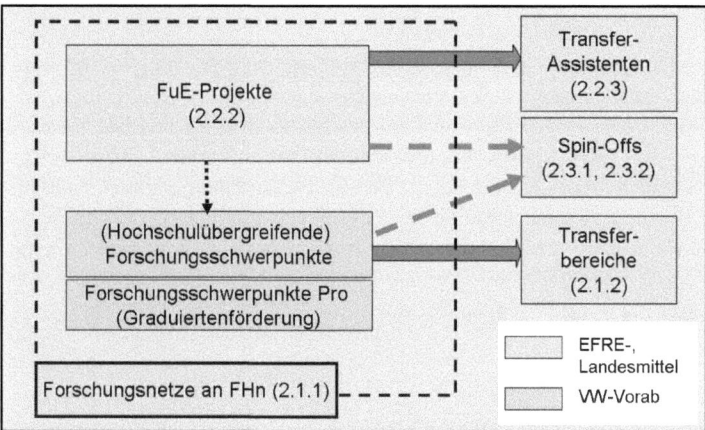

Abb. 3: Förderinstrumente des MWK für die angewandte Forschung an niedersächsischen Fachhochschulen (Die Ziffern beziehen sich auf die MWK-EFRE-Richtlinie)

4.1 FuE-Projekte und TransferassistentenInnen

Den Nukleus der Fachhochschul-Forschungsförderung bilden die FuE-
Projekte bzw. die ehemaligen »AGiP-Projekte«, die seit Inkrafttreten der
MWK-EFRE-Richtlinie als Verbundprojekte Wissenschaft-Wirtschaft unter
der Förderlinie 2.2.2 gefördert werden. Diese ist für alle Themen offen und
schließt somit auch Projekte im Bereich der Sozialen Arbeit ein. Die Projekte werden stets in Kooperation mit Praxispartnern durchgeführt und haben sich seit Beginn der Forschungsförderung zum beliebtesten Förderinstrument an den niedersächsischen Fachhochschulen entwickelt. Durchschnittlich werden mehr als 25 Projekte pro Jahr gefördert. Hiermit werden
kontinuierlich Forschungskooperationen zwischen Fachhochschulen und
Praxispartnern aufgebaut und verstetigt, die einen schnellen Wissenstransfer zwischen Fachhochschulen und regionalen Akteuren gewährleisten. Gefördert werden insbesondere die Personalkosten sowie die für das Projekt
erforderlichen Sachmittel an den Fachhochschulen. Die Kooperationspartner bringen sich entsprechend ihrer individuellen Möglichkeiten mit Perso-
nal-, Bar- oder Sachleistungen ein. Sie profitieren von den Projekten in erster Linie durch den Wissenszuwachs.

Ein neues, innovatives Fördcrinstrument ist die Entsendung von
Transferassistentnnen und Transferassistenten in Unternehmen, mit denen
entsprechende Forschungskooperationen in geförderten FuE-Vorhaben bestehen. Hierzu beteiligen sich die Unternehmen zur Hälfte an den Personalkosten. Durch diesen vorstehend skizzierten Personaltransfer bzw. »Trans-

fer über Köpfe« können die Forschungsergebnisse direkt und für das kooperierende Unternehmen kostengünstig transferiert werden, gleichzeitig können neue Forschungsperspektiven ausgelotet und, wenn das Personal anschließend weiter in den Unternehmen beschäftigt wird, personelle Voraussetzungen für längerfristige Kooperation geschaffen werden. Diese Instrumente könnten beispielsweise auch für die Entwicklung sozialer Kompetenzen in Unternehmen strategisch genutzt werden. Jedoch gibt es noch wenig Erfahrungen mit diesem neuen Förderinstrument, da es sich um eine Anschlussförderung für FuE-Projekte handelt und die Förderrichtlinie von 2007 dafür noch relativ jungen Datums ist.

4.2 Forschungsschwerpunkte, Graduiertenförderung und Transferbereiche

Neben den FuE-Projekten ist die Förderung interdisziplinärer Forschungsschwerpunkte ein wichtiger Kristallisationspunkt für die praxisbezogene Forschung und Entwicklung an niedersächsischen Fachhochschulen. Sie eröffnen die Möglichkeit, über einen Zeitraum von fünf Jahren in einem interdisziplinären Team mit mindestens fünf ProfessorInnen einer oder mehrerer niedersächsischer Fachhochschulen und in Kooperation mit Praxispartnern regional bedeutsame Themen zu bearbeiten. Seit 1996 wurden mit Mitteln aus dem Niedersächsischen Vorab der VW-Stiftung mehr als 20 Forschungsschwerpunkte gefördert, mit einem Fördervolumen von jeweils 800.000 € pro Forschungsschwerpunkt.

Zusätzlich gibt es im Zusammenhang mit Forschungsschwerpunkten seit 2009 auch die Möglichkeit einer Graduiertenförderung an Fachhochschulen für Promotionen in Kooperation mit Universitäten. Diese wird auf Stipendienbasis gefördert.

Ein 2008 erfolgreich abgeschlossenes Vorhaben des Fachbereichs Soziale Arbeit und Gesundheit der Fachhochschule Emden/Leer hat sich beispielsweise mit der »Entwicklung von Modellen und Standards integrativer Versorgung im Bereich der Rehabilitation von Patienten mit motorischen Störungen« befasst. Bearbeitet wurde das Projekt in einem transdisziplinären Forschungsteam mit Partnern der Fachhochschule Emden/Leer, dem Klinikum Emden und dem Volkswagenwerk Emden. Aktuell werden dabei konzipierte bio-psycho-soziale Gesundheitsmanagementkonzepte im Rahmen eines Transferbereichs in Kooperation mit zwei Unternehmen aus der Region weiterentwickelt und in die betriebliche Anwendung implementiert.

Seit 2005 eröffnet das MWK diese Möglichkeit, Ergebnisse aus Forschungsschwerpunkten mit Praxispartnern über einen Zeitraum von maximal zwei Jahren weiterzuentwickeln und in die Anwendung zu überführen.

Voraussetzung dafür ist, dass sich die Partner zu 50 % an den Kosten beteiligen.

4.3 Forschungsnetze

Hochschulübergreifend bündeln Forschungsnetze die Kompetenzen der Fachhochschulen. Aufgabe und Ziel der Forschungsnetze ist die Vernetzung von Wissenschaft und Praxis in aktuell bedeutsamen Wissensgebieten und deren gemeinsame Außendarstellung. Derzeit werden in Niedersachsen sechs Forschungsnetze gefördert, eins davon im Bereich Gesundheits- und Pflegewissenschaften, das derzeit neu ausgerichtet wird.

Ein regelmäßiger Austausch der Netzwerkpartner und Workshops, die teilweise auch gemeinsam von mehreren Forschungsnetzen durchgeführt werden, z. B. in den Bereichen Gesundheits- und Pflegewissenschaften sowie Medizintechnik, ermöglichen durch interdisziplinäres Arbeiten innovative Forschungsansätze, die in hochschulübergreifenden Forschungsprojekten definiert und realisiert werden können. So bieten die Forschungsnetze auch für Praxispartner besondere Möglichkeiten, neue Kontakte aufzubauen und spezielle Kompetenzen in interdisziplinären Teams für aktuell bedeutsame Wissens- und Wirtschaftsfelder zu entwickeln.

4.4 Spin-offs

Eine weitere Möglichkeit, gezielt Forschungskooperationen zwischen Fachhochschulen und Praxispartnern aufzubauen, bietet die mit der MWK-EFRE-Richtlinie neu eingeführte Förderung von Spin-off-Gründungen.

Werden beispielsweise in FuE-Projekten und Forschungsschwerpunkten Ergebnisse erzielt, die sich für eine Unternehmensgründung eignen und sind geeignete Gründerpersönlichkeiten unter den wissenschaftlichen MitarbeiterInnen, kann die weitere Entwicklung zu marktreifen Produkten oder Dienstleistungen sowie die Erstellung eines Businessplans im Rahmen eines Verwertungs-Spin-offs gefördert werden (Förderlinie 2.3.1). Aber auch unabhängig von vorangegangenen Forschungsprojekten können besondere Fähigkeiten und Kenntnisse, die sich gründungsinteressierte AbsolventInnen in ihrem Studium oder ihrer wissenschaftlichen Arbeit an den Hochschulen angeeignet haben, im Rahmen von Kompetenz-Spin-offs gefördert werden (Förderlinie 2.3.2).

Aus den AbsolventInnen von heute können so die KooperationpartnerInnen von morgen werden. (vgl. Kap. 2) Gründungen aus der Hochschule können auf diese Weise auch zu wichtigen Impulsgebern für gesellschaftliche Wandlungsprozesse werden – und dies umso mehr, als es gelingt, zwischen Hochschulen und regionalen Praxispartnern Korrespondenzen und Kooperationen zu entwickeln.

5. Zusammenfassung

Die Gestaltung gesellschaftlichen Wandels in Richtung nachhaltiger Entwicklungen stellt große Herausforderungen an alle gesellschaftlichen Akteure, Innovationen in einem ganzheitlichen Sinne zu entwickeln. Dieses erfordert permanente, transdisziplinäre Veränderungs-, Such- und Lernprozesse, bei denen Hochschulakteuren als Wissensproduzenten eine besondere Stellung und Verantwortung zukommt. Für das anwendungsorientierte Wissen, das auch im Bereich der Sozialen Arbeit besonders bedeutsam ist, haben Fachhochschulen eine besondere Funktion. Speziell für Fachhochschulen stellt das niedersächsische MWK seit fast 20 Jahren ein vielfältiges Förderinstrumentarium bereit. Dieses korrespondiert mit den Erkenntnissen der neueren Innovationsforschung, die davon ausgeht, dass Innovationen in Netzwerken mit vielfältigen Rückkopplungsprozessen entstehen. Die Förderinstrumente ergänzen sich in ihren Ansätzen und bauen teilweise explizit aufeinander auf. Sie bieten damit vielfältige Möglichkeiten sowohl für den direkten als auch den indirekten Wissenstransfer zwischen Fachhochschulen und regionalen Praxispartnern. Je strategischer diese von Fachhochschulen und Kooperationspartnern geplant werden, umso gezielter können sie für die je besonderen Vorhaben und Entwicklungsabsichten genutzt und umso mehr Synergien können unter ihnen entfaltet werden.

Literatur

(ARL) Akademie für Raumforschung und Landesplanung (Hrsg.) (2003): Endogene Regionalentwicklung durch Existenzgründungen?. Empirische Befunde aus Nordrhein-Westfalen. ARL Arbeitsmaterial. Hannover, S. 299.

Biesecker, A. (1994): Ökonomie als Raum sozialen Handelns – Ein grundbegrifflicher Rahmen. In: Biesecker, A.; Grenzdörffer, K. (Hrsg.) (1994): Ökonomie als Raum sozialen Handelns. Bremen, S. 7-15.

Brand, K.-W. (2006): Innovation für Nachhaltige Entwicklung – die soziologische Perspektive. In: Pfriem, R. u. a. (Hrsg.): Innovationen für eine nachhaltige Entwicklung. Wiesbaden, S. 55-78.

Cooke, P. (2002): Regional Innovation Systems: General Findings and Some New Evidence from Biotechnology Clusters. The Journal of Technology Transfer, 2002, Vol. 27, p. 133-145.

(EU) Europäische Kommission (2002): Regionale Cluster in Europa. Veröffentlichungen – GD Unternehmen, 2002, Heft 3. Luxemburg.

(EU) Europäische Kommission (2006): Regionale Innovative Strategien und Maßnahmen: Ergebnisse von fünfzehn Jahren experimentieren. Arbeitsdokument der Europäischen Kommission.

Fritsch, M. (2005): Innovation. In: Akademie für Raumforschung und Landesplanung (ARL) (Hrsg.): Handwörterbuch der Raumordnung. Hannover, S. 475-483.

Fritsch, M./Henning, T./Slavtchev, V./Steigenberger, N. (2007): Hochschulen, Innovation, Region – Wissenstransfer im räumlichen Kontext. Berlin. S. 82.

Fromhold-Eisebith, M. (1995): Das »kreative Milieu« als Motor regionalwirtschaftlicher Entwicklung. Forschungstrends und Erfassungsmöglichkeiten. In: Geographische Zeitschrift, 83. Jg., Heft 1, S. 30-47.

Fromhold-Eisebith, M. (2009): Die ›Wissensregion‹ als Chance der Neukonzeption eines zukunftsfähigen Leitbilds der Regionalentwicklung. In: Raumforschung und Raumordnung. 67. Jg., Heft 3, S. 215-227.

Fürst, D. (2001): Regional governance – ein neues Paradigma der Regionalwissenschaften?. In: Raumforschung und Raumordnung2001, Heft 59, S. 370-80.

Fürst, D. (2008): Wissensregion – Die neueste Modeerscheinung der regionalen Strukturpolitik? RegioPol, 2008, Heft 1, S. 65-73.

Jochimsen, M.A./Kesting, S./Knobloch, U. (Hrsg.) (2004): Lebensweltökonomie Reihe Lebensweltökonomie, Band 1. Bielefeld.

Kanning, H. (2005): Brücken zwischen Ökologie und Ökonomie – Umweltplanerisches und ökonomisches Wissen für ein nachhaltiges regionales Wirtschaften. München.

Kleine-Limberg, W./Knieling, J. (1991): Eigenständige Regionalentwicklung. Instrument des sozial-ökologischen Umbaus »von unten«. Raumplanung, 1991, Heft 54, S. 156-160.

Kline, S. J./Rosenberg, N. (1986): An Overview of Innovation. In: Landau, R./Rosenberg, N. (Hrsg.): The Positive Sum Strategy: Harnessing Technology for Economic Growth. Washington DC.

Koschatzky, K. (2001): Räumliche Aspekte im Innovationsprozess – Ein Beitrag zur neuen Wirtschaftsgeographie aus Sicht der regionalen Innovationsforschung. Münster.

MWK-EFRE-Richtlinie: Richtlinie über die Gewährung von Zuwendungen zur Förderung von Innovationen und wissensbasierter Gesellschaft durch Hochschulen, Forschungseinrichtungen, Einrichtungen der Erwachsenenbildung und Berufsakademien. RdErl. d. MWK v. 9. 4. 2008 - 13/46105-1.5.5.

Porter, M. (1998): Clusters and the new economics of competitiveness. Harvard Business Review, 1998, Vol. 77, p. 1-10.

Schätzl, L. (1992): Theorien der endogenen Entwicklung. In: Schätzl, L.: Wirtschaftsgeographie 1. Theorie. Paderborn, S. 148-151.

Wissenschaftsrat (2007): Empfehlungen zur Interaktion von Wissenschaft und Wirtschaft. Köln.

Verzeichnis der AutorInnen

Bartosch, Ulrich, Prof. Dr. phil.; Vorsitzender der Fachbereichstages Soziale Arbeit. Hochschullehrer an der Fakultät für Soziale Arbeit KU Eichstätt-Ingolstadt.

Braches-Chyrek, Rita, Dr.;Wissenschaftliche Mitarbeiterin am Fachbereich Erziehungswissenschaften der Universität Gesamtschule Wuppertal.

Busche-Baumann, Maria, Prof. Dr. disc. pol.; Hochschullehrerin an der Fakultät Soziale Arbeit und Gesundheit der Hochschule für angewandte Wissenschaft und Kunst in Hildesheim.

Butterwegge, Christoph; Prof. Dr. pol. habil.; Hochschullehrer an der Universität zu Köln.

Ebert, Jürgen, Dipl.-Pädagoge, Dipl.-Sozialpädagoge; Wissenschaftlicher Mitarbeiter Fakultät Soziale Arbeit und Gesundheit Hochschule für angewandte Wissenschaft und Kunst in Hildesheim.

Engelke, Ernst, Prof. Dr. theol. Dipl.-Psychologe; Hochschullehrer bis 2007 an der Fachhochschule Würzburg.

Finkeldey, Lutz, Prof. Dr. phil.; Hochschulehrer an der Fakultät Soziale Arbeit und Gesundheit, Hochschule für angewandte Wissenschaft und Kunst in Hildesheim.

Geiger, Andreas, Prof. Dr. rer. pol.; Hochschullehrer und Rektor an der Hochschule Madgeburg-Stendal (FH).

Kanning, Helga, Prof. Dr. phil. habil.; Geschäftsführerin der AGiP (Arbeitsgruppe + Gesellschaft Innovative Projekte der angewandten Hochschulforschung), beim Ministerium für Wissenschaft und Kultur des Landes Niedersachsen Fachhochschule Hannover.

Karsten, Maria-Eleonora, Prof. Dr.; Hochschullehrerin im Institut für Sozialarbeit und Sozialpädagogik, Leuphana Universität Lüneburg.

Kobolt, Alenka, Prof. Dr. soc. ped. habil.; Hochschullehrerin an der Fakultät für Erziehung, Abteilung für Sozialpädagogik Universität Ljubljana.

Mane, Gudrun, Dipl.-Pädagogin; Wissenschaftliche Mitarbeiterin an der HAWK-Hochschule für angewandte Wissenschaft und Kunst in Hildesheim.

Maroon, Istifan, Dr. phil.; Dept. of Leadership and Policy in Education, University of Haifa, Israel.

Paulini, Christian, Prof. Dr. phil.; Hochschullehrerin an der Fakultät Soziale Arbeit und Gesundheit, Hochschule für angewandte Wissenschaft und Kunst Hildesheim.

Popp, Reinhold, Prof. Dr. phil. habil.; Wissenschaftlicher Leiter des Zentrums für Zukunftsforschung (ZfZ) am Fachhochschul-Campus Salzburg-Urstein.

Root, Tatjana, Lehrerin; Dozentin an der Universität Novosibirsk, Russland.

Schoneville Holger, Dipl.-Sozialpädagoge/-arbeiter; Wissenschaftlicher Mitarbeiter an der Universität Kassel.

Sünker, Heinz, Prof. Dr. phil. habil.; Hochschullehrer für Sozialpädagogik am Fachbereich Erziehungswissenschaften der Universität Gesamtschule Wuppertal.

Tan, Dursun, Dr. phil.; Projektmitarbeiter am Fachbereich Sozialwesen der Fachhochschule Hildesheim, Holzminden und Göttingen.

Thole, Werner, Prof. Dr. phil. habil., Dipl.-Pädagoge, Dipl.-Sozialpädagoge; Hochschullehrer für Erziehungswissenschaft, Schwerpunkt Soziale Arbeit und außerschulische Bildung an der Universität Kassel.

Wilken, Etta, Prof. Dr. phil.; Hochschullehrerin an der Universität Hannover, Philosophische Fakultät, Institut für Sonderpädagogik.

Wilken, Udo, Prof. Dr. phil., Dipl.-Pädagoge, Pastor a. D.; emeritierter Hochschullehrer an der Fakultät Soziale Arbeit und Gesundheit, Hochschule für angewandte Wissenschaft und Kunst in Hildesheim.

If you have any concerns about our products,
you can contact us on
ProductSafety@springernature.com

In case Publisher is established outside the EU,
the EU authorized representative is:
Springer Nature Customer Service Center GmbH
Europaplatz 3, 69115 Heidelberg, Germany

Printed by Libri Plureos GmbH
in Hamburg, Germany